»Kann denn Liebe Sünde sein«, »Yes, Sir«, »Davon geht die Welt nicht unter« – ihre Lieder sind Evergreens, ihre Bühnenauftritte Legende. Die Stimme allein ist Wahrzeichen der Leander, der Schatten ihrer Karriere: ihr Wirken im Dritten Reich. Jutta Jacobi hat bisher unbekannte Fakten zutage gefördert, die das Bild der Diva in einem neuen Licht erscheinen lassen. Es ist eine wahrhaft europäische Geschichte, und sie handelt von der Gier nach Ruhm und Geld, von großen Triumphen und vom Ausgestoßensein, von Lampenfieber, Alkohol und Depressionen, von anhänglichen Fans und gehässigen Journalisten, von nie enden wollenden Spionagegerüchten und einer grandiosen Selbstinszenierung: als Diva.

Jutta Jacobi ist Feature- und Buchautorin. Die promovierte Germanistin lebt in Hamburg. Schwerpunkte ihres Schreibens sind Literatur und Gesang. Zuletzt erschien von ihr »Die Schnitzlers. Eine Familiengeschichte«.

Jutta Jacobi

Zarah Leander
Das Leben einer Diva

btb

MIX
Papier aus verantwortungsvollen Quellen
FSC® C083411

Penguin Random House Verlagsgruppe FSC® N001967

2. Auflage
Genehmigte Taschenbuchausgabe Januar 2015,
btb Verlag in der Penguin Random House Verlagsgruppe GmbH,
Neumarkter Str. 28, 81673 München

Die Autorin wird vertreten durch
Aenne Glienke | Agentur für Autoren und Verlage,
www.AenneGlienkeAgentur.de
Umschlaggestaltung: semper smile, München
Umschlagfoto: © Scherl/SZ Photo
Druck und Einband: CPI books GmbH, Leck
MK · Herstellung: sc
Printed in Germany
ISBN 978-3-442-74861-7

www.btb-verlag.de
www.facebook.com/btbverlag

INHALT

Madame Scandaleuse
Ist Ihnen nicht bös
Wenn Sie von ihr berichten
Tausend herrliche Geschichten (…)
Sie ist unmöglich
Aber deliziös

PETER KREUDER / ALEXANDER NEBHUT,
MADAME SCANDALEUSE

Für meine Mutter

VORWORT ZUR TASCHENBUCHAUSGABE

»Und muß ich mein irdisches Dasein beenden, Yes, Sir, sollt ihr euch nicht gleichgültig von mir wenden, No, Sir!« – Zarah Leanders Wunsch ist in Erfüllung gegangen. Als der russische Schriftsteller Arkadij Waksberg vor Jahren behauptete, dass die schwedische Sängerin und Schauspielerin mit der unverwechselbaren Stimme unter dem Decknamen »Rose-Marie« für Sowjetrussland spioniert habe, da machte das Thema in ganz Europa Schlagzeilen – lange nach ihrem Tod. Zarah Leander sang für die Deutschen und sorgte für die gute Laune, die Goebbels als wichtigste Waffe im Krieg bezeichnete. War sie in Wirklichkeit »Genossin Zarah«? Das war die Frage, die mich bis in die Gartenlaube des pensionierten Chefs der schwedischen Spionageabwehr brachte und zum Moselwein mit Zarah Leanders ältestem Bruder, der mit 102 Jahren noch militärhistorische Abhandlungen schrieb. Daraus wurde ein Feature für den Hörfunk. Es hieß, ebenfalls nach einem Leander-Lied: *»Kluge Frauen sagen nur: Vielleicht«. Die Akte Zarah Leander.*

Ich kannte Zarah Leander von ihren Auftritten im Deutschen Fernsehen und hatte schon als Kind den sonderbaren Reiz empfunden, der von der alten Diva ausging, von ihren pompösen Roben, der tiefen Stimme, dem rollenden Rrrrr, den großen Gesten ihrer außergewöhnlich schönen Hände. Sonst wusste ich nichts über sie, außer, dass sie Schwedin war und sich durch ihre Jahre als Filmstar in Nazi-Deutschland zu Hause unbeliebt gemacht hatte. Die Recherchen in Schweden zeigten mir schnell, was für eine interessante Geschichte es da zu entdecken gab. Es stimmt nicht, dass erst die Deutschen Zarah Leander entdeckt haben. Als sie 1937 zur Ufa ging, war sie in Skandinavien längst ein Star, und die Mehrheit der schwedischen Presse verfolgte ihre weitere Karriere »auf dem Kontinent« mit Stolz und Zustimmung. Aber als sie 1943 nach Schweden zurückkehrte, wollte niemand etwas von ihr wissen. Was war geschehen? Gewiss, sie hatte mit einem Land Geschäfte gemacht, das einen Krieg gegen die halbe Welt angezettelt hatte, aber das hatten andere Schweden auch – aus Politik, Wirtschaft, Kultur und Sport. Konnte es sein, dass »die Leander« für etwas büßen musste, das das halbe Land anging? Warum wurde gerade sie zum Sündenbock?

Diese Fragen lehrten mich eine Menge über das Land, in dem ich damals lebte, aber auch über das Wesen der Diva. Sie hat ein »bad girl« zu sein, so will es die Rolle. Die Jahre, in denen sie in ihrem Heimatland Schweden allgemein verhasst war, gingen vorbei, anrüchig blieb sie, auch nach ihrem Comeback. Hatte sie – oder hatte sie nicht für die Sowjetunion, für Deutschland, vielleicht sogar für das eigene Land spioniert?

Das Rätsel Zarah Leander ist nicht gelöst, dem Mythos schadet das nicht, ganz im Gegenteil. Sie selbst wusste das und erklärte in einem Fernsehinterview: »Ich bin die Leander, das muss reichen. Ich weiß selbst nicht, wer ich bin.« Sie inszenierte sich geschickt – als offenes Kunstwerk. Eben diese Mehrdeutigkeit macht sie für ein sich ständig verjüngendes Publikum immer neu und attraktiv. Die ARTE-Dokumentation des Autorenduos Simone Dobmeier und Torsten Striegnitz wurde kürzlich im Ersten Deutschen Fernsehen wiederholt und interessierte trotz später Sendezeit 1 Million Zuschauer.

Auch Zarah Leander wurde nicht als Diva geboren. Als Sara Stina Hedberg kam sie im wärmländischen Karlstad zur Welt. Als ich dieses Buch schrieb, ging es mir darum, den Weg von der braven Bürgertochter zum Mythos nachzuvollziehen, die Motive ihres Handelns zu begreifen und mich der künstlerischen Persönlichkeit, die sie war, über die Lebensgeschichte anzunähern. Ich bin sicher, dass es noch andere Menschen gibt, die über die Bewunderung hinaus diese Neugier teilen und freue mich, dass das Buch nun als Taschenbuchausgabe vorliegt.

Hamburg, im September 2014

HINTERM VORHANG

Sie ist noch nicht dran. Sie weiß, es wird noch einige Jahre dauern. Ein Vorhang aus brokatverziertem Plüsch trennt sie von der Welt der Erwachsenen. Dahinter steht das kleine rothaarige Mädchen auf bloßen Füßen und wartet auf seinen Auftritt. Noch ist sie Zuschauerin, und die Bühne gehört den Eltern und deren Freunden.

Im Kinderzimmer liegen die Brüder in ihren weiß gestrichenen Betten und schlafen fest. Sie hat ihre tiefen Atemzüge gehört, aber das hat sie nicht beruhigt. Die Stimmen und das Gelächter der Erwachsenen von fern sind wie das Versprechen zukünftiger Vergnügungen, deren Mittelpunkt sie selber sein wird. Sie hat ihre Füße auf den gewebten Teppich neben dem Bett gesetzt, ist in geduckter Haltung, den Zeigefinger auf den Mund gelegt, aus dem Zimmer gehuscht und dann über den langen Gang in ihr Versteck im Herrenzimmer geschlichen. Das leise Knacken der Dielenböden hätte sie verraten können. Ihr Herz pocht heftig.

Auch sie möchte schöne, elegante Kleider tragen wie Mama und sich so viele Fleischstücke bei Tisch auftun dürfen wie Papa. Sie mag sich nicht herumkommandieren lassen, nicht dauernd zu hören bekommen: Zarah, davon verstehst du nichts, dafür bist du noch zu klein. Zornig pustet sie ihren Atem in den weichen Stoff vor ihrer Nase. Sie will den Mund auftun und reden, und alle sollen sie ansehen und ihr zuhören, so wie jetzt dem Onkel Victor, Papas Vetter Victor Nyman. Sie will endlich groß sein. Aber es wird noch viele Jahre dauern.

Kaiser Wilhelms Rüstungsanstrengungen und die Sorge um den Krieg waren die Gesprächsthemen der Herren bei Cognac und Zigarren. An solchen Abenden, wenn Papa und Mama ihre Freunde in der Elf-Zimmer-Wohnung in der Järnvägsgatan um sich versammelten und Zigarrenrauch über dem Raum lag wie nach einem Gefecht, pflegte ich mich anzuschleichen und zuzuhören. Stück für Stück erfasste ich die Landkarte der Erwachsenenwelt. Ich sog alles in mich auf wie ein Schwamm ... niemand sah mich, wie ich mich im Nachthemd hinter den Falten der schweren Vorhänge verborgen hielt. Es gab Nächte, da hielt ich bis zum Morgengrauen aus, bis Ruth kam und mich ins Bett scheuchte.[*]

Sechs oder sieben Jahre alt muss Zarah Leander bei ihren Ausflügen in die Erwachsenenwelt gewesen sein. Zu den Kindheitserinnerungen, die sie in ihrem ersten Memoirenbuch »Wollt ihr einen Star seh'n« für berichtenswert hält, gehören die Nächte hinterm Vorhang.

In diesem ersten Band, entstanden 1958, kurz vor dem Tod der Mutter, schrieb sie einiges über das Leben in ihrer Heimatstadt Karlstad und über die beiden Frauen, die ihr als Vertraute zur Seite standen: die geliebte Großmutter, mit der sie eine Weile das Schlafzimmer geteilt hatte, und Ruth, das »Familienfaktotum«. 1973, diesmal mit Hilfe des Fernsehjournalisten Jan Gabrielsson, hat sie einen zweiten Anlauf genommen, ihr Leben zu beschreiben. Nun liegt das Schwergewicht auf dem Doppelporträt ihrer Eltern. Die Schilderung ihrer frühen Theaterleidenschaft und des elterlichen Widerstands gegen ihre Bühnenpläne nehmen in beiden Büchern gleich viel Platz ein. Natürlich muss man das auch lesen als »Selbstporträt der Künstlerin als Kind«: Das, was sie geworden ist, bestimmt ihren Blick auf das, was früher war. Trotzdem: Auffällig ist die Orientierung an den Erwachse-

* Sämtliche Zitate aus Zarah Leanders Erinnerungsbüchern sind aus dem schwedischen Original übersetzt.

nen und das Desinteresse an Gleichaltrigen. Sie hatte es offenbar eilig, erwachsen zu werden.

Hatte die Diva das, was man eine »glückliche Kindheit« nennt? Hat sie, lustvoll und selbstvergessen, die Tage verspielt? Hat sie mit den vier Brüdern phantasievolle Abenteuer ausgeheckt? Jedenfalls berichtet sie davon nichts, berichtet von keiner »Bullerbü-Kindheit« wie die andere berühmte Schwedin, die 1907 geboren wurde, Astrid Lindgren, sie erlebt, beschrieben und als Idealbild von Kindheit in die Welt hinausgetragen hat. Bei Zarah Leander ist von solcher Freiheit nicht die Rede, von Geborgenheit schon, aber auch von Kontrolle, vom »Müssen«, das die Mutter verkörpert, und von den kleinen Fluchten, die möglich waren. Prägend, vielleicht sogar ausschlaggebend für die künstlerische Existenz von beiden ist die Herkunft aus der schwedischen Provinz. Was Vimmerby für Astrid Lindgren, das war Karlstad für Zarah Leander. Dort wurde sie als Sara Stina Hedberg am 15. März 1907 geboren. Sara mit »S« und ohne »h«, nach der Großmutter mütterlicherseits, Sara Charlotta Sundin.

Ein »Sandwichkind«: Vor ihr kamen die Brüder Jonas (Jahrgang 1903) und Arte (1905). Ein jüngerer Bruder, der auf den Namen Sigvard Sebastian getauft wurde, starb zehn Tage nach der Geburt am 7. Juli 1909 »aufgrund allgemeiner Schwäche«. Die Arme waren so dünn, berichtet der 102-jährige Jonas Hedberg, dass der Vater seinen Ehering darüber streifen konnte. Von großer Trauer um das tote Kind habe er persönlich wenig mitbekommen. Aber vielleicht Zarah, die damals zwei Jahre alt war. 1911 und 1912 wurden zwei weitere Brüder geboren: Gustaf und Bror.

Wie unterschiedlich sich auch später das Verhältnis zu jedem der vier entwickelte – Gustaf, der Schauspieler wurde, liebte sie so, dass er seine beiden Töchter nach der großen Schwester benannte, Kerstin Zara Ingegerd die erste, Zarah Eva Susanna die zweite –, in Zarah Leanders Memoiren bekommen sie den Platz einer »unbarmherzigen« Brüderbande zugewiesen, die der Vater mit harter Hand zügeln muss. Unbarmherzig, weil sie für ihre Bühnenträume nichts als Spott übrig hatten:

> *Ich hatte in der Aula des Gymnasiums Jenny Hasselquist tanzen sehen. Das Erlebnis war so aufwühlend, so unerhört gewesen, dass ich mich nicht beherrschen konnte, sondern zu Hause aufgeregt verkündete: »Ich will Tänzerin werden!«*
> *Meine abscheulichen, geliebten Brüder brüllten und bogen sich vor Lachen, bis Papa sie am Schlafittchen packte, ihre Köpfe gegeneinanderstieß und sie in eine Ecke schleuderte. »So, und Mama erfährt nichts davon! Kein Sterbenswörtchen! Vergesst das nicht, Jungs!«, drohte Papa.*

»Määännerrrr umschwirrn mich wie Motähän das Licht« ... Das Lied gehört Marlene Dietrich, und auch Zarah Leander hat es gesungen, auf Schwedisch. Es beschreibt die Grundfigur ihrer Bühnenchoreografie von den ersten schwedischen Filmrollen an bis zu den letzten Fernsehauftritten. Das Drohnenballett der gut abgerichteten Herren im Frack umschwärmt die Diva, die ihrem Dasein Ordnung und Sinn verleiht, reagiert auf das kleinste Zeichen ihres ausgestreckten Fingers, lässt sich anlocken und fortschicken, geht in die Knie, schickt bewundernde Blicke und wartet auf ein Zeichen. Sie, die lächelnde Dompteurin, bewegt sich nur sparsam. Sie hat es nicht nötig, sich zu sehr zu verausgaben. Der Mittelpunkt ist sie in jedem Fall.

Die Brüder dachten nicht daran, sich so zu verhalten. Das Sandwichkind ist eingeklemmt zwischen den brüderlichen Hälften, notwendige Zutat des Ganzen, nicht mehr. Aber immerhin ist sie ein Mädchen, das einzige, und damit anders, angreifbar. Im Vater hat sie ihren starken Ritter. Zarah, die Vatertochter. Ein festes Band ist das gemeinsame Musizieren, der Vater auf der Flöte, sie auf dem Klavier.

Papa gab mir oft Noten: »Hier, guck mal, das ist wunderschön. Üb das heute, dann spielen wir morgen zusammen.« Und am nächsten Tag spielten wir, und mit den leichten Tönen aus der Flöte glitt sein Blick weit weg, über die Noten, den Notenständer, die Sesselschoner, Familienfotos und Zimmerpflanzen. Mir schien, als würden seine blauen Augen um noch eine Nuance heller, wenn er spielte, und ich wünschte mir, den Blick mit ihm teilen und sehen zu können, was er sah. Ich ahnte es. Die Schule war die Hölle, die Brüder konnten unerträglich sein, Mama war so, wie sie war. Aber Papa und ich feierten ein Fest in einer Welt, die nur uns gehörte. Bis Mama kam: »Was treibt ihr denn, mitten am Tag? Zarah soll doch die Palmen waschen!«

Beide zitierten Passagen – der Vater, der sich schützend vor seine Tochter stellt, und die Fluchten zu zweit in die exklusive Welt des Musizierens – sind Schlüsselszenen des Zarah-Mythos. Sie fehlen in keiner biografischen Skizze. Hinzu kommt noch eine dritte, oft und gern zitierte. Es handelt sich um einen Dialog zwischen Vater und Tochter, den die Künstlerin aus dem Gedächtnis folgendermaßen wiedergibt:

»Ich bin so anders als alle anderen, Papa. Alle anderen Mädchen sehen anders aus. Bloß ich sehe so aus …«
»Rotes Haar ist doch schön!«
»Aber ich denke auch nicht wie die anderen, ich denke anders als sie.«
»Mach du nur weiter damit, es ist nichts Verkehrtes daran, zu sein, wie man ist.«
»Ich mag nur Musik, und die anderen reden von Handarbeiten. Ich kann das nicht, ich kann nicht nähen, ich sehe ja nichts.«
»Du könntest schon, wenn du nur wolltest. Aber wenn du nicht willst, dann musst du auch nicht.«

Es ist ein überaus liebevolles Bild, das Zarah Leander von ihrem »kolossalen Papa« bewahrte. Vermutlich aus Liebe schweigt sie über das vorzeitige Ende ihrer Kindheitsidylle. Nach Berichten des Bruders Jonas beginnen sich, kaum ist der Erste Weltkrieg vorbei, die ersten Anzeichen für die bedrohliche Krankheit des Vaters bemerkbar zu machen, eine Krankheit, die zu seiner vollständigen körperlichen und geistigen Zerrüttung führen sollte. Heute, glaubt Jonas Hedberg, würde man sie »Alzheimer« nennen. Damals hatte man keinen Namen dafür. Ein großes Unglück für die siebenköpfige Familie.

Anders Lorentz Sebastian Hedberg wurde 1872 im wärmländischen Gunnarskog geboren. Die Familie war angesehen, eine alte, wärmländische Bürgerfamilie mit Stammbaum und Familienwappen und allem, was dazugehört, in der die Männer Kaufleute, königliche Beamte, Gutsbesitzer und -verwalter waren. Die Frauen der Familie glaubt man vor sich zu sehen, wenn man die Romane der Värmländerin Selma Lagerlöf liest, besonders »Gösta Berling«. Über Zarah Leanders Urgroßmutter Brita Maria Gyllström wurde gesagt, sie sei ein »schönes, nobles Frauenzimmer, aber sehr herrisch. Auf Festen war sie es, die voranging, und es wurde still im Raum, wenn sie sich zeigte.« Die Mutter des Vaters, Laura Kristina Gyllström, galt als ausgesuchte Schönheit und wurde »Rose von Frykdal« genannt. Ihre letzten beiden Lebensjahre nach dem Tod ihres Mannes lebte sie im Haus ihres Sohnes, sehr geliebt von der heranwachsenden Enkelin Zarah: »Großmutter war ein Prachtweib – gerade im Rücken wie ein Gardeoffizier, aber leicht und graziös wie eine Ballettratte. Ich glaube, sie hatte Schuhgröße 34. Außerdem war sie Wärmländerin.« Sie fügt etwas Unübersetzbares hinzu, was ungefähr bedeutet, dass in jeder Wärmländerin eine Hexe steckt, eine Portion Zauberkraft.

Großmutter Laura war mit Johan Alfred Hedberg verheiratet. Dunkle Haare, schmales Gesicht, sehr intensive Augen, kleiner Mund. Man glaubt, in seiner Physiognomie das »herrische Wesen« seiner Mutter Brita wiederfinden zu können. Wäre der Mann Schauspieler geworden hätte ihn sein Gesicht für die Rolle des Mephisto empfohlen. Er handelte mit Holz und Holzkohle und verlor einen großen Teil seines Vermögens, als in der wirtschaftlichen Depressionsphase nach dem Ende des Deutsch-Französischen Krieges 1870/71 die Kohlepreise drastisch fielen. In dieser Zeit wurde der älteste Sohn geboren, Zarahs Vater. Er war sechzehn, als die Familie nach Karlstad zog.

Die wärmländische Hauptstadt Karlstad liegt an der Mündung des Klarälv in den Vänersee. Auf dem Klarälv, der in den Bergen Mittelnorwegens südlich des Femundsees entspringt, lassen sich Baumstämme transportieren. Der Ort passte auch sonst gut für einen Neuanfang des Holzhändlers Johan Hedberg. Am 2. Juli 1865 hatte ein großer Brand die Stadt fast vollständig zerstört. Nur »die Domkirche, das Schulhaus, das Lazarett, das Bezirksgefängnis, die Häuser des Bischofs und der Hypothekenvereinigung«, wie *Nordisk familjebok* von 1910 auflistet, waren übrig geblieben. In den darauf folgenden Jahren und Jahrzehnten wurde Karlstad neu aufgebaut, mit breiten großzügigen Straßen, die mit Alleebäumen bepflanzt wurden. Die moderne Zeit begann, aus Handwerksbetrieben wurden Industriebetriebe, Ende der 1880er Jahre bekam die Stadt ihre Wasserleitung, so dass fast alle Haushalte fließendes Wasser hatten, 1890 baute die Wennberg-Werft ihr erstes Dampfschiff, 1905 wurden die ersten elektrischen Leitungen gelegt. Zwischen 1889 und 1909 verdoppelte sich die Zahl der Einwohner fast, von 8601 auf 16 762.

1913 arbeiteten in Karlstad 1735 Männer und Frauen in 43 Fabriken. Über Schweden herrschte der Tennis spielende König Gustav V., und die sozialen Unterschiede waren groß. In ihrer Kinderzeit hätten die Dienstmädchen in der Küche geschlafen, schreibt Zarah Leander, auf einer ausziehbaren Bettbank, in der sie auch ihre Habseligkeiten unterbrachten. Das empfand sie als »Ungerechtigkeit«.

Anders Lorentz Sebastian Hedberg hatte von seiner Mutter die Schönheit geerbt. Ein Foto zeigt ihn als jungen Mann mit Vatermörderkragen, Fliege und hochgezwirbeltem Schnurrbart. Aber diese äußeren Attribute, die ihn als strebsamen Bürgersohn kennzeichnen, stehen im Kontrast zu dem weichen Kinn, den halbgeschlossenen Augen, dem nach innen gerichteten Blick. In seiner korrekten Kleidung wirkt er wie eingezwängt in ein stählernes Korsett. Später verlor er seine blonden Locken, wurde dick und war nicht wiederzuerkennen. Ein 140 Kilo schweres Polster gegen die Rohheit der Welt hatte er sich zugelegt. »Papa hatte die Seele eines Poeten«, schreibt Zarah Leander.

Durfte dieser Mann, der Flöte spielte und mundartliche Gedichte schrieb, die in *Nya Wermlandstidningen* unter dem Pseudonym »Finnalsh« gedruckt wurden, jemals daran denken, seine Neigung zum Beruf zu machen? Er versuchte es zunächst mit einem Kompromiss und absolvierte eine Ausbildung als Klavier- und Orgelbauer in Leipzig. Das war Ende der neunziger Jahre. Der Plan nach seiner Rückkehr war, die mit wenig Erfolg arbeitende Pianofabrik in Karlstad zu übernehmen und zu modernisieren, aber daraus wurde nichts. Eine Zeit lang arbeitete er dort als Angestellter, verschaffte dem Betrieb sogar eine Goldmedaille bei einem Wettbewerb in Norrköping. Irgendetwas muss ihn dazu gebracht haben, sich von seinem alten Berufsziel zu verabschieden. Hat ihm die Arbeit keinen Spaß gemacht? Warf sie zu wenig Geld ab? Gab es Streit? Soll man an ein Zerwürfnis denken?

Mit dreißig heiratete er. Mathilda Ulrika Wikström war genauso alt wie er, zum Heiraten für damalige Begriffe schon ziemlich alt, und sie kam vom Norden, aus Västersjäland, wo ihr Vater eine Lachszuchtanstalt betrieb. Als einzige Gemeinsamkeit mit der Mutter hebt Zarah Leander die Schwäche für gut aussehende Männer hervor. Anders Hedberg, wie gesagt, sah gut aus. Dass auch die Mutter eine Schönheit war, wie Zarah behauptete – aber welche Tochter glaubt das nicht von ihrer Mutter –, kann man bezweifeln, wenn man sie auf Bildern sieht. Rote Haare hatte sie, wie Zarah, aber die sieht man auf den Schwarzweißbildern nicht, und mit ihrer langen Nase war sie nicht fotogen. Zweifellos aber war sie tüchtig.

Die Hochzeit war am 26. Februar 1902, nur wenige Monate später, im September, eröffnete sie »mit Erlaubnis ihres Gatten« ein Geschäft für Lebensmittelspezialitäten. So steht es im Handelsregister der Stadt. Ohne ausdrückliche Zustimmung des Ehemanns durfte eine verheiratete Frau damals keine Geschäfte machen, in Schweden nicht anders als in Deutschland. Außerdem kam es nicht sehr häufig vor. Jonas Hedberg weiß nur noch von einer weiteren Frau, die während seiner Kinderzeit in Karlstad unternehmerisch tätig war. Sie hatte einen Fuhrbetrieb und stellte sich, wenn Streik war, auch selber auf den Kutschbock und chauffierte.

Gemeinsam betrieb das Ehepaar Hedberg alle möglichen Unternehmungen, mal mehr, mal weniger erfolgreich. Zu den erfolgreicheren gehört die Maklerfirma. Zwei Umstände waren gut für das Geschäft: die weit verzweigten verwandtschaftlichen Kontakte der Familie Hedberg in Wärmland und die Auflösung der Union mit Norwegen im Jahr 1905. Von Karlstad ist es nicht weit bis zur norwegischen Grenze. Dass die beiden Länder nun getrennte Wege gingen, beförderte die Neigung der Grenzlandbewohner, Grund und Boden zu kaufen, zu verkaufen und klare Verhältnisse zu schaffen.

Zum Familienimperium gehörten auch zwei Hotels, die in der Järnvägsgatan (das heißt Eisenbahnstraße) direkt gegenüber dem Bahnhof lagen. Damals war das eine Toplage. 1869 war die erste Bahnstrecke Karlstad – Kristinehamn mit Fanfaren, Kanonensalut und Hurrarufen eingeweiht worden. Das Bahnhofsgebäude mit Kontor, Restaurationsbetrieb und Wartesälen für die erste, zweite und dritte Klasse war pünktlich zu dem Ereignis fertig geworden. Es galt als architektonisch außerordentlich geglückt und wurde zur Attraktion für die Landbewohner. Zwei Jahre später, im Juni 1871, gab es wieder einen Grund zum Feiern: Über die Gleise in Karlstad rollten die wimpelgeschmückten Lokomotiven »Engelbrekt« und »Viger Spaa« in Richtung Westen. Die neue Bahnstrecke nannte man »die zweite Union mit Norwegen«. Der Bahnhof – ein Symbol des Fortschritts.

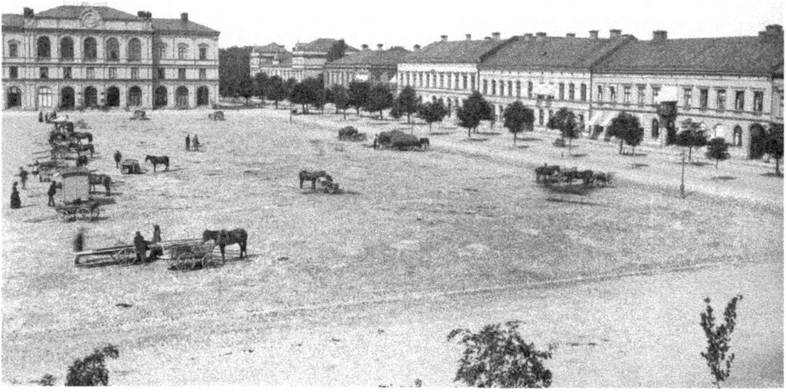

Karlstad um 1900: In der Straße mit den Alleebäumen quer zu dem großen Platz wurde Sara Stina Hedberg am 15. März 1907 geboren.

Auf dem Bahnhof wurden die riesigen Fässer mit deutschem Wein aus den Güterwaggons geladen, die Anders Hedberg am Rhein und an der Mosel einkaufte. Anschließend wurde der Wein in einer Limonadenfabrik im Keller unter dem »Cosmorama«, dem ersten Kino der Stadt, auf Flaschen gezogen und verkauft. Spätestens 1919 muss damit Schluss gewesen sein. Von da an gab es Wein in Schweden nur noch im staatlich kontrollierten »Systembolaget« zu kaufen, rationiert und gegen Vorlage eines Kontrollbüchleins, das erst 1955 wieder abgeschafft wurde. Die schwedische Nüchternheitsbewegung hatte sich durchgesetzt.

Mit Blick auf den Bahnhof, in der Järnvägsgatan 1, lebte die Familie Hedberg viele Jahre lang. Die Wohnung inklusive Kontor hatte elf Zimmer und lag in der ersten Etage des damals neuen Mietshauses. Nebenan der Tabakladen, mit dem Mutter Mathilda die Familie über Wasser hielt, als der Vater nicht mehr in der Lage war, Geschäfte zu machen.

Zarah war als letztes der drei älteren Kinder in der Kungsgatan 4 geboren worden. Das unauffällige Haus liegt mitten in der Stadt zwischen der Domkirche mit ihrem Glockenspiel, dem Postgebäude an der Ecke und Walfrid Svenssons Möbelgeschäft, gegründet 1892; dann brauchte die Familie mehr Platz. Die Nähe zur Kirche, in deren Schatten Zarah laufen lernte, darf man nicht im übertragenen Sinn sehen – Hedbergs waren nicht fromm. Die Eltern gingen so lange zum Gottesdienst, solange sie Lust an der Selbstdarstellung hatten, später dann nicht mehr. Aber sie waren die Ersten, die Propst Carl-Vilhelm Bromander, der aus einfachen Verhältnissen kam, zu seinem Amtsantritt gratulierten.

Eine gutbürgerliche Familie, jedenfalls vor dem Zusammenbruch des Vaters. Mathilda und Anders Hedberg pflegen freundschaftlichen Umgang mit städtischen Honoratioren (wie dem Latein- und Griechischlehrer Sjövall) und Gutsbesitzern aus dem Umland (wie den Melkqvists auf Hammar). Zum Haushalt gehören zwei Dienstmädchen sowie Ruth, das »Mädchen für alles«:

> *Eigentlich war sie angestellt als Kindermädchen, aber sie steuerte alles. Sie war es, die morgens in den Kachelöfen Feuer machte, sie war es, die die Dienstmädchen antrieb. Sie war es, die einen Riesenaufstand machte, wenn die Mädchen vergessen hatten, die Wasserkannen auf den grünen Marmorwaschbecken aufzufüllen. Sie war es, die jeden Morgen um sieben mit dem immergleichen Weckruf in das Kinderzimmer kam: »Auf auf, ihr Kinder. Der Wein ist sauer, die Milch hat eine Haut, und die Frau hat schlechte Laune. Aber das geht vorbei.«*

Wenn die kleine Zarah zum Kinderball ins »Stadshotellet« darf, dann wird sie von Ruth begleitet, die ihr in einem Beutel die feinen Schuhe hinterherträgt. Das »Stads«, der Ort für die gesellschaftlichen Höhepunkte des kleinstädtischen Lebens: In dem anspruchsvollen Hotel aus Karlstads Gründerjahren nach dem großen Brand wohnte die norwegische Delegation, als zwischen Mai und Oktober 1905 über die Auflösung der norwegisch-schwedischen Union verhandelt wurde, und jedes Jahr trafen sich hier die Holzbarone.

In dem großen Saal im Erdgeschoss mit den hölzernen Wandpaneelen und den vier Marmorsäulen mit den vergoldeten Kapitellen werden die Feste gefeiert. Sieben deckenhohe Bogenfenster lenken den Blick auf den Klarälv und das Theater auf der anderen Seite der Brücke. Im Winter wird das Eis mit Pechfackeln erleuchtet. Unter der Stuckdecke umschlingen sich langschnäbelige Tiere mit Ansätzen von Flügeln in Jugendstilmanier. Sind das vielleicht Drachen? Nein, wenn man genau hinsieht, sieht man: Es sind Schwäne mit leicht, wie zum Singen geöffneten Schnäbeln. Gleich werden sie ihre melancholische Klage über den Klarälv schicken.

In dieser phantasiebeflügelnden Pracht hat die kleine Zarah ihren ersten Auftritt. Auf einem der erwähnten Kinderbälle darf sie einen Walzer vortragen. Sie ist sechs, und sie genießt den Applaus. Ihre musikalische Begabung wird früh gefördert. Ihr erster Klavierlehrer ist ein Deutscher namens Hiller. An das Singen verschwendet sie zu der Zeit nicht einen Gedanken. Ihre Brüder sind die mit den hübschen Stimmen. Zu Hause wird viel Musik gemacht – Hausmusik, das ist ein bürgerlicher, ein angemessener Zeitvertreib. Aber wie wäre jemand aus der Kaufmannsfamilie Hedberg ernsthaft auf den Gedanken verfallen, dass man Geld verdienen könnte – mit Musik? Vielleicht auch Zarah nicht, unter anderen Umständen.

Nichts dokumentiert das schwankende ökonomische Geschick der Familie Hedberg besser als die wechselnden Sommerhäuser. Im Sommer zieht Schweden aufs Land und kultiviert die eigenen ländlichen Wurzeln. Das ist nicht »Urlaub« im mitteleuropäischen Sinn, das ist Teil des schwedischen Jahresrhythmus seit der Industrialisierung und Verstädterung des Landes. Von Mitte Juni bis Mitte August sind die Schulen geschlossen, und das ganze öffentliche Leben wird auf kleinstem Gang gefahren. Wer kann, verlegt seinen Haushalt aufs Land und nimmt lange Wege zum Arbeitsplatz in Kauf. Man genießt die Natur und die hellen Nächte, geht einfachen handwerklichen Tätigkeiten nach und feiert Feste mit der Familie und den Nachbarn in der Sommerkolonie. Anders Hedberg liebte es zu fischen. Vor Koskär gab es schöne, große Aborren, und die Kinder mochten das geräumige, grüne Haus. Es lag zwanzig Minuten mit dem Boot von Karlstad entfernt. Das erste Sommerhaus hingegen, erinnert sich Jonas Hedberg, hatte nur vier Zimmer.

Dann, vor dem Ersten Weltkrieg, wurde es richtig hochherrschaftlich. Der Vater kaufte »Högeruds såg och torvströfabrik«, eine Torffabrik in der Nähe von Arvika, mitsamt Sägewerk und einem Herrenhof, in dem die Familie von da an die Sommer verbrachte. Ein paar Jahre lang gingen die Geschäfte glänzend. In dem Sägewerk wurden Holzschindeln hergestellt, die zum Dachdecken gebraucht wurden. Eine Reihe von Aufträgen vom Königshof brachte Geld und Ehre ein. Noch lukrativer war das Geschäft mit dem Torf. Mit Torf konnte man heizen, als im Krieg die Kohle knapp wurde. Als Zarah Leander zwanzig Jahre später ihr Können zum Höchstpreis an die Nazis verkaufte, tat sie nichts anderes, als dem familiären Muster zu folgen. Sie verhielt sich konsequent als Unternehmerin.

Wann genau es mit den Geschäften des Vater bergab ging, lässt sich nicht mehr rekonstruieren. Lag es an seiner schwindenden Verstandeskraft oder, wieder einmal, an den – jetzt ungünstigen – Zeitläuften? Vielleicht war es eine Kombination aus beidem. Von der Depression nach dem Ende des Ersten Weltkriegs war auch die schwedische Wirtschaft schwer betroffen. Anfang der zwanziger Jahre musste die Wennberg-Werft in Karlstad die Hälfte ihrer Arbeiter entlassen. Der Tiefpunkt war zur Jahreswende 1920/21 erreicht, danach ging es allgemein wieder bergauf. Aber nicht mit Anders Hedbergs Geschäften. Im Juli 1928, ein Jahr vor seinem Tod, verzeichnet das Handelsregister von Karlstad: »Die für Anders Hedberg ausgestellte Prokura wird zurückgenommen.« Zum Schluss musste das Herrenhaus verkauft werden.

Auf Jugendfotos lächelt das Mädchen Zarah nie. Sie sieht traurig aus. Aber sie weicht der Kamera nicht aus, sie zeigt, was in ihr ist. Kein konventionelles, beschönigendes Lächeln. Über ihre Mutter schreibt sie, sie sei eine »Frau vom alten Schlag« gewesen: »eine, die stark sein musste und deshalb stark wurde, die Stärke mit Schroffheit verwechselte und die ihre Stärke wie ein hochgeschlossenes Korsett trug, das nur im Schlafzimmer abgelegt werden durfte. Es war nicht leicht, Gefühle durch diesen Panzer zu schicken, in die eine wie die andere Richtung.« Das ist das einzige Mal, das sie eine Andeutung auf die häusliche Tragödie macht. Interessanterweise hat sie die Berufstätigkeit der Mutter mit keinem Wort erwähnt. »Mama war Herrscherin über zehn Zimmer, Diele, Küche, Speisekammer und Waschküche. Wir anderen waren das Fußvolk.«

In der rückwärtigen Betrachtung der Tochter erscheint Mathilda Hedberg als ungemein tüchtige und ordnungsliebende Hausfrau, Schlüsselbewahrerin, Gastgeberin, Kinogängerin, als autoritäre, kalte und ignorante Mutter. Wäre es zu viel der Ehre gewesen, dieser dominanten Frau auch noch eine ökonomische Mitverantwortung für die Familie zu bescheinigen, eine Ehre, die eventuell zu Lasten des väterlichen Bildes gegangen wäre? Oder war es eine Revanche für den mangelnden Respekt der Mutter ihrer eigenen beruflichen Arbeit gegenüber?

Eines hatte Mathilda Hedberg sicher nicht im Sinn für ihre Tochter: eine Bühnenlaufbahn.

VOR DEM SPIEGEL

Es war einmal in einer kleinen schwedischen Stadt ein Mädchen mit roten Haaren und vielen Sommersprossen. Das hatte einen großen, starken Papa. Aber kein Pferd auf der Veranda. Es schämte sich für seine roten Haare und für die Sommersprossen. Statt erwachsene Männer im Fingerhakeln herauszufordern, saß es am Klavier und übte Chopin.

Sara Stina Hedberg war kein rebellisches Kind. Sie war – *snäll*. Jonas Hedberg gebraucht diesen Ausdruck, der einen ähnlichen Unterton hat wie das deutsche »nett«: freundlich, lieb und artig, wohlerzogen. Genau so, wie es von einem Mädchen aus gutbürgerlichen Kleinstadtkreisen erwartet wurde. Das Schulabgangszeugnis vom Frühjahr 1923 bescheinigt ihr die Bestnote »A« in »Betragen« ebenso wie in »Fleiß und Aufmerksamkeit«. Dieses Zeugnis ist übrigens ausgestellt für »Zarah Hedberg«, während sie bei ihrer Einschulung als »Sara« im Schulkatalog eingetragen ist. Irgendwann in den Jahren dazwischen muss sich also die Schreibweise mit dem aggressiver klingenden »Z« am Anfang durchgesetzt haben.

In »Singen« hat sie eine gute Note, nämlich ein kleines »a«, aber besser noch ist sie im »Zeichnen«. Überhaupt schneidet sie in den Nebenfächern gut ab: in Biologie und Gesundheitslehre, Handarbeit, Gymnastik, häuslicher Ökonomie, Religionslehre. In den Sprachen – Schwedisch, Deutsch, Englisch und Französisch – steht sie mit »Ba« oder »B« eher durchschnittlich da, und im Mündlichen ist sie durchweg besser als im Schriftlichen. In Mathematik und Geschichte ist sie auf dem gleichen mittleren Niveau. Die einzige schlechte Note hat sie in Schriftfranzösisch.

Ein anspruchsvolles Curriculum für die Klasse 8A an »Karlstads Högre elementarläroverk för flickor«. Das war die Schule für die »Höheren Töchter«, die erste von der Kommune unterstützte Mädchenschule in der Stadt überhaupt. Das Bildungsprivileg für Mädchen war damals ziemlich neu. Der große Brand hatte die Stadt in Schutt und Asche gelegt, aber daraus hatten sich Chancen ergeben, das öffentliche Leben neu zu organisieren. Vor dem Brand hatte es nur private Pensionate gegeben, in denen die Schülerinnen in Schönschrift, Rechnen, Handarbeit und Französisch unterrichtet wurden. Die Alternative war die Volksschule. Da konnte man im 19. Jahrhundert von Glück reden, wenn man Lesen und Schreiben lernte. Bis zu dreihundert Schüler gingen in eine Klasse, und die Lehrer arbeiteten üblicherweise ehrenamtlich und ohne besondere Ausbildung. In Karlstad wurde der erste examinierte Lehrer im Volksschuldienst 1859 eingestellt. Viele Eltern fanden die Schulpflicht ihrer Kinder – in Schweden seit 1842 – völlig unnütz und boykottierten sie aus unterschiedlichen Gründen.

Einer von denen, die für verbesserte Bildungseinrichtungen stritten, war der Karlstader Domprobst Jakobsson. Der hatte – als große Ausnahme unter den Honoratioren der Stadt – selbst die Volksschule besucht und setzte sich nun für eine Mädchenschule ein. 1878 wurde »Karlstads Högre elementarläroverk för flickor« als Aktiengesellschaft gegründet und bald darauf eingeweiht. Das neue Gebäude in der Nähe des Doms platzte schnell aus allen Nähten, als die Schulzeit nach zwanzigjähriger Erfahrung von sieben auf acht Jahre ausgedehnt wurde. Man beschloss also, das leer stehende alte Lazarettgebäude umzubauen. Im Herbst 1914 konnte die Mädchenschule in das neu renovierte, dreigeschossige Haus umziehen. Auf welche Bildungsschwerpunkte für Mädchen damals Wert gelegt wurde, verrät eine zeitgenössische Beschreibung:

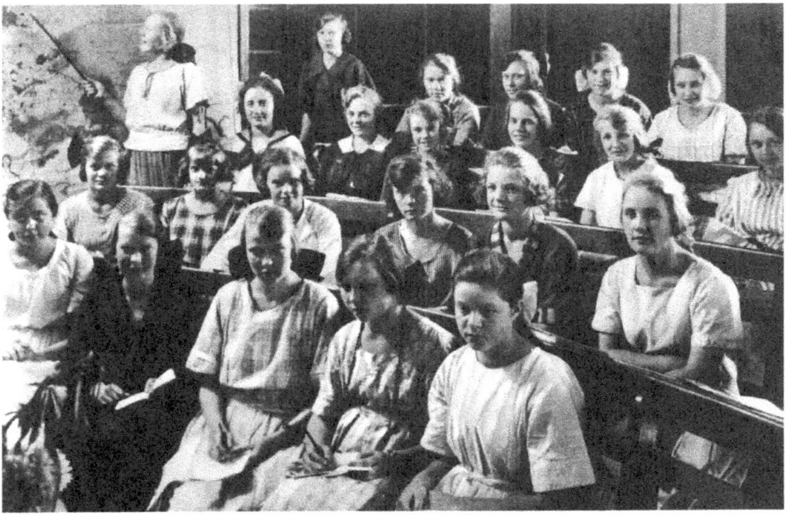

Die Schule fand sie öde: Zarah (2. Reihe, 3. v. rechts) in »Karlstads Högre elementarläroverk för flickor«.

> *Im Erdgeschoss ist die Schulküche mit allen neuzeitlichen Einrichtungen gelegen: Gas, Elektrizität, fließend warmem und kaltem Wasser und vielem mehr. Dort befinden sich auch der Speisesaal, die Vorratskammer, Waschküche und Plättstube. Auf der gleichen Etage am anderen Ende der große, prächtige Gymnastiksaal in ganz modernem Zuschnitt. Zu dieser Abteilung gehört auch das Lehrerinnenzimmer, der Dusch- und Ankleideraum.*

Die Klassenräume im ersten und zweiten Stock sowie die Fachräume für Physik, Chemie und Biologie erwähnt der Schreiber zwar, geht aber auf ihre Ausstattung nicht näher ein.

Ein Foto des Lehrerinnenkollegiums von 1882 zeigt lauter streng aussehende Damen in hochgeschlossenen schwarzen Kleidern mit Hauben oder Hüten auf dem Kopf. Ab 1913 hieß die Leiterin Anna Danielsson, und die Mode wird sich geändert haben. Trotzdem: »Die Schule war die Hölle«, schreibt Zarah, ohne ihre Qualen näher zu erläutern. Das Abgangszeugnis verzeichnet für das vergangene Halbjahr 58 »krankheitsbedingte« Fehlstunden. An diese Krankheit glaubt der große Bruder keine Sekunde lang. »Zarah war ziemlich faul«, bemerkt der uralte Mann in vertraulichem Ton. Vielleicht lag es daran, dass sie das Ziel ihrer schulischen Laufbahn so wenig inspirierend fand?

> *Ein Mädchen aus guter Familie in der schwedischen Provinz wurde im ersten Teil unseres Jahrhunderts für nur eine einzige Aufgabe im Leben erzogen: nämlich, um Hausfrau in einer neuen guten Familie in der schwedischen Provinz zu sein. Sie musste alles lernen, um es dann später an die Mädchen aus guter Familie weiterzugeben, die sie gebären sollte: Schlachten, Einkochen, die einfachere und die feinere Küche, Nähen, Waschen, das Stärken der Herrenhemden, guten Ton und Etikette sowie die richtige Temperatur des Burgunders beziehungsweise Mosels. Vielleicht lernte sie auch ein bisschen Porzellanmalerei oder Klavierspielen – passende Beschäftigungen für die Freizeit, die die Hausfrau leider nicht hatte.*
>
> *Ich lernte alles dieses. Ich kann Herrenhemden und Knopflöcher nähen. Ich kann Schweine abbrühen und Marmelade aus Pomeranzenschalen machen. Sogar Schnaps kann ich brennen, wenn es mal eng wird.*

Wer Zarah Leander später näher kannte, bestätigt ihre Talente als Hausfrau, Gastgeberin und Köchin. Es war offensichtlich nicht diese Art von Tätigkeiten, die ihr zuwider war, sondern die Vorstellung, dass darin nun ihr Lebenszweck bestehen sollte, zumal in der Kleinstadt.

Viele Jahre später, da ist sie längst die gefeierte Stockholmer Revueprimadonna, spielt sie in einem ihrer ersten schwedischen Filme eine erfolgreiche und in vierter Ehe verheiratete Bildhauerin, die einen Wettbewerb in der Provinz gewonnen hat. Sie fährt also in ihrem eleganten, offenen Auto in das Städtchen »Broköping« und trifft dort die Mutter des jugendlichen Verehrers und angehenden Lokalpolitikers, dem sie den Auftrag verdankt. Die Mutter ist besorgt, weil sie befürchtet die gefährliche Frau aus der Großstadt könnte es auf ihren Sohn abgesehen haben. Aber Tora/Zarah kann sie schnell trösten. Sie lacht ein lautes, übermütiges Lachen und legt ihr die Hand auf den Arm: »Ich habe nicht das geringste Verlangen, hier zu leben.« Man glaubt es ihr. Selten war Zarah in einer Rolle so überzeugend. Die Enge der Provinz hat sie durchkostet, genauso wie Astrid Lindgren, deren Pippi Langstrumpf die kleinstädtischen Damen der Gesellschaft mit frechen Sprüchen brüskiert.

> *Man sagte in Karlstad damals nie, dass es fein war, sich so und so zu verhalten – stattdessen hieß es: »Das macht man nicht, das gilt als unfein.« Wie die neue Frau zum Beispiel. Eine neue Familie war nach Karlstad gezogen, und das war natürlich sehr spannend. Die neue Frau wurde in Windeseile zu jedem anstehenden Kaffeeklatsch eingeladen, und die Karlstader Frauen standen Schlange, um die Neue in Augenschein zu nehmen. Aber ach, du meine Güte! Das Mensch rauchte Zigaretten. Direkt vor der Nase der Bankdirektorsgattin und der Gemahlin des Superintendenten zog das Mensch eine so genannte Zigarette hervor und steckte sie sich zum Kaffee an. Das galt als wirklich sehr unfein. Und es kam noch schlimmer. Beim Kaffeeklatsch wurde alles lang und breit beredet. Die Frauen in der Stadt hatten angefangen sich anzumalen! Auch das galt als höchst unfein. Bis dahin hatten alle Damen sich mit dem einzigen Parfum zufriedengegeben, das es in der Stadt zu kaufen gab: Mille fleur. Aber nun ging es bergab mit dem Gefühl für Sitte und Anstand. Jetzt ging jede Frau Sowieso los und kaufte teure neumodische Schönheitsmittel in Stockholm. Man schüttelte den Kopf. Das reine Sündenbabel.*

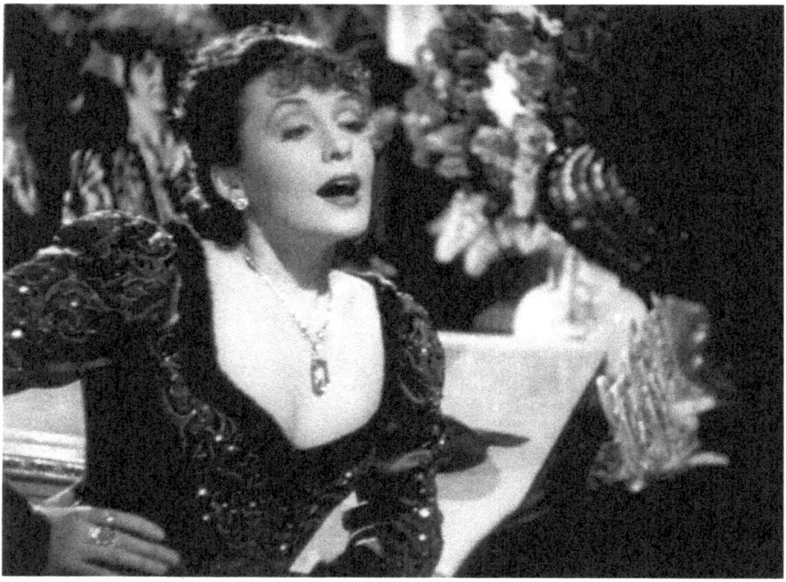

Sie kannte die kleinstädtischen Tugendwächterinnen aus eigener Anschauung. Szenenfoto aus dem Film »Heimat« mit Zarah Leander als gefallene Tochter der Stadt, Magda von Schwartze.

Man sieht sie vor sich, die ehrbaren, freudlosen, engherzigen, zu kurz gekommenen, pharisäerhaften Frauen in dem Film »Heimat«, die sich entrüstet und auch ein bisschen verwirrt abwenden, als die gefallene Tochter der Stadt (Zarah, tief dekolletiert, mit dem Lied »Eine Frau wird erst schön durch die Liebe«) ihr Recht auf Lust und Liebe einklagt.

Aber das kommt später. Noch ist sie ein Kind und sieht die Welt mit der Brille, die die Erwachsenen ihr aufgesetzt haben. Als sie auf dem Toilettentisch ihrer Mutter gleich neben der Waschschüssel und der Kanne aus grünem Porzellan eine Puderdose findet, ist sie entsetzt: ihre anständige Mama! Der Vater versucht sie zu beruhigen: Mama muss Puder benutzen, um ihre Sommersprossen zu verdecken. Das versteht sie. Die Sommersprossen, die roten Haare und die helle Haut hat sie von Mama geerbt. Wer so aussieht, fällt auf. Und welches brave Mädchen will schon auffallen.

In Karlstad fand man, dass ich Talent hatte, weil ich Klavier spielen konnte. Ich war sechs, als ich meinen ersten öffentlichen Auftritt hatte. Es war Kinderball im Stadthotel, und die kleine Zarah hatte einen Chopinwalzer auswendig gelernt. Der Beifall war stürmisch, und der Abend gehörte mir. Das Einzige, was mich schmerzte, war das flaschengrüne Kleid und die braunen Schuhe, in die man mich gezwungen hatte. Alle Mädchen waren im weißen Kleid mit einem breiten Band um die Taille und einer Riesenschleife hinten. Und sie hatten weiße Schuhe. Aber der Familienrat hatte beschlossen, dass Klein-Zarahs bleiche Hautfarbe sich in Bunt besser machen würde.

Zarah fand, sie sei das »hässlichste Mädchen der Stadt«. Hinterher schreibt sich so was leicht. Das überwundene Unglück kann den Genuss der Gegenwart sogar noch steigern, und das Publikum mag solche Bekenntnisse. Es empfindet Mitgefühl für das bedauernswerte Kind, das sein Star einmal war. Arme Zarah Leander, arme Penelope Cruz! Nur das hässliche Entlein selber kennt ja noch nicht den Ausgang der Geschichte.

Das gängige Schönheitsideal hat sich im 20. Jahrhundert sehr zugunsten der (echten und gefärbten) Rothaarigen entwickelt. Schauspielerinnen wie Zarah Leander, Rita Hayworth und Katherine Hepburn haben dazu beigetragen.

Was die Sommersprossen angeht, war die Sache noch schwieriger. Man setzte sich einen großen Hut auf und versuchte, sie gar nicht erst zu bekommen. Hatte man sie, benutzte man das quecksilberhaltige Wundermittel »Schwanenweiß«, um die Haut zu bleichen, oder Puder, um sie abzudecken. Dagegen wirbt heute ein schwedischer Reiseveranstalter im Frühling für Reisen nach Griechenland und Südfrankreich mit dem Argument: »Zeigen Sie als Erste Sommersprossen.«

Als wäre es nicht schon schlimm genug, sich mit Haut und Haaren anders zu fühlen, kamen in Zarahs Fall noch zwei Dinge hinzu: ihre auffallende Länge und die Schuhgröße. Ein kleiner, zierlicher Fuß galt schon bei Aschenputtel als Attribut von Schönheit und Eleganz. Zarah hatte 41½. Mit ihrer Körpergröße von 1,74 Meter wäre sie für heutige europäische Maßstäbe ganz normal groß, aber als Mädchen überragte sie alle anderen.

Ihr extravagantes Äußeres machte sie nicht zur Außenseiterin unter Gleichaltrigen, das nicht. Unter ihren Freundinnen konnte sie lustig und »ausgelassen« – *uppsluppen* sein, berichtet Jonas Hedberg, und sie galt als »gute Kameradin«, ein Urteil, das man übrigens auch von späteren (männlichen und weiblichen) Schauspielerkollegen immer wieder bestätigt bekommt.

Folgt man ihr selbst und ihren Erinnerungen, dann liegt der Hund in der Familie begraben. Mal sind es die »unbarmherzigen« Brüder, mal die Mutter, die ihr ihre »Hässlichkeit« spiegeln. Im gnadenlosen Blick auf sich selbst wird Zarah ausgerechnet, wenn auch unbeabsichtigt, von ihrer Mutter unterstützt. Weil sie ihre Ohren immer irgendwo hat, belauscht sie ein Gespräch, das ihr unvergesslich bleiben wird: »Annie, es tut mir so leid um Zarah. Deine Tochter ist so hübsch, und Zarah ist so hässlich. Ich leide mit ihr, es tut mir richtig weh. – Die Freundin antwortet: »Aber hör mal, was redest du denn da? Ich finde Zarah schön mit ihrem kupferroten Haar. Sie ist süß und eine Persönlichkeit, und außerdem hat sie schöne Hände.«

Bei diesem Wortwechsel durchlebt Zarah eine Berg- und Talfahrt der Gefühle. Die Bemerkung der Mutter nimmt ihr fast den Atem, während die Antwort der Freundin wie Balsam wirkt. Auf jeden Fall: Die Rettung kommt von außen.

Als Leser ihrer Memoiren erfahren wir nicht, wie alt das Mädchen Zarah damals war, alt genug jedenfalls, um sich über sein Äußeres Gedanken zu machen, alt genug auch, um aus dem ästhetischen Verdikt der Mutter die Ablehnung herauszuhören – und damit möglicherweise zu einem Zeitpunkt, als der Vater als Verbündeter und emotionales Gegenwicht keine große Rolle mehr spielen konnte.

Was tut man in einer solchen Lage? – Man wird melancholisch. Man verwirft die Maßstäbe der anderen, nach denen man schlecht abschneidet, und entwickelt seine eigenen. Man beginnt, sich für das Theater zu interessieren. Oder alles zusammen.

THEATER

Ihr erstes Theatererlebnis hat Zarah mit »Peer Gynt«. Peer Gynt, der sich charmant und rücksichtslos durch das Leben lügt. Der zu keiner Verführung Nein sagen kann und sich in jedes Abenteuer stürzt, das sich ihm bietet. Der am Ende entdeckt, dass bei der treu liebenden Solveig sein eigentliches Glück gelegen hätte.

Ibsens dramatisches Gedicht wurde 1876 in Kristiania (dem heutigen Oslo) uraufgeführt. Erst sechzehn Jahre später hatte es in Schweden Premiere. Heute wird es als eine Art norwegisches Nationalepos betrachtet, aber damals galt es als unpassende Kost für ein zehnjähriges Mädchen. Ibsen, dieser Radikale. Mit »Nora« und »Gespenster« hatte sich der Autor seinen Ruf als Bürgerschreck erworben.

Niemals hätte Zarah die Erlaubnis ihrer Eltern bekommen, als Knut Lindroths Theatergesellschaft mit »Peer Gynt« in Karlstad gastierte. Aber sie will so gerne. Die Großmutter hat ein Einsehen, drückt ihr das Eintrittsgeld in die Hand und verspricht, nichts auszuplaudern. Und da geschieht es. *The first cut is the deepest.* Und das Verbotene an der Sache wird das Vergnügen noch gesteigert haben.

> *Ich war berauscht von der neuen Welt, die ich gerade erlebt hatte, mit Haut und Haaren eingefangen von der Atmosphäre, die ich gerade schnuppern durfte, dem Geruch von Schminke und gebrannten Locken, von der Pracht des Zuschauerraums und der Spannung im seelischen Dialog zwischen Schauspielern und Publikum.*

Großmutter, die mit Tee wartete, fragte erstaunt: »Was ist los mit dir?«
»Ja, Großmutter«, seufzte ich überglücklich, es gibt etwas, das Theaaaater heißt.« Und ich zog das a so in die Länge, dass es in mir vor Wonne kribbelte.
»Meinst du, Kind, dass das Theaaaater dich verhext hat?«, ächzte Großmutter.
»Absolut.«
Großmutter sah mich an, als hätte ich mir eine Lungenentzündung zugezogen. Das Kind war Knall auf Fall theaternärrisch geworden, und das wurde als nicht richtig fein erachtet.

Was für die eher merkantil gesinnten Hedbergs stimmte, traf nicht auf alle Bürger der Stadt zu. Ganz im Gegenteil. Karlstad war ein richtiges Theaternest, und zwar mit einer langen Tradition. »Mindestens jeden zweiten Tag eine Vorstellung«, fordert der Schreiber eines Leserbriefs in *Carlstads Tidning* 1809 selbstbewusst, »und ab und zu auch mal eine Gratisvorstellung auf dem Großen Platz. Denn wenn Rom seinen Zirkus hatte, Madrid seine Tierhetzen, warum sollte es da nicht in Carlstad ein öffentliches Spektakel geben.«

Und siehe da, im Jahr 1828 bekommt Karlstad, das kleine Karlstad mit nicht mal 4000 Einwohnern, sein eigenes Theater, ein eingeschossiges, rot gestrichenes Gebäude aus Holz. Beim großen Brand 1865 geht es in Flammen auf, gerade als Theaterdirektor Agardh und seine Truppe in der Stadt sind. Und ebendiese Theaterleute bekommen für ihre mutigen und energischen Rettungseinsätze später ein großes Lob ausgesprochen.

Aber nun ist Karlstad erst einmal wieder theaterlos, und die Bewohner der Stadt haben andere Sorgen. Aber nicht lange. Als drei Jahre nach der Verwüstung die lundgrensche Theatercompagnie in die Stadt kommt, stellen Privatleute ihre Räume zur Verfügung. Eine Gesellschaft wird gebildet, um Geld für einen neuen Bau zu sammeln.

Die Sache zieht sich hin. Nun übernimmt der Zuckerbäcker P. F. Yhnell die Initiative und richtet in der Beletage seines Hauses in der Järnvägsgatan ein kleines Amphitheater ein mit einer geräumigen Szene, Orchesterplatz, Logen und einem Erfrischungsraum. Über die Zuckerbäckerbühne gehen nicht nur die beliebten Lustspiele des zeitgenössischen Autors August Blanche und Jacques Offenbachs Operetten, sondern auch Shakespeare und Ibsen. Auch das Interesse für Ballett ist groß, zumal die junge Hilma Schlagerlund aus Karlstad unter dem Namen Hilma Bruno zuerst als Tänzerin und dann als Schauspielerin Furore macht. In der Monotonie des Kleinstadtalltags bietet das Theater einen Hauch Großstadtluft und eine willkommene Abwechslung.

August Blanche hat in seinen Stücken die Situation der durchs Land reisenden Theatertruppen ziemlich realistisch und nur leicht satirisch verfremdet geschildert. Einmal lässt er seinen Direktor Ekström sagen: »Über Karlstad habe ich gehört, dass es einer der besten Orte fürs Theater sein soll.« Nicht überall galt das Provinzpublikum nämlich als so kenntnisreich und offen. In einem anderen Stück von Blanche, »Eine reisende Theatergesellschaft oder: Tragödie in Vimmerby«, geht es um das sonst bevorzugte Repertoire der Landbewohner. Hier heißt der Theaterdirektor Sjövall. »Na, was spielen wir denn heute Abend?«, fragt Sjövalls Tochter Josephine und ist unzufrieden, weil sie zu hören bekommt, dass es eine Tragödie sein wird. Sjövall:

> *Für die Provinz taugen nur Tragödien, das weißt du doch (...) Komödien lassen die Leute kalt (...) erinnert ihr euch, wie es war, als wir in Borås »Ein Glas Wasser« spielten? (...) Was stand am nächsten Tag in der Zeitung? Ja, da stand: Mit Ausnahme des Titels kann »Ein Glas Wasser« in Borås niemals Sympathien gewinnen, und so stellt die Redaktion klar, dass alle Komödien und Lustspiele abgesetzt werden müssen, sintemal es schamlos ist, ehrbare Bürger von Borås dazu zu bringen, zu lachen und zu grinsen wie die Honigkuchenpferde. Hingegen fordern wir dringlich alle*

Arten von Tragödien, insbesondere solche, in denen Räuber vorkommen.

Dem Anspruch der Karlstader Bürger auf ein »richtiges« Theater mit allen Schikanen konnte die yhnellsche Privatbühne auf die Dauer nicht genügen. 1891 hatte der Theaterverein mit 85 000 Kronen so viel Geld eingesammelt, dass man sich an den Neubau wagen konnte. Zwei Jahre später stand er fertig da, »wie ein weißer Schwan, wo das Wasser des Klarälv in einer Biegung in die Stadt hineinfließt«. Zur festlichen Einweihung am 7. November 1893 um halb acht Uhr abends wurde die Ouvertüre zu Glucks »Iphigenie« gespielt, Gustav Fröding trug seinen – zu diesem Anlass gedichteten – Prolog vor, und wer von den nun 9170 Bewohnern der Stadt nicht dabei sein konnte, der ging vielleicht zu der freikirchlichen Gegenveranstaltung und hörte sich an, welch verderblichen Einfluss das Theater auf den Christenmenschen ausübt.

Das Wappen von Karlstad schmückte den Vorhang des neuen Theaters, und Zarah Hedberg hat ihn auf- und zugehen sehen, sooft es ging. Der Portier des Hauses ist ihr Freund und Verbündeter. Wenn irgendeine durchreisende Truppe ein Gastspiel gibt, lässt er das rothaarige Mädchen durchschlüpfen. In den Kulissen, links hinter dem ersten Versatzstück, darf sie stehen und zuschauen. Zu Hause darf keiner wissen, was sie an solchen Nachmittagen treibt – außer Ruth, die ihren Schützling deckt.

Auf der Bühne dieses Theaters sieht sie Mary Carlsson und Gösta Ekman. Die zierliche, blondgelockte Mary Carlsson, Jahrgang 1895, ist der Liebling des Bühnenpublikums, man kennt sie auch von der Stummfilmleinwand. So auszusehen wie sie, wünscht sich Zarah. Die Begeisterung für Gösta Ekman muss sie sich mit noch mehr Menschen teilen. Ekman, geboren 1890 in Stockholm, ist die Verkörperung eines neuen Schauspielertyps und eine Legende in Schweden, schreibt Lars Löfgren in seinem Standardwerk über das schwedische Theater.

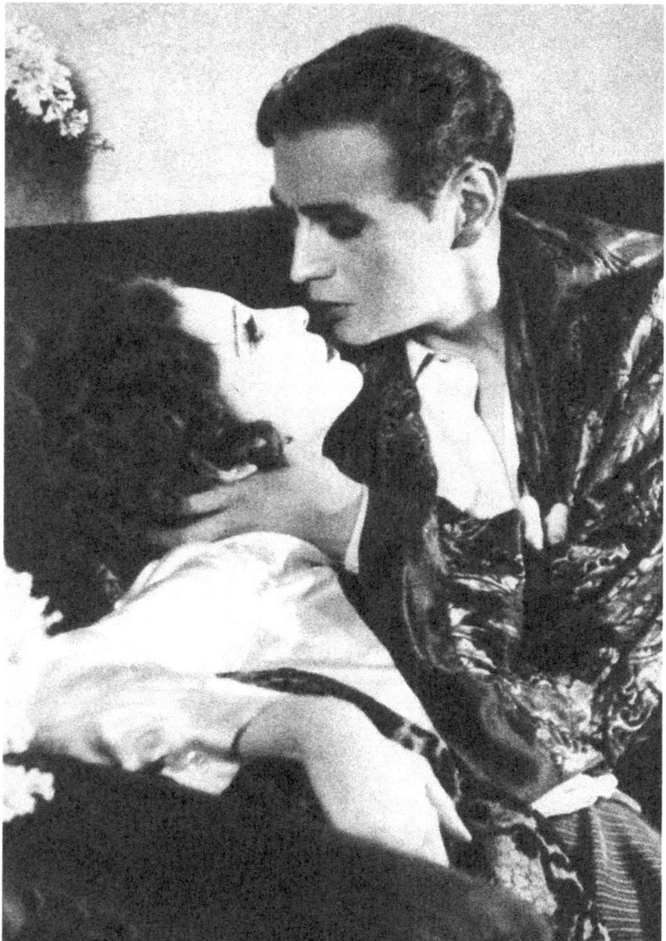

Vorerst kann Zarah nur davon träumen, in Gösta Ekmans Armen zu liegen. Zehn Jahre später ist es so weit – in einer Fotonovelle nach Vicki Baums Roman »Passion«.

Während der 25 Jahre bis zu seinem bewegenden und viel zu frühen Tod im Alter von 47 Jahren hat er für Theater und Film intensive Rollenporträts geschaffen. In Skandinavien und in Deutschland wurde er berühmt und zog ein großes, teilweise neues Publikum an, wurde zum Gegenstand für ein in Schweden vorher beispielloses Medieninteresse, das sich um seinen persönlichen Charme, das erotische Interesse der Frauen, sein Familienleben mit Ehefrau Greta und Sohn Hasse, die Gerüchte um Drogenprobleme und Bisexualität drehte, kurz, er ist der Erste, der in die gewaltsame und verschlingende Bewunderung hineingerät, mit der bekannte Künstler leben und sterben müssen.

Zarah, in ihrem Versteck hinter dem ersten Versatzstück links, ist nah dran und weit weg von ihren Idolen, jedenfalls näher, als sie denkt. In ein paar Jahren wird sie mit Mary Johnsons derzeitigem Ehemann, Karl Gerhard, auf der Bühne stehen und gemeinsam mit Gösta Ekman das Stockholmer Publikum zum Toben bringen.

Noch aber steht sie da und schaut und hält den Atem an vor Spannung, ein Mädchen mit großen Erwartungen an das Leben. Mit dem Vermögen, sich zu begeistern, der Fähigkeit zu träumen und der Energie, die Träume zu bewahren. Ohne diese Energie würde sie es nicht schaffen, sich den häuslichen Normen zu entziehen und hierher zu kommen. Die Mutter ist stark, aber sie nicht weniger. Der Zweikampf hat begonnen. Er ist unvermeidlich, denn das Theater braucht sie zum Leben.

Der Alltag ist Sorge um den Vater, schulische Routine, materielle Existenznöte, die Pharisäerhaftigkeit des Kleinstadtlebens, die Selbstzweifel. Das Theater verleiht die Flügel, um sich über all das zu erheben. Es gibt eine Ahnung davon, was Freiheit, Wahrheit, Schönheit, Liebe sein könnten. Zarahs erste Liebe ist folgerichtig ein ebenso Besessener. Er heißt Östen und ist Gymnasiast. Er schwärmt für Shakespeare. Zarah liest Shakespeare, weil sie für Östen schwärmt.

Zu zweit lässt es sich noch besser schwärmen – für Shakespeare und füreinander. Er ist natürlich »ein hübscher Kerl«, Zarah mag hübsche Kerle genauso wie ihre Mutter. Sie sind Romeo und Julia, Antonius und Cleopatra, Hamlet und Ophelia, Käthchen und Petrucchio, Beatrice und Benedict. Sie probieren Gefühle frei nach Shakespeare. Sonst gehen sie, Hand in Hand, am Ufer des Klarälv spazieren.

Viel mehr ist über diese Liebe nicht in Erfahrung zu bringen. »Es war nicht so wie heute, wo die Zwölfjährigen miteinander ins Bett gehen«, heißt es in der Autobiografie. Im Übrigen ist der sarkastische Ton, mit dem sie über ihr jugendliches Selbst schreibt, schwer zu ertragen. Es ist billig, sich über den Idealismus und die Naivität des eigenen vierzehnjährigen Ichs lustig zu machen. Hielt es die alte Zarah nicht aus, sich im Spiegel ihrer jugendlichen Erwartungen zu betrachten?

Entschieden positiv bewertet sie einen Vorgang der Desillusionierung, der in diesen Jahren ihrer frühen Theaterleidenschaft stattgefunden haben soll. Das war, als die erwähnte Mary Johnson hinter den Kulissen auf ihren Auftritt wartete:

> *Wie sie da stand und wartete, hätte ich sie berühren können, aber das traute ich mich nicht. Vor lauter Spannung hatte ich feuchte Hände. Hätte sie mir zugelächelt, hätte sie zu mir nur ein einziges Wort gesagt, dann wäre ich vor Seligkeit tot umgefallen und nie wieder aufgestanden, das stand fest.*
>
> *Sekunden später wurde meine Illusion brutal und nachdrücklich zerstört. Die Engelsgleiche, die ganz und gar Ätherische zog nämlich einen Apfel aus der Tasche wie eine zweite Eva beim Sündenfall und verspeiste ihn genüsslich. Es war kaum auszuhalten, etwas zersprang in mir im gleichen Moment wie eine traurige G-Saite. Es war schrecklich, als es passierte, aber es war natürlich nützlich. Der »Schock« mit der essenden Schauspielerin gab mir einen nüchterneren Blick auf das Theater.*

Se non è vero è bene trovato – und wenn es nicht wahr ist, so ist es doch gut erfunden. Die Anekdote illustriert vor allen Dingen eines: die Aversion der Künstlerin gegen übertriebene Schwärmerei. Was es bedeuten kann, so vergöttert zu werden, hat sie selbst bis zum Überdruss erfahren. Wer vergöttert wird, der soll auch Wunder tun – zerbrochene Ehen kitten und dergleichen mehr. Mit solchen Erwartungen konfrontiert zu werden ist auf die Dauer unerträglich. Das ist die Kehrseite der Divenexistenz.

Aber noch ist sie vierzehn und von solchen Problemen Lichtjahre entfernt. Sollte sich das Ereignis mit dem Apfel genauso abgespielt haben, so kann es auf die junge Zarah doch nicht allzu desillusionierend gewirkt haben. Nicht so tief jedenfalls, dass es ihre Wünsche und Träume dauerhaft relativiert oder beschädigt hätte. Der Traum, einmal selbst auf der Bühne zu stehen, bejubelt vom Publikum, lässt sie nicht los.

Das scheint im Moment ein ganz und gar unvernünftiger Traum. »Alles, was mit Theater als Beruf zu tun hatte, war schändlich wie eine Krankheit, für die man sich genieren muss, fast so schlimm wie Unterschlagung oder Wechselfälschung. Eine Tochter aus gutem Hause konnte nicht Schauspielerin werden.«

Es stimmt, in Schweden war die soziale Situation der Schauspieler bis in die dreißiger Jahre hinein schwierig. Da waren zum einen die Vorurteile gegenüber der Sittenlosigkeit des fahrenden Volks. Das erfuhr auch die mit Zarah gleichaltrige Sängerin Ulla Billquist, als sie mit sechzehn Jahren einen Schauspieler heiratete und selbst auf die Bühne kam:

> *Schauspieler standen ganz unten auf der Rangliste der Gesellschaft. Zwar hatten sich ihre Lebensumstände verbessert seit den Tagen von August Blanche, die jungen Leute begeisterten sich für die Abenteuer der amerikanischen Stummfilmhelden und die älteren weinten über Greta Garbos Schicksal in »Gösta Berlings Geschich-*

> *te«, aber das bedeutete nicht, dass man Schauspielern mit Achtung begegnete. Nein, immer noch waren das Gaukler und Komödianten, die ihre Kunststücke vorführten, wenn man ihnen eine Münze hinwarf. Schauspieler, das wusste doch jeder, hatten keine Moral, und nichts war ihnen heilig. Sie arbeiteten abends, wenn es dunkel war und ordentliche Leute schlafen gingen, und was sie dann machten, wenn sie ihren Champagner tranken, darüber mochte man gar nicht spekulieren. Eine Schauspielerin wurde automatisch als leichte Beute angesehen und ihr männlicher Kollege als eine Mischung aus Trinkbruder und Frauenjäger.*

Zu dem schlechten gesellschaftlichen Prestige kamen die schwierigen materiellen Umstände. Die Schauspieler wurden nur für die Vorstellung bezahlt, für alle Kosten drumherum – Probenarbeit und Kostüme – mussten sie selber aufkommen. »Das hieß, dass man sich immer nach den billigsten Quartieren umsah, und der erfahrene Tourneeschauspieler wusste in ganz Schweden, wo man für wenig Geld Essen und einen Schlafplatz fand.« Als Schauspieler lebte man von der Hand in den Mund. Vom 15. Mai bis 15. Oktober war Theaterpause. Wie sich die Schauspieler in dieser Zeit versorgten, war ihre Sache. Wer Glück hatte, bekam einen Filmjob. Sonst blieb nur noch das Pfandleihhaus – bis zum Herbst, bis zum nächsten Engagement.

Durch die populären Stücke von August Blanche war die Armut der Schauspieler sprichwörtlich. Noch einmal kommt sein Theaterdirektor Sjövall zu Wort mit einem verzweifelten Appell an den Idealismus seiner Truppe:

> SJÖVALL: *Herr Ölander! Sie sind ein notorisch unzufriedener Mensch!*
> ÖLANDER: *Bin ich das? … Ich habe ja ganze zwei Wochen lang nicht mehr als einen Schilling bekommen … mager, dünn und durchscheinend wie ein Transparent bin ich geworden.*

SJÖVALL: *So soll ein Künstler sein ... offen und ätherisch.*

ÖLANDER: *Selbstverständlich ... das Schlimmste ist aber, dass ich, der ich doch den »Père noble« vorstellen soll, kaum einen Rock auf dem Leibe trage.*

SJÖVALL: *Herr! Für die Rollen, die Sie spielen, braucht es keinen Rock ... Sie tragen ja Theaterkostüme.*

ÖLANDER: *Schöne Kostüme! ... Die fallen bald auseinander ... Wenn man mal eine große Geste macht, wie es die tragische Rolle gelegentlich erfordert, dann fällt der Ärmel ab, und man sieht aus wie eine Witzfigur.*

SJÖVALL: *Wie oft habe ich nicht gepredigt, dass Luxus bei der Dekoration und bei den Kostümen den Geist der wahren Kunst untergräbt.*

Ist es nicht verständlich, dass Hedbergs ihrem Kind ein derartiges Schicksal ersparen möchten? Was Zarah angeht, so hat sie andere Bedenken: Muss man nicht schön sein, um Schauspielerin zu werden? Wie schon gesagt: Mit vierzehn findet sie sich hässlich.

Man könnte darüber spekulieren, ob nicht genau das, paradoxerweise, den besonderen Reiz ihrer Ausstrahlung hervorgebracht hat. Wer sich nicht auf seine äußeren Vorzüge verlassen kann, der muss anderes kultivieren, um Menschen für sich einzunehmen. Ihrer Ausstrahlung konnte sie vertrauen, auch dann noch, als ihre Schönheit längst dahin war. »Sie sah aus wie ein Gespenst, aber sie war immer noch so charmant«, erinnert sich ein Schwede, der sie bei einem ihrer letzten öffentlichen Konzerte erlebt hat. Sie musste sich nicht verstecken wie Marlene Dietrich oder Greta Garbo.

Übrigens hält sich Zarah ihr Leben lang an die familiären Prinzipien. Ein Hungerleiderjob kommt für sie nicht in Frage. Als sie genügend Geld aus Schallplatteneinnahmen zusammen hat, tut sie das Solideste, was man sich vorstellen kann: Sie kauft sich ein Gut in Schweden.

DIE RIGA-KUR

Im Frühjahr 1923 ist Zarah sechzehn. Die Schule ist vorbei, die Erleichterung groß – was nun? Erst mal muss gefeiert werden. Dass sie sich das Geld dazu von dem großen Bruder Jonas borgen muss – sie hat es später zurückgezahlt, bestätigt er –, spricht für die finanzielle Knappheit im Elternhaus. Sie wird selbst für sich sorgen müssen. Aber wie? Wegen ihrer exzellenten Note im Zeichnen wird im Familienrat darüber diskutiert, ob das Kind Kunstlehrerin werden soll. Immerhin ein Versuch, ihre Fähigkeiten zu entwickeln. Ein Kurs in Porzellanmalerei ist das im Übrigen folgenlose Ergebnis.

Sekretärin konnte man natürlich werden. Also, schreibt Zarah Leander, »erhielt ich einen mehrwöchigen Einblick in das Bürowesen. Das war so etwas wie ein letzter Ausweg: Wenn man auf dem Sklavenmarkt der Eheschließungen als wenig attraktive Beute galt, konnte man sich so immerhin durchschlagen, in Armut vielleicht, aber besser noch, als der Verwandtschaft auf der Tasche zu liegen.«

Keine Frage, dass Zarah sich damit Fertigkeiten erwarb, die ihr später von Nutzen sein konnten. Allerdings steckte sie in einer Sackgasse, oder bestenfalls: in der Warteschleife. Nichts davon wurde ihrer Persönlichkeit gerecht. Nichts davon schien sie ihrem Lebenstraum näher zu bringen. Wie nah war sie daran, ihn zu begraben und das übliche Schicksal ihrer Altersgenossinnen zu teilen? Weibliche Kreativität – von Windeln verweht. Jedes Talent bedarf der Ermutigung. In Zarahs Fall kam sie schließlich.

Das Jahr 1924 beendet die lust- und ziellos betriebene Serie von Fortbildungsmaßnahmen. Der rettende Engel heißt Rut Silfverhielm und ist eine Freundin der Mutter. Ihr Mann, »Onkel Wladimir«, Direktor der Landwirtschaftlichen Vereinigung in Karlstad, soll als Landwirtschaftsattaché an die schwedische Botschaft nach Riga. »Tante Rut«, deren Söhne eine schwedische Internatsschule besuchen, wünscht sich Zarah zur Gesellschaft. »Zarah hat lange genug im Kleinstadtdunst geschmort«, argumentiert Tante Rut, »sie müsste mal gelüftet werden – und ihre Deutschkenntnisse verbessern könnte sie außerdem.« Die Eltern lassen sie ziehen. Nicht einen einzigen Tag wird Zarah in den folgenden eineinhalb Jahren unter Heimweh leiden. »Die ganze Familie Silfverhielm umgab eine Aura der großen weiten Welt«, schreibt Zarah rückblickend.

Wladimir Silfverhielm, genannt »Waldi«, war in Russland geboren, ebenso wie seine Söhne. In Moskau hatte er eine Weile lang die Niederlassung der dänischen Firma Burmeister & Wain geleitet, anschließend hatte er in Riga einen eigenen Betrieb gegründet. In den Turbulenzen der Russischen Revolution war es der Familie gelungen, Riga zu verlassen und nach Schweden zu gelangen. So hatte es die Silfverhielms in das ländliche Karlstad verschlagen. Welchen Stoff für endlose Gespräche muss die Geschichte ihrer abenteuerlichen Flucht der kleinen Stadt geliefert haben! Im Besitz der Familie befand sich nämlich ein Stuhl, der die überstandenen Gefahren eindrucksvoll bezeugte. Dieser Stuhl, der mit dem Familienwappen bestickt war, wies nicht weniger als zwölf Einschusslöcher auf und war von dem ältesten Sohn als Schutzschild benutzt worden. Buchstäblich in letzter Minute hatten sich die Silfverhielms in Riga durch einen kühnen Sprung aufs Deck eines schwedischen Schiffs vor den Gewehrkugeln der revolutionären Garden in Sicherheit gebracht. So erzählt es der 102-jährige Jonas Hedberg. Sie kehrten zurück nach Riga, fügt er hinzu, sobald das Baltikum von »dem roten Gesindel gereinigt« war.

Det röda packet – »das rote Pack«, aus seiner strikt antikommunistischen Gesinnung macht der ehemalige Offizier keinen Hehl. Es ist seine Formulierung, nicht die seiner Schwester. Man kann aber vermuten, dass – nach allem Erlebten – dies auch die Perspektive der Silfverhielms war. Und Zarah werden die Gespräche im Haus ihrer Gastfamilie nicht völlig kaltgelassen haben – auch wenn sie sich nach eigenem Bekunden für Politik nie interessiert hat. Ein solches Ereignis wie die Russische Revolution! Es gibt keine Hinweise darauf, dass die bürgerlich-konservativ erzogene Siebzehnjährige zu einem anderslautenden Urteil darüber kam als ihre Umgebung. Wer sich mit den periodisch wiederkehrenden Gerüchten auseinandersetzt, die besagen, Zarah habe im Zweiten Weltkrieg für Sowjetrussland spioniert, muss das zur Kenntnis nehmen. Sie hätte ihre Meinung natürlich später ändern können. Aber sie tat es nicht, nicht wirklich, wie man sehen wird.

Riga 1924, das war die Hauptstadt der jungen Republik Lettland. Autonomiebestrebungen hatte es schon lange gegeben. Nach Jahrhunderten wechselnder Fremdherrschaft war das Land nun ein souveräner Staat. Seit 1795 hatte es zu Russland gehört. Eine kurze Episode der Unabhängigkeit in der Folge der Russischen Revolution wurde von bolschewistischen Truppen bald wieder beendet. 1920 wurden die russischen Truppen ihrerseits von Streitkräften des Landes und alliierten Truppen vertrieben. Dem mit sich selbst beschäftigten Russland blieb nichts anderes übrig, als im Friedensabkommen vom 11. November 1920 die lettische Souveränität zu akzeptieren. Riga 1924, das war aber auch eine im hohen Maß deutsch geprägte Stadt.

Bis zum 20. Jahrhundert bildeten die Deutschbalten – Gutsbesitzer, Bürger, Pastoren, Ärzte, Apotheker, Lehrer, Beamte, Handwerker und Kaufleute – im Baltikum ein bestimmtes Kulturmilieu (...). Das Baltikum hat sich mehrere Jahrhunderte lang als ein multikulturelles Land entwickelt. Die nationalen Kulturen der örtlichen Völker sind mit den Einflüssen der Deutschen, Polen, Schweden und Russen verschmolzen. Wenn das Baltikum ein Vermittler zwischen dem Westen Europas und dem Osten, zwischen den deut-

schen und den russischen Traditionen gewesen ist, wenn es die Entwicklung zur Kultur, Wissenschaft, Administration und Technologie des russischen Reiches seit Peter dem Großen maßgeblich angeregt hat, dann ist das in erster Linie dank der Deutschen im Baltikum erfolgt. Die Deutschbalten stellten nie mehr als fünf bis zehn Prozent der Gesamtzahl der Einwohner der drei Ostseeprovinzen, doch konnten sie die Eigentümlichkeiten dieser Region mitprägen, ihre Autonomie und ihre führende Stellung in ihr halten. Diese privilegierte Minderheit stand in ständigem Kontakt mit Deutschland, sie ist eine Gemeinschaft der Nachkommen der Immigranten, dabei nicht nur der Kreuzritter, sondern auch der im 18. und 19. Jahrhundert Eingewanderten. (...) Ohne die Beurteilung der Deutschbalten können wir zum Beispiel nicht die Architektur Lettlands, die Geschichte der bildenden Künste und der Parkanlagen, die Traditionen des Rigaer Musiklebens und die lokale Geschichte der Naturwissenschaften und der Medizin verstehen.

So weit – bei aller Kritik an der Aggression der Kreuzritter, der Zwangschristianisierung, den wilden Formen der Leibeigenschaft – die Einschätzung des lettischen Naturwissenschaftlers und Vizepräsidenten der lettischen Akademie der Wissenschaften Jánis Stradins in einem Festvortrag 1992 in Riga.

Riga 1924, die Hansestadt an der Düna, das ist ein Ort für Schönheitssucher: die mächtigen Stadtkirchen und prunkvollen Patrizierbauten der Altstadt, das Schloss, der Hafen, die reiche Ornamentik des Jugendstils auf Hunderten von Häuserfassaden. Die Stadt verfügte über ein reiches Theater- und Opernleben. Hier hatte der junge Richard Wagner zwischen 1837 und 1839 als Dirigent gewirkt und seinen »Rienzi« geschrieben, hier hatte, sechzig Jahre später, ein kluges Publikum die Qualitäten des 22-jährigen Bruno Walter erkannt, so dass in den zwanziger Jahren die berühmtesten Dirigenten – Kleiber, Klemperer, Krauß – gern nach Riga kamen. In den Theatern gastierte

Max Reinhardt mit seinen Schauspielern, aber auch russischsprachige Ensembles.

Dies ist das kulturelle Reizklima, in das das Kleinstadtmädchen zur Kur kommt. Als Mittel zur Stärkung ihres inneren Kompasses wird ihr eine kräftige Dosis Theater- und Musikerleben verabreicht, dazu Gespräche mit der urteilsfähigen mütterlichen Freundin. – Keine Heimlichkeiten, kein schlechtes Gewissen mehr. »Ich lernte richtig Deutsch zu sprechen, aber ich kann mich nicht erinnern, dass wir auch nur einen Löffel abgespült hätten, wir gingen ganz auf in der Musik, und ich kann sagen, dass es in Riga war, wo ich ernsthaft Blut geleckt habe.«

Mit wem sie wohl ihr Schuldeutsch praktiziert hat? In den Läden gab es Gelegenheit genug. Im renommierten Musikhaus Paul Neldner am Theater-Boulevard etwa gab es Klaviere zu kaufen, Noten und Konzertkarten. Sie hätte dort, eventuell, mit einem Gymnasiasten zusammentreffen können, der dort aushilfsweise arbeitete, Heinz Erhardt. Dessen Großvater betrieb das Geschäft, und der Enkel war zum Erben ausersehen. Dass aus ihm stattdessen im Nachkriegsdeutschland ein bekannter Fernsehkomiker wurde, ist eine andere Geschichte. Im großväterlichen Laden wäre man eventuell über Musik, vielleicht die letzte Aufführung von »Hoffmanns Erzählungen« im Haberlandschen Opernhaus, miteinander ins Gespräch gekommen und hätte sich dann für den nächsten Tag ins Caféhaus verabredet. Aber wohin? Ins Café Schwarz oder ins Café Reiner? Und der Junge hätte den unvermeidlichen Witz der Rigaer Deutschbalten gemacht: »Bei Reiner ist der Kaffee schwarz, doch bei Schwarz ist er reiner.« Dazu ist es aber wohl nicht gekommen. Heinz Erhardt war erstens zwei Jahre jünger und zweitens notorisch schüchtern.

Dass Zarah bei Neldner ihren Bedarf an Noten und Konzertkarten gedeckt hat, ist schon wahrscheinlicher, denn der war groß in der Rigaer Zeit. Die beiden Frauen, die junge und die ältere, beschränken sich nicht aufs Zuhören. Zu Hause singen und spielen sie alles, was ihnen unter die Finger kommt. Dabei entdeckt Tante Rut Zarahs Stimme, diese seltene Stimmlage, die man »Kontraalt« nennt, was nichts anderes bedeutet als: tiefer als Alt. Behutsam begibt sie sich daran, ihrem Schützling Mut zu machen. Zarah gibt das entscheidende Gespräch folgendermaßen wieder:

> *»Du bist nicht dazu gemacht, hinter dem Schreibtisch in einem Büro zu sitzen. Du bist eine Künstlerin, Zarah!«*
> *»Ach, liebe Tante Rut, vielen Dank! Das klingt ja wunderbar. Aber wie soll ich das denen zu Hause beibringen?«*
> *»Das musst du, du kannst nicht dagegen an. Es wird etwas aus dir werden …«*
> *»Was denn, glaubst du, Tante Rut?«*
> *»Das kann ich noch nicht mit Bestimmtheit sagen, aber ich denke … es wird etwas mit Singen sein.«*

Dieses Gespräch sei für sie »von einschneidender Bedeutung« gewesen, schreibt Zarah, auch wenn sie ihre Zweifel gehabt habe über das mit dem Singen. Und dann kommt es: »Das Wichtigere aber war, dass Rut Silfverhielm als Erste zu sagen gewagt hatte, dass ich auf dieser Welt zu irgendetwas gut war.«

Der Satz ist bemerkenswert, weil er den leichtfüßigen, selbstironischen Ton, der in Zarahs autobiografischen Aussagen normalerweise vorherrscht, einmal durchbricht. Er fällt wie ein Lichtstrahl auf sonst unbeleuchtetes Territorium und erlaubt einen Blick in einen entlegeneren Winkel der Seele. Was für eine Traurigkeit, was für ein Zorn spricht aus diesem Satz. Was für eine Anklage gegen ihr Elternhaus, gegen ihre Lehrer, ihre gesamte Umgebung in Karlstad. Man ahnt die Gefühle, aus denen die künstlerische Antriebskraft sich speist. Glückliche Menschen müssen auf keine Bühne. Anders gesagt: »Bühnengewächse gedeihen besser auf Abfallhalden als in Orangerien.« Das ist ein auf Zarah gemünztes Diktum ihres Freundes und

Bühnenpartners Karl Gerhard, und er zieht damit den Schluss aus seiner ebenso scharfsinnigen wie ungeschönten Beobachtung: »Hinter der hartgesottenen Divenmine – vorsichtshalber versehen mit einer Brille, Zarah ist kurzsichtig – ja, aber vielleicht sollen die Gläser ja auch die geschäftsmäßigen Blicke verstecken – steckt eine herrlich unverfälschte Wut, und das ist kein schlechter Nährboden für eine Künstlerseele.«

Wusste Mathilda Hedberg, was sie tat, als sie ihre Tochter in die Obhut ihrer warmherzigen, lebenserfahrenen, musischen Freundin Rut Silfverhielm gab? Möglicherweise ja. Vielleicht war sie eine viel bessere Mutter, als Zarah begreifen konnte. Vielleicht hatte sie, die Geschäftsfrau und Söhnemutter, instinktiv erkannt, dass ihre Tochter etwas brauchte, was sie ihr nicht geben konnte – auch wenn dieses gegen ihre höchstpersönlichen Interessen und Wertvorstellungen ging. Von jetzt an waren die Weichen gestellt. Zarah kannte ihren Weg. Oder jedenfalls: die Richtung.

ZARAH BEKOMMT EIN DENKMAL

Sie selbst hätte sich nie so gnadenlos verhüllt. Und dann auch noch in Lila, dieser Büßerfarbe. Viele gespannte Blicke tasten das lilafarbene Seidentuch ab, das die Büste verdeckt. Aber man sieht nichts, absolut nichts. Lediglich über den Standort des Denkmals hier im Foyer des Stadttheaters von Karlstad wird jetzt schon diskutiert. Es steht gleich neben der Eingangstür, gerade drinnen oder fast schon wieder draußen. Ist das ein ehrenvoller Platz? Jedenfalls wird die bronzene Zarah dort nicht zu übersehen sein.

Es ist der 17. Dezember 2003 nachmittags um vier. Längst ist es dunkel im westlichen Mittelschweden. Vor der Enthüllung der Büste sieht das Programm eine Feierstunde vor. Fünfzig, sechzig, zumeist ältere Leute haben sich in der Cafeteria im ersten Stock um runde Bistrotische versammelt. Soweit ich sehe, gibt es keine ausländischen Pressevertreter außer mir. Die Fotografen der Lokalzeitungen bringen ihre Kameras in Position, als der Opernchef des Hauses, Olle Viggo Bang, ans Mikrofon tritt. Es ist etwas eng. Warum die Cafeteria und nicht die große Szene, wundere ich mich. Mit einer toten Diva füllt man kein Theater. Vielleicht ist es das.

»Ein herzliches Willkommen der Büste unter diesem Dach«, beginnt der Norweger Bang. »Sie wird hoffentlich vielen Generationen von Theaterbesuchern

Stoff zum Reden und Diskutieren geben.« Dann zieht er seinen Hut vor dem kreativen Potenzial des Wärmlands. Wärmland – so heißt dieser Teil Schwedens, dessen Hauptstadt Karlstad ist. »Und trotzdem«, fährt er liebenswürdig fort, »sind nicht alle wärmländischen Kulturpersönlichkeiten gleich bedeutend. In dem norwegischen Dorf, in dem ich aufgewachsen bin, hatte ich noch nie was vom Löpar-Nisse gehört. Von Zarah Leander hatte ich eine Menge gehört. Sie ist viel größer draußen in der Welt, als man hier glaubt.« Der Vorwurf der Provinzialität ist nicht zu überhören. Er ist aber ungerecht, denn nun kriegt sie ja ihr Denkmal.

Die Kulturbeauftragte der Stadt sieht ziemlich schlecht gelaunt aus, als sie das Wort erhält, um die alte Geschichte vom »hässlichsten Mädchen der Stadt« zu erzählen, das zum Revuestar avancierte. Vielleicht fühlt sie sich aber auch gestört durch den ungebetenen Gast, der etwas abseits halb hinter einer Säule verborgen sitzt und das Geschehen kommentiert. Vorhin hat er noch in der Fußgängerzone vor dem Kaufhaus »Åhlens« die Hand aufgehalten. Jetzt sitzt er da und murmelt vor sich hin, und was er murmelt, hört sich an wie: »Ich mag diese Zarah nicht.« Draußen ist es kalt, und bald ist Weihnachten. Niemand würde hier auf die Idee kommen, ihn hinauszuwerfen. Aber die Kulturbeauftragte weist ihn in energischem Ton zurecht.

Es war nicht ihre Idee, die Sache mit der Büste. Dreieinhalb Jahre lang haben der Kaufmann Idris Korjenic und der Journalist Jan Grönqvist dafür in Karlstad Klinken geputzt. Die beiden fanden, man sollte Zarah Leanders Andenken aus der Vergessenheit hervorholen – und für den heimischen Tourismus fruchtbar machen. Sie haben eine Gesellschaft gegründet: *Zarahs vänner* – Zarahs Freunde. Aber sie blieben unter sich. Zarah Leander? Die unter Fünfzigjährigen hatten den Namen kaum gehört. Die Älteren erinnerten sich dunkel. Zarah Leander – die Revueprimadonna. Hatte sie nicht in Deutschland während des Krieges gefilmt? Und die soll aus Karlstad sein? Schließlich hat die Stadt sich breitschlagen lassen. Vor einem Jahr bekamen sie grünes Licht für ein Denkmal. Ein Wettbewerb wurde ausgeschrieben, von zehn Bewerbern kamen zwei in die engere Wahl, und der tschechische Bildhauer Karel Becvar, wohnhaft in Malmö, bekam den Auftrag.

Für Idris, der Eddi genannt wird und eigentlich aus Trier kommt, ist das heute ein Festtag. Noch einen gibt es, der sich freut. Das ist Zarah Leanders großer Bruder. 100 Jahre alt ist der Mann. Man hat ihm einen Rednerstuhl hingestellt, für den Fall, dass er sich setzen möchte, aber den hat er verschmäht. Er hält sich gerade. Tadellos die weiß getüpfelte blaue Seidenkrawatte zum grauen Flanell seines Anzugs. Er spricht zehn Minuten lang, gelegentlich stockend und mit brüchiger Stimme – aber frei. Der Oberstleutnant a. D. Jonas Hedberg braucht kein Konzept, um über das Thema zu reden, das ihn seit seinem Eintritt ins Pensionsalter beschäftigt: das vierhundert Jahre alte Bürgergeschlecht der Hedbergs aus Wärmland ... Auch eine Deutsche kommt darin vor, vor etlichen Generationen. Jetzt zieht er einen Zettel aus der Tasche, wirft einen Blick darauf, erinnert sich. Man habe ihn gebeten, etwas über seine Schwester zu sagen. Also Zarah. »Wir waren zu Hause fünf Brüder«, sagt er. Und dann Zarah; die schon als Kind Tänzerin werden wollte – lang und sommersprossig, wie sie war. Und mit diesen großen Füßen. Wer habe damals ahnen können, dass sie sich mal zu einer ganz annehmbaren Schönheit mausern würde! Und sonst? Auf der Suche nach dem richtigen Ausdruck sieht er einen Moment lang ratlos aus. Na ja, »nett« sei sie gewesen. So nett wie eben alle Bürgertöchter der Stadt damals.

Dann kommt er auf die musikalischen Gepflogenheiten im Elternhaus zu sprechen. Der Klavierlehrer war ein Deutscher namens – nein, nicht Hitler, lacht er, sondern Hiller. Es wurde viel Musik gemacht. Aber eben nur für den Hausgebrauch. Seine Augenbrauen heben sich, und seine Stimme klingt um eine Spur höher, als er erzählt, was zu Hause los war, als Zarah zur Bühne ging. Die Eltern waren »sehr dagegen«. Und auch zu ihrem ersten Ehemann, diesem »Herrn Leander«, fällt ihm nicht viel Gutes ein. Erst als die Hofsängerin Siv Wennberg das »Vilja-Lied« aus der »Lustigen Witwe« anstimmt, sieht er wieder fröhlicher aus. Das war in Schweden einer von Zarahs Topschlagern.

Die Sopranistin ist nicht mehr die Jüngste, aber ihre Stimme ist gewaltig und ihr federngeschmücktes Dekolleté ebenso. *Rör mig och gör mig för evigt till din*, jubelt sie die schwedische Variante des einmal wohlbekannten »Fass mich und lass mich …« Der Blasebalg ihres Instruments arbeitet hörbar, und Knacks macht das Korsett an einer verborgenen Stelle. »Hopsa«, sagt die Sängerin kaltblütig und singt weiter. Jetzt sind die Dimensionen der Cafeteria endgültig gesprengt. Wie sich hinterher herausstellt, ist die Aufnahme auf meinem Kassettenrecorder hoffnungslos übersteuert.

Der Bildhauer Karel Becvar dagegen – auch er soll ein paar Worte sagen, bevor sein Werk endlich gezeigt werden darf – verschafft mir das umgekehrte Problem. Er habe ja Zarah Leander nicht persönlich gekannt – »Lauter!«, fordert die Sopranistin melodisch. Aber er lässt sich nicht beirren und spricht genauso leise weiter wie vorher: über den kreativen Prozess, der nicht einfach war. So viele Fotos habe er sich angesehen. Und auf jedem Foto sah sie anders aus. »Ich sah so viele Zarahs!« Zwei dominante Charakteristika hätten sich schließlich herausgeschält, die der Majestät und der Vulgarität. Die habe er einfangen wollen.

Er bleibt auf der Treppe stehen, hält sich ein wenig auf Distanz, als das lila Tuch zu Boden fällt. Im ersten Augenblick erschrecke ich. Nicht die schöne, junge Zarah steht da auf einem Sockel, sondern eine Frau von fünfzig, sechzig Jahren mit ausladenden Schultern und Brüsten und künstlichen Wimpern wie angeklebten Balkons. Die geschlossenen Augen, die aufgetürmte Frisur geben ihr etwas Pharaonenhaftes. Die lange, schmale rechte Hand ist zu einer herrscherlichen Geste erhoben.

Die Fotografen knipsen, wie der alte Offizier, auf seinen Stock gestützt, die Statue betrachtet. Er lächelt. Auf seinem Gesicht spiegelt sich ein Gefühl, das man vielleicht Wiedersehensfreude nennen kann. »Heute«, sagt Idris Korjenic, der Katholik, »wurde Zarah die Absolution erteilt.«

STOCKHOLMER BRUCHLANDUNGEN

Der Weg zur Bühne sollte der Königsweg sein.

»Einmal Karlstad – Stockholm, bitte.«

»Und retour?«

»Einfache Fahrt. Dritter Klasse.«

»Macht vierzehn Kronen fünfzig.«

Es dauerte länger als gedacht, nämlich dreieinhalb Jahre, bis Zarah auf eine Stockholmer Bühne gelangte. Es wurde ein holperiger Weg mit vielen Schleifen, Haltestellen und Umwegen und einem atemberaubenden Spurt am Schluss.

Die renommierte Schauspielschule des »Kungliga Dramatiska Teatret«, kurz: Dramaten in Stockholm war eine Gründung von Schwedens Kunst und Pracht liebendem Monarchen Gustav III. und bildete seit 1787 den Bühnennachwuchs aus. Täglich vier bis fünf Stunden lernten die Schüler: gutes Vorlesen, szenische Darstellungskunst, Mimik, Gestik, Maskierung, Theater- und Literaturgeschichte, Französisch und Deutsch, Fechten und Tanzen. Dazu kamen Hausaufgaben und Bühnendienst. »Deswegen kann der Schüler seine Arbeit am Theater mit keiner weiteren Verpflichtung verbinden«, war in den Statuten von 1916 zu lesen. Die Ausbildung dauerte zwei Jahre und war kostenfrei.*

* International bekannte Schauspielerinnen und Schauspieler wie Greta Garbo (Ausbildungsjahrgang 1922), Ingrid Bergman (1933) und Max von Sydow (1948) haben Dramatens Elevskola absolviert.

Dort angenommen zu werden war allerdings nicht leicht. In jedem Jahr gab es höchstens acht Auserwählte. Zarah kannte welche, die hatten es geschafft, Mimi Pollack und Nils Leander. In einer Stadt wie Karlstad spricht sich so was schnell herum. Glückliche Mimi, ihre Eltern hatten ganz und gar nichts gegen ihre Bühnenpläne. Im Gegenteil hatte Mimis Mutter schon für die Zweijährige beschlossen, dass sie Schauspielerin werden sollte, nachdem sie sich in einer Hotelhalle tot gestellt und ihre Umgebung minutenlang in Aufruhr und Schrecken versetzt hatte. Mit siebzehn Jahren hatte sich Mimi Pollack an der Dramaten-Schauspielschule beworben und war angenommen worden, 1922. Sie kam aus einer jüdischen Familie mit osteuropäischem Hintergrund, der Vater war Direktor einer großen Maschinenfabrik in Karlstad; Jonas Hedberg erinnert sich daran, einmal mit ihr getanzt zu haben. – »Aber wir hatten nicht den gleichen Kreis, die jüdischen Familien blieben unter sich.«

In Stockholm, am Theater, gab es solche Berührungsängste weniger. Mimis beste Freundin aus der Dramaten-Schauspielschule war groß und blond und hieß Gustafsson – bis sie unter dem Namen »Greta Garbo« sehr schnell weltberühmt wurde.

Der andere erfolgreich Angenommene, den Zarah jedenfalls von ferne kannte, war mit ihrem Bruder Ante eine Zeit lang zur Schule gegangen und galt als hübscher Tunichtgut – Nils Leander, Adoptivsohn eines Pastorenehepaars. Es war also zu schaffen. Die Aufnahmebedingungen lauteten so:

> *Die Bewerber sollen Mitte August, an einem Tag, der per Anzeige in* Svenska Dagbladet *näher bestimmt wird, persönlich ihren Antrag abliefern samt Kirchenzeugnis, ärztlicher Gesundheitsbescheinigung, dem Verzeichnis von drei auswendig gelernten dramatischen Szenen, möglichst aus verschiedenen Stücken, sowie der schriftlichen Erlaubnis eines Erziehungsberechtigten bei unmündigen Antragstellern.*

Die Voraussetzungen für die Annahme sind:
1. Reines Sprechvermögen, frei von Lispeln, Schnarren und dergleichen
2. Dialektfreiheit
3. Gute Schulbildung
4. Alter für Männer: 17–22 Jahre, für Frauen: 16–22
Ausnahmen werden gemacht, wenn sich die Anlagen des Antragstellers als außerordentlich erweisen.
Die Aufnahmeprüfung wird Ende August abgehalten und umfasst zwei Teile:
Im ersten Teil soll der Antragsteller eine Szene wiedergeben gemäß den Angaben im Antrag.
Der Antragsteller, der im ersten Zug akzeptiert wird, soll in der neuerlichen Prüfung eine Szene wiedergeben, die die Jury aus der angegebenen Liste auswählt.
Die Jury trifft eine geheime Wahl.

Im August 1926 sehen wir also Zarah Stina Hedberg auf dem Weg nach Stockholm. Keine weiteren Kurse in Weißnähen oder Porzellanmalerei. Sie hat gewonnen. Die Zustimmung der Eltern muss sie in der Tasche gehabt haben, denn die wurde ja vorausgesetzt, wollte man sich an der Schauspielschule bewerben. Sie war ja noch minderjährig, neunzehn Jahre alt. Wie hat sie ihre Mutter wohl dazu gebracht, sie ziehen zu lassen? Die ist möglicherweise durch den sich verschlimmernden Zustand ihres Mannes, die materielle Sorge und die Verantwortung für die beiden jüngeren Brüder so in Anspruch genommen, dass sie dem Willen der Tochter nicht viel entgegenzusetzen hat. Vielleicht hat auch der rettende Engel Rut Silfverhielm noch einmal erfolgreich interveniert.

Mitte der zwanziger Jahre gab es einen durchgehenden Zug von Karlstad nach Stockholm. Falls Zarah mit der Eisenbahn gereist ist, könnte sie den Tageszug genommen haben, Abfahrt 9:27 Uhr. Ist es ihr bewusst, dass sie ihrer Heimatstadt Karlstad nun endgültig den Rücken kehrt, als der Zug sich dampfend in Bewegung setzt und der Bahnsteig im Vormittagslicht verschwindet? Jetzt ist Zeit, um die Prüfungsszene noch einmal gründlich zu studieren. Oscar Wildes »Salome« will sie geben – diese schöne und grausame Prinzessin, die als Preis für ihr Tanzen vom König Herodes den Kopf des Propheten Johannes verlangt und auch bekommt. »Dein Haar ist so schwarz wie die Zedern des Libanon, wie die großen Zedern des Libanon ... nichts auf der Welt ist so schwarz wie dein Haar ...«

Der Schilfsaum des Vänersees bewegt sich im Fahrtwind des vorbeiratternden Zugs. In Kristinehamn bekommt sie Hunger. Sie zieht eine Blechdose aus ihrer Reisetasche, nimmt ein Butterbrot heraus, beißt hinein und kaut. »Ich liebe deinen Mund, Jochanaan. Nichts in der Welt ist so rot wie dein Mund.«

Die Fahrt von Karlstad nach Stockholm dauert neun Stunden. Eine lange Zeit auf den harten Holzbänken der dritten Klasse. In Laxå steht der Zug eine ganze Weile, da wird ihr Zug mit dem aus Göteborg zusammengekoppelt. Die Passagiere können sitzen bleiben. »Lass mich deinen Mund küssen, Jochanaan.«

Um 19:09 Uhr ist sie in Stockholm. »Dein Haar ist so schwarz wie die Zedern des Libanon.« Bei der Londoner Uraufführung 1892 hatte die berühmte Sara Bernhardt die Salome gespielt.

Eine schlaksige, sommersprossige Salome mit roten, auf die Schultern fallenden Haaren betritt das Dramaten im August 1926. Der Jugendstilpalast am Strandvägen gibt eine passende Kulisse für ihren Auftritt. Dann die Begegnung mit der versierten Darstellerin tragischer Rollen, der Theaterpädagogin Maria Schildknecht. 1926 ist sie Mitte vierzig. Eine Schönheit ist sie nie gewesen. Sie galt als beinharte Kritikerin – vor allem Mädchen gegenüber. Ihre ironischen Kommentare waren gefürchtet. Sollte Zarah vorher kein Lampenfieber gehabt haben, so hat es sie bei Maria Schildknechts Anblick mit Sicherheit erwischt. Nie ist Zarah Leander das Lampenfieber losgeworden, selbst nach vielen Jahrzehnten Bühnenerfahrung und bei dem freundlichsten Publikum nicht. Es fällt nicht schwer, sich vorzustellen, wie sich unter Maria Schildknechts kühl begutachtenden Blicken der Vamp Salome in die kleine Zarah mit den großen Füßen und dem breiten wärmländischen Zungenschlag zurückverwandelt.

Neunzehn junge Leute bewerben sich in diesem Jahr. Fünf werden angenommen. Zarah nicht.

»Sieht blendend aus, ist aber total unbegabt« – mit dem Urteilsspruch muss Zarah jetzt leben. »Gut unterrichtete Kreise« tragen ihn ihr zu. Jahrzehnte später, gewärmt vom Erfolg und vom Leben bestätigt, kann sie ihn gelassen akzeptieren, ihm sogar zustimmen ... Obgleich sich ja gezeigt habe, dass die Unbegabung »nicht total« war, schreibt sie ironisch in ihren Memoiren. Aber was die Schauspielerei angeht, stimmt sie Maria Schildknecht zu. Allein die Wahl der Salome – »verrückt« sei das gewesen, und es habe ihr jegliches Urteilsvermögen gefehlt. Warum eigentlich? Die Rolle der Tabubrecherin ist nicht so weit weg von dem, was Zarah Leander ihr Leben lang in allen möglichen Varianten durchspielen wird.

Aber die neunzehnjährige Zarah – wie reagiert *sie* auf die Ablehnung? Jedenfalls nicht komplett entmutigt. Den nächsten Versuch startet sie an einer nicht minder königlichen Institution, der Stockholmer Oper nämlich. Deren Chef heißt John Forsell. Sie meldet sich zum Vorsingen an. Forsell, der damals noch nicht wusste, dass seine zukünftige Schwiegertochter vor ihm stand, hat offenbar charmanter auf sie reagiert als Maria Schildknecht, aber das Ergebnis blieb das Gleiche. Es gibt unterschiedliche Überlieferungen für das, was er gesagt haben soll: »Apart anzusehen. Schreit aber zu laut. Riet ihr, zur Operette zu gehen.« Eine andere Version besagt, dass er versprochen hat, ihr persönlich Gesangsstunden zu erteilen, ohne dies Versprechen aber jemals einzulösen.

Bei einem ihrer fruchtlosen Erkundungsgänge um die Theaterfestungen der Stadt trifft sie Nils Leander. Zeit und Ort des Geschehens: ein Samstag im Herbst 1926 an der Ecke zwischen Nybroplan und Birger Jarlsgatan. Das wird Zarah nie vergessen.

Nils Leander also: Der hat es geschafft, die Festung zu stürmen. Der ist drinnen. Der ist Schauspielschüler. Der trägt einen breitkrempigen Hut, leicht schief auf den Kopf gestülpt. Es ist unvermeidlich, dass Zarah sich in ihn verliebt. Wer ist dieser Nils Leander? »Ein Charmeur, ein Playboy« nach Zarahs Zeugnis. »Ein Nichtsnutz, ein Trinker«, lautet das Urteil von Jonas Hedberg. Er kann heute noch den Kopf darüber schütteln, wie seine Schwester auf einen so unpassenden Mann hereinfallen konnte.

Nils Leander, geboren am 4. Mai 1905 in Helsingborg, wird von Pastor Pontus Leander und seiner Frau Hulda Elisabeth adoptiert. Er wächst in Risinge, Östergötland auf, als einziges Kind im Pfarrhaus. Auf den Schulbesuch in Karlstad folgt die zweijährige Ausbildung an der Dramaten-Schauspielschule. Als Schauspieler ist er nicht sehr erfolgreich. Schwer zu sagen, ob seine Begabung nicht ausreicht oder ob es am Alkoholkonsum liegt. In den Tourneeensembles, mit denen er unterwegs ist, bekommt er nur kleinere Rollen. Von 1931 bis 1935 spielt er in vier schwedischen Filmen mit, und auch dort taucht Nils Leander auf den Besetzungslisten eher unten auf. Später wechselt er den Beruf, arbeitet als Journalist und Werbetexter. Er heiratet dreimal, wie Zarah. Die Ehe mit Zarah ist auch seine erste. Eine »Mussehe«. Wie man verhütet, hatte Zarah nicht in der Schule gelernt.

Das einzige Mittel, um im damaligen Schweden garantiert nicht schwanger zu werden, war Enthaltsamkeit. Die Pille gab es noch nicht. Abtreibung war verboten. Darüber hinaus war es Programm, die Frauen in Unwissenheit zu lassen. Zwischen 1910 und 1938 gab es ein schwedisches Gesetz, das jegliche Sexualaufklärung unter Strafe stellte. Ein Arzt, der seine Patientin wissen ließ, wie sie sich gegen Geschlechtskrankheiten oder unerwünschte Schwangerschaften schützen kann, machte sich strafbar. Die bekannte Journalistin und Sexualaufklärerin Elise Ottesen-Jensen – selbst kam sie aus einer

Pfarrersfamilie mit achtzehn Kindern – wanderte für ihr Engagement mehrmals ins Gefängnis. 1926 schrieb sie in der Zeitschrift *Brand*: »Wenn eine arme Frau sich darüber informieren will, wie sie eine unwillkommene Schwangerschaft verhindern kann, trifft sie augenblicklich auf etwas, das Staat heißt, der ihr mit seinen Gesetzen verbietet, sich dieses Wissen zu verschaffen.«

Die großen gesellschaftlichen Veränderungen werden oft durch Kriege eingeleitet. Während sich die Sexualmoral in Deutschland nach dem Ersten Weltkrieg gelockert hatte, blieb die Situation in Schweden unverändert. Noch einmal Elise Ottesen-Jensen aus ihrem Erinnerungsbuch.

> *In Deutschland hatte ein Professor einen Film gemacht, der demonstrierte, auf welche Weise man sich Geschlechtskrankheiten zuzieht. Der Film endet damit, dass der Patient ein Päckchen Kondome bekommt, damit er sich schützen kann. In Schweden hatte die Zensur den letzten Abschnitt herausgeschnitten. Ich fragte nach, warum man das getan hatte, und bekam zur Antwort, dass das nötig war, weil man sonst ja öffentlich Kondome vorgezeigt hätte, und das war laut Gesetz strafbar.*

Nach 1938 schlug die antiaufklärerische Politik in ihr Gegenteil um: Nun wurde die Sexualaufklärung im Schulunterricht zur Pflicht gemacht. Damit begründete Schweden seinen Ruf als ein in diesen Dingen besonders offenes, fortschrittliches Land.

Mit Zarahs »gesegnetem Zustand« tut sich nun eine weitere Parallele zum Lebensweg der gleichaltrigen Astrid Lindgren auf. Die wird 1926, mit achtzehn Jahren, schwanger. Der Vater des Kindes kommt für sie als Ehemann nicht in Frage. Da lebt sie noch in der Kleinstadt Vimmerby, und der Skandal ist perfekt. »Heute«, sagte Astrid Lindgren 1977 in einem Interview, »kann man verheiratet oder auch nicht Kinder bekommen, und das spielt nicht die geringste Rolle, aber mitten in den zwanziger Jahren erschütterte der Fall Vimmerby mehr, als wenn Gustav Vasa die Stadtrechte eingezogen hätte. Noch niemals wurde in Vimmerby so viel Lärm um so wenig gemacht. Der Gegenstand dieses Geredes zu sein fühlte sich ungefähr so an, wie in einer Schlangengrube zu liegen, und ich beschloss, diese Grube so schnell wie möglich zu verlassen. Es war nicht so, wie manche glaubten, dass ich im guten alten Stil zu Hause hinausgeworfen wurde. In keiner Weise, ich warf mich vielmehr selbst hinaus. Keine zehn Pferde hätten mich halten können.« Sie ging nach Stockholm, fing eine Ausbildung als Sekretärin an und bekam ihr Kind, einen Sohn, den sie Lars nannte, in einer Klinik im liberaleren Kopenhagen. Der Junge wuchs in Kopenhagen bei einer Stieffamilie auf, so oft sie konnte, fuhr sie hin, um ihn zu sehen. In Stockholm setzte sie ihre Ausbildung fort und bekam ihre erste Stelle bei der »Radioabteilung der schwedischen Buchhandelszentrale«, bei Torsten Lindfors.

Parallelen gab es. Begegnet sind sich die beiden jungen Frauen aber nicht. Um ein Haar haben sie sich verfehlt. Astrid Lindgrens Bericht von ihrem ersten Bewerbungsgespräch gibt ein aufschlussreiches Doppelporträt ab.

> *Ich nahm eine Freundin mit, die im Treppenhaus warten sollte, denn Hanna [d. i. Astrid Lindgrens Mutter, Anm. d. Verf.] hatte mich ja gewarnt vor den Sklavenhändlern, von denen es in Stockholm angeblich so wimmelte. Sie betäubten einen, und dann brachten sie einen weg, einem Schicksal entgegen, das schlimmer war als der Tod. So etwas wollte ich nicht riskieren, deshalb instruierte ich die Freundin: »Wenn ich in einer halben Stunde noch nicht draußen bin, holst du die Polizei.« Aber ich kam in ein schönes Büro, wo es keinen Sklavenhändler zu entdecken gab. Der Chef, der eine Privatsekretärin brauchte, hieß Torsten Lindfors. (...) Er hatte Bedenken wegen meines Alters, er hatte sich nämlich geschworen, sagte er, nie wieder eine Neunzehnjährige einzustellen. (Die Neunzehnjäh-*

rige, die gerade gegangen war, wurde später bekannt unter dem Namen Zarah Leander, sie hatte, wie sich zeigte, andere Talente als die, auf die es in einem Büro ankam.) Aber ich versicherte, dass ich eine ungewöhnlich reife und verständige Neunzehnjährige sei, und darauf ließ er sich ein. Ich bekam die Stelle.

Daraus kann man nicht nur schließen, dass Zarah sich ihr Geld vorübergehend mit Büroarbeit verdient hat, sondern auch, dass sie nicht ganz bei der Sache war. Die Liebe, das Theater, die Schwangerschaft oder alles zusammen war vermutlich aufregender.

Am 1. September 1927 ist Hochzeit mit Nils Leander in Karlstad. Pfarrer Pontus Leander selbst nimmt die Trauung vor. So bleibt alles in der Familie. Diese Schande für das ahnenstolze, auf Geld, Status und Ansehen bedachte Haus Hedberg! Zarah – verheiratet mit einem Habenichts von Schauspieler, dessen Genealogie im Dunkeln liegt. Wenig später wird die Tochter Boel geboren, eineinhalb Jahre später der Sohn Göran.

Die Ehe mit Nils Leander bleibt eine Episode. 1932 lässt das Paar sich scheiden. Welches Fiasko Zarah erlebt hat, deutet sie in ihrem Lebensbericht nur an. Kein Wort von den schrecklichen Streitereien, den auch körperlichen Auseinandersetzungen, von denen andere berichten. Solange ihr erster Mann noch am Leben sei, wolle sie nur so viel sagen: Nie hätte sie sich träumen lassen, dass ein Pfarrhof auf dem Lande die »Vorstube zur Hölle« sein könnte.*

Zarahs und Nils' Sohn Göran heißt mit Nachnamen Forsell, weil er nach der Hochzeit mit Ehemann Nummer zwei, Vidar Forsell, adoptiert wurde. Er hat berichtet:

Mama wollte nie mehr vom Leander sprechen und sagte auf unsere Fragen immer nur, dass Leander ihr Künstlername sei. Erst durch

* Im Gespräch mit dem Journalisten Harald Hultman hat Nils Leander bestätigt, dass es körperliche Gewalt zwischen Zarah und Nils Leander gab. Zarah habe sich aber nichts gefallen lassen, groß und stark, wie sie war. Einerseits habe Leander bedauert, was vorgefallen sei, so Hultman, andererseits habe er es bagatellisiert und ins Lächerliche gezogen.

unsere Großmutter erfuhren wir die Wahrheit. Wir mussten dann unserer Mutter versprechen, mit Leander niemals Kontakt aufzunehmen. Ich habe mein Wort gehalten, solange meine Mutter gelebt hat, und nach ihrem Tode traf ich dann meinen Vater, sechzig Jahre nach der Scheidung, und bekam doch noch einen guten Kontakt zu ihm.

Zarah Leander wäscht in ihren Memoiren keine schmutzige Wäsche. Aber sie reduziert auch Nils Leanders Bedeutung. »Alle meine Lieben haben mir, nachdem sie aus meinem Leben verschwunden sind, etwas hinterlassen«, räsonniert sie. »Von Nils Leander habe ich meine Kinder.« Die Rolle des Steigbügelhalters für ihre Karriere schreibt sie voll und ganz ihrem zweiten Mann, Vidar Forsell, zu. In der Geschichte ihres kometenhaften Aufstiegs, wie Zarah selbst sie erzählt hat, kommt Nils Leander nicht vor. Vielleicht mochte sie sich der belastenden Erinnerung an ihre missglückte erste Ehe nicht mehr als unbedingt nötig aussetzen. Man muss keine Details kennen, um sich vorzustellen, welches Leiden daraus für sie entstanden war. Die Ingredienzien – Armut, Alkohol, Gewalt, zwei schnell aufeinander folgende Schwangerschaften, die Angst, unentrinnbar in die Falle getappt zu sein – reichen aus, um schwärzeste Verzweiflung und Depression entstehen zu lassen. Bei der Interpretation melancholischer Lieder wie »Ich steh im Regen« – zumal der schwedischen Version – schwingen solche Erfahrungen hörbar mit. Sie machen aus einem sentimentalen Schlager eine berührende, tiefsinnige Ballade.

Verständlich also, dass Zarah keine Lust hatte, die Verdienste ihres ersten Mannes um ihre Karriere allzu nuanciert zu würdigen. Hinzu kommt, dass sie Wärmländerin war und mit großem Erzähltalent gesegnet. Das hatte sie nicht erst lernen müssen, als sie die Bühne betrat. Es half ihr, die Distanz zum Publikum durch starke Effekte, große Gesten, treffsichere Pointen zu überwinden. Die Geschichte ihres phönixhaften Aufstiegs aus der Asche, von Zarah selbst erzählt, ist eine starke Geschichte. Leider ist sie nicht wahr.

VARIATIONEN ÜBER DIE GEBURT EINES STARS

Es sind nur ein paar kleine Details, die Zarahs Erzählung so wirkungsmächtig machen. Sie suggeriert, dass ihre erste Ehe sie von ihrem Lebensplan so weit entfernt hat, wie sich nur denken lässt; dass Nils Leander zufälligerweise Schauspieler ist, erscheint als unbedeutende Nebensache.

Zarahs Version geht so: Das junge Paar hat kein Geld, um eine eigene Wohnung bezahlen zu können. Folglich zieht man zu den Schwiegereltern auf den Pfarrhof nach Risinge bei Finspång. Das ist genauso abgelegen, wie es klingt. Nils tourt als Schauspieler durch die Provinz. Der Rest ist Windelnwaschen. Aus der Traum – hätte sie nicht die Kraft und die Initiative besessen, eine einmalige Chance zu nutzen. Diese Chance ergab sich, als Schwedens Revuekönig Ernst Rolf per Zeitungsannonce nach einem Ersatz für seinen ausgefallenen Star Margit Rosengren suchte. Zarah, die im Pfarrhaus nichts als Kirchenlieder singen darf, übt auf dem Plumpsklo, fährt mit ihrem letzten Geld nach Norrköping, singt vor und ist engagiert. In ein paar Tagen soll sie sich in Borås einfinden. Ob sie Geld für die Fahrkarte hat, habe Ernst Rolf sie gefragt. Nein, nicht mal für die Rückfahrt nach Risinge. Daraufhin habe sie einen Vorschuss von fünfzig Kronen bekommen.

Diese Version hat Nils Leander später bestritten. Als 1972 das Erinnerungsbuch seiner Exfrau erscheint, stellt er sich bei einer Signierstunde in Lundgrens Buchhandlung in Malmö an und wirft ihr vor, als er schließlich an der Reihe ist: »Zarah, du lügst!«

»Herrgott, Nils, bist du es?« Die kurzsichtige Zarah hat Mühe, ihren ersten Mann nach all den Jahren wiederzuerkennen. Was sie sonst geantwortet hat, ist nicht überliefert.

Nils Leander zufolge durfte Zarah im elterlichen Pfarrhof sehr wohl singen, was sie wollte. Und – was wichtiger ist –, sie sei weder allein noch mit dem Bus zum Vorsingen nach Norrköping gefahren, nein, er selbst habe sie mit dem Auto des Vaters hingefahren und dafür gesorgt, dass Zarah ihre Chance bekam.

Nils Leanders Aussage wird durch den Ernst-Rolf-Biografen Uno Myggan Ericson gestützt, allerdings mit der Einschränkung: »Glaubt man all denen, die von diesem Ereignis zu berichten wissen, dann waren ungefähr fünfzig Personen beim Vorsingen dabei, und alle waren sich einig, dass sie der Geburt eines Weltstars beigewohnt hatten. (…) Nicht mal die, um die es ging, hat in ihrem Memoirenbuch alles ganz richtig erzählt, und es ist gut möglich, dass auch diese Version Fehler enthält.« Seines Wissens sei die Sache aber so gewesen:

> *Der Schauspieler Nils Leander, Sohn einer Pfarrersfamilie in Finspång, war verheiratet mit einem rothaarigen Mädchen aus Karlstad mit Namen Zarah Hedberg. Zu Hause bei den Schwiegereltern in Finspång las sie in* Östergötlands Dagblad, *dass Rolfs Revue kommen sollte. Das war die erste Station der Revue. Margit Rosengren war krank – oder vielleicht sollte sie ja gar nicht dabei sein? Zarah Hedberg-Leander kannte Rosengrens Garbo-Couplet. Sie begab sich nach Norrköping, um bei Rolf vorzusingen, was nicht das Leichteste war. Der große Mann war schwer angetan. Zuletzt durfte sie im Orchestergraben mit Gösta Alenius am Klavier singen, Rolf war einsamer Zuhörer, während ihr Mann Nils Leander mit John Wilhelm Hagberg auf der Bühne stand. Sie legte los mit* Vill ni se en stjärna …, *wie der Refrain des Couplets hieß. Rolf wurde erst stumm, und dann sagte er: »Sie waren, hol's der Teufel, eine Überraschung. Am Freitag in Borås fangen Sie an.«*

Und das tat Zarah Leander. Rolf kündigte sie mit einer Rede von der Bühne aus an (...).

»Sie heißt Zarah Leander, und den Namen werden Sie sich merken müssen.«

Mit der ihr eigenen Chuzpe nimmt Zarah auch noch Bezug auf Ericson. Sie zitiert ihn sogar – mit dem Satz über die vielen angeblichen Zeugen und schreibt weiter, »nachweislich anwesend« seien nur drei Personen gewesen, nämlich der Pianist, Ernst Rolf und sie selbst. Nils Leander wird wiederum mit keinem Wort erwähnt. Dass sie sich an mögliche weitere Zeugen nicht erinnern kann, erklärt sie mit ihrem aufgelösten Seelenzustand. Wie ein einziger zitternder Wackelpudding mit einem roten Klecks obendrauf sei sie gewesen, und viel schlechter als nötig habe sie gesungen.

Wie auch immer ich sang, habe ich Rolf doch interessiert. Vielleicht erreichten seine guten Ohren mehr als nur die Gegenwart, vielleicht war er fasziniert von meiner Riesengestalt und meinem roten Haar. Er hat es lange angestarrt und gefragt, ob es gefärbt sei. Nein, nur eine Laune der Natur. So wie ich die Sache verstanden habe, war Ernst Rolf nicht in erster Linie Theatermensch, sondern ein Showman, der einiges von einem Zirkusdirektor hatte. Es machte ihm Spaß, in eleganten Salons Rummelplatz zu spielen. Er hatte die wildesten Ideen: Schwimmbecken auf der Bühne, dazu die größten Zwerge und die weißesten Neger. Nun stand vor ihm die Riesendame Zarah mit den ausgefallenen roten Haaren und einer komischen Stimme. Rolf kaufte sich diese auffallende Person für fünfzehn Kronen am Tag.

Soll man ihr wirklich abnehmen, dass sie die Anwesenheit ihres Mannes bei dieser denkwürdigen Begegnung vor lauter Aufregung vergessen hat? Dabei, das muss noch einmal betont werden, geht es nicht um ein unbedeutendes Detail. Es geht darum, ob Zarah Leander ihre Karriere wirklich aus dem Stand heraus, ohne Vorübungen (wenn man die Exerzitien im Klohäuschen nicht als solche betrachten will), ohne vorangegangene Bühnenerfahrungen und ohne jede Hilfe, sogar gegen den Widerstand einer ignoranten Umwelt gestartet hat. Das hat sie nicht.

Zum ersten Mal auf einer Bühne steht sie im Sommer 1927, und zwar in ihrer Heimatstadt Karlstad. Für die große Ausstellung im Stadtpark, die insgesamt 123 219 Menschen anzieht, ist auch ein Theater eingerichtet worden. Für dieses Ereignis hatte Greta Smedberg, Schülerin an der Dramaten-Schauspielschule, ein Stück geschrieben: »Aschenputtel«, frei nach dem grimmschen Stoff – ein Märchenspiel mit Musik von Sixten Damm. Die Bühnenausstattung stammte von Bertil Damm, der am Dramaten Bühnenbildner war. Greta Smedberg spielte Aschenputtel, Nils Leander war der Prinz und Zarah, zwanzigjährig und schwanger, die Königin. Wer von den Verwandten und Freunden hat sie gesehen? Die Eltern möglicherweise nicht. Aber sie wussten natürlich von dem Ereignis.

»Es war keine Freude für die Familie, als Papa zu Ohren kam, dass seine Tochter auf eine Bühne gelangt war«, erinnert sich Jonas Hedberg. Aber *Nya Wermlandstidningen* schreibt nicht unfreundlich über Zarah Hedberg in der Rolle der Königin: »Ein bisschen übertrieben deklamatorisch, aber tüchtig gespielt.«

Es ist ganz offensichtlich, dass Nils Leander ihr den Weg zu den Dramaten-Nachwuchskreisen gebahnt hat. Die drei Jahre zwischen dem Salome-Desaster und dem »Durchbruch« bei Ernst Rolf sind ein einziger stürmischer Versuch, einen Platz in der Bühnenwelt zu finden – mit Nils an ihrer Seite. Noch Ende 1930 berichten die Magazine über Pläne des Paars, gemeinsam ein Theater in Stockholm zu eröffnen. Weder die Hochzeit im September 1927 noch die Geburt der kleinen Boel halten Zarah davon ab, ihr Vorankommen zu betreiben.

Einmal hat Zarah ausführlich darüber gesprochen. Das war nach ihrem Debüt in der Hauptstadt mit der Neujahrsrevue am Stockholmer Volkstheater. Was da passiert war, am 1. Januar 1930, das war ein so entschiedener Erfolg, dass sie sich für einen Augenblick mit einem entspannten Seufzer zurücklehnen und über das plaudern konnte, was nun hinter ihr lag. Was gibt es Angenehmeres, als von überwundenen Schwierigkeiten und Hindernissen zu erzählen?

Und so konnten die Leserinnen der Frauenzeitschrift *Charme* Anfang 1930 die amüsante Geschichte vom verzwickten Werdegang des neuen Stockholmer Publikumslieblings erfahren.

> *Die Sache war nämlich die, dass Frau Leander ungefähr drei Jahre lang also seit ihrer Eheschließung mit dem Schauspieler Nils Leander, versucht hat, in irgendeiner Revue zu landen. Sie hat gepaukt und Stunden genommen und hart gearbeitet. Sie empfand, dass sie alles Mögliche in einer Revue leisten könnte, wenn sie es bloß versuchen dürfte, aber überall bekam sie die Antwort: Sie sind zu lang. (...)*
>
> *»Schonens Revuekönig, Direktor Oscar Winge, war nett genug, mir zu versprechen, dass er anrufen würde – das hat er meines Wissens nicht getan.« Kalle Kinch in Göteborg sah Möglichkeiten, hatte aber natürlich keinen Platz für Zarah als Solistin in der Oper.*
>
> *Herr Kinchs Stockholmer Kollege, der Chef des Königlichen Theaters, Professor John Forsell, war sichtlich enthusiastisch und versprach sogar, Zarah Gratis-Gesangslektionen zu erteilen. Aber erst später.*
>
> *Und aus diesem »später« wurde nichts, denn später kam der Jüngste der Familie.*
>
> *Und das war gut so, denn ein regelrechtes Bedürfnis, ihre Stimme für die Oper auszubilden, hatte Zarah nie. Revue war ihr Hobby, und dahin wollte sie, koste es, was es wolle.*

Im Herbst 1928 hat sie ihr zweites Engagement. In Max Gabriels Operette *Trogne Emil* – »Der treue Emil« – spielt sie Emy, die Frau des Architekten Emil Jönsson. Da steht sie immerhin an zweiter Stelle auf der Besetzungsliste, während Nils sich mit zwei Nebenrollen begnügen muss. Bekannte Namen finden sich nicht auf der Liste. Die Tournee geht durch die mittelschwedische Provinz – Örebro, Västerås, Karlstad vermutlich. Das kleine Mädchen Boel wird unterdessen von den Schwiegereltern versorgt. Zarah ist wieder schwanger.

Am 2. April 1929 wird ihr zweites Kind geboren und auf den Namen Nils Göran Pontus getauft, Nils nach dem Vater und Pontus nach dem Großvater des Kindes. Nur die väterliche Linie ist im Namen repräsentiert. Die Distanz der Vatertochter Zarah zu ihrem Elternhaus drückt sich in dieser Geste deutlich aus. Zehn Tage nach der Geburt des Sohnes, am 12. April 1929, stirbt Anders Hedberg in Karlstad an Herzversagen. 56 Jahre alt ist er geworden.

Was geht in Zarah vor, während sie in den folgenden Monaten auf dem Pfarrhof in Risinge das Neugeborene und die kleine Boel versorgt? Was fängt sie mit dem Kummer an, mit den ganzen heftigen, vielleicht lange beiseite geschobenen Gefühlen, die nach dem Tod eines geliebten Menschen hervorbrechen – zumal unter den gegebenen Umständen? Erlaubt sie Nils, erlaubt sie dem Pfarrer und seiner Frau, sie zu trösten? Erlebt sie neben der Trauer auch so etwas wie Erleichterung?

Das ist anzunehmen. Es ist ja kein Zufall, dass der lang ersehnte Erfolg noch im gleichen Jahr kommt. Kein Zufall, dass alle bisherigen Bühnenversuche halbherzig blieben. Jetzt muss sie keine Rücksichten mehr nehmen, auch nicht auf ihre eigene kindliche Pietät. Mit gebremster Kraft kann man kein Publikum für sich einnehmen. Aber jetzt ist Zarah frei, ein Star zu werden.

ZARAH GEHT ZUR REVUE

Es ist ein programmatisches Lied, mit dem Zarah bei Ernst Rolf landet, in mehreren Hinsichten. *Vill ni se en stjärna* – »Wollt ihr einen Star seh'n, seht mich an!« – Damit war der Anspruch formuliert, und wer, wenn nicht Zarah, konnte ihn überzeugend vortragen. Es war das richtige Lied zum richtigen Zeitpunkt. Und es wurde *ihr* Lied, ihre Erkennungsmelodie, ihr Markenzeichen. Obwohl für eine andere geschrieben und von einer Dritten handelnd, wurde es vielleicht mehr ihr Lied als jedes andere. Bei jedem Konzert in Schweden musste sie es singen. Während ihrer langen Laufbahn hat sie es unterschiedlich interpretiert – erst frech und witzig, dann selbstironisch, später trotzig behauptend, im Alter pompös, fast monumental.

Wollt ihr einen Star seh'n - seht mich an!
Tränen und Blitze kann ich locken -
Ich bin die Primadonna assoluta.

Der Stockholmer Journalist und Coupletverfasser Berco (d.i. Berndt Carlberg) hatte auf den Operettenschlager »Wenn der weiße Flieder wieder blüht« einen Text geschrieben, der ursprünglich auf Greta Garbo gemünzt war – die »Göttliche«, das Mädchen aus dem Stockholmer Arbeiterviertel, die als Stummfilmstar in Hollywood eine unvergleichliche Karriere gemacht hatte und auf die ganz Schweden stolz war. Auch Margit Rosengren, deren Platz Zarah dann einnahm, hatte mit ihrer Garbo-Parodie die Kritiker begeistert.

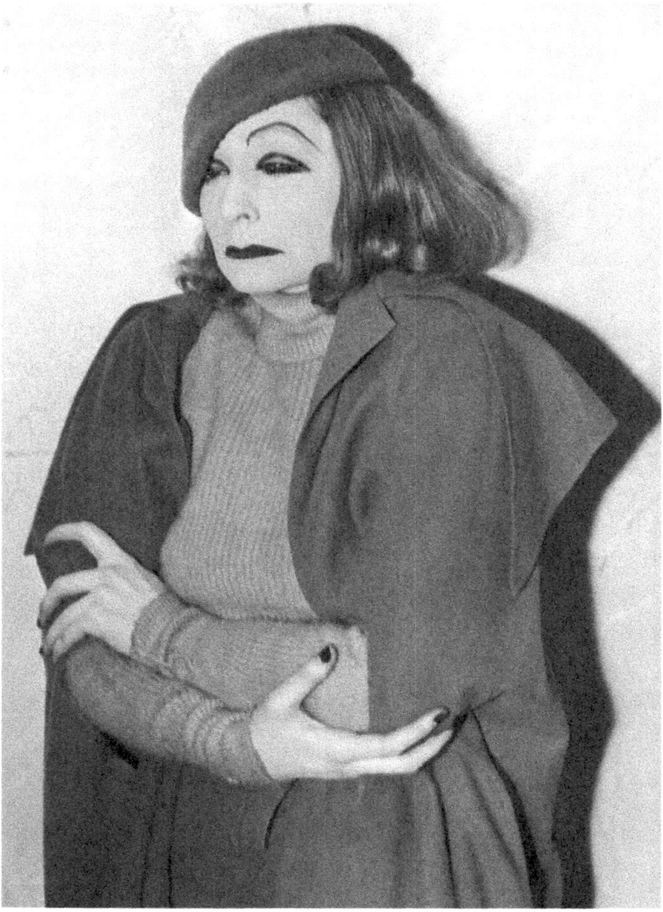

Greta Garbo, Superstar der zwanziger Jahre, hier parodiert von Zarah Leander.

Das Herz des Prinzen, entflammt für mich? – Ich danke schön!
Nicht bloß einem will ich angehören, nein, allen will ich gefallen.
Das Kinopublikum der ganzen Welt muss sich meine Liebe teilen.

Ein neuer Frauentyp wurde da besungen: die Leinwandgöttin, unerreichbarer Gegenstand der Publikumsphantasien.

Früher war eine Frau bloß ein Gedicht.
Die Jugend hat überall nach einem neuen Frauentyp gesucht,
und hier habt ihr mich! Zeichnet mich – ich stehe euch Modell.

Das Bild der erotisch selbstbestimmten Frau, deren Anspruch an das Leben sich nicht in der Ehe erschöpft, passte zum Rollenkonzept der Revue-Primadonna. Deren Urgestalt ist die Französin Yvette Guilbert, die im Pariser Moulin Rouge mit langen schwarzen Handschuhen auftrat und unzählige Male von Toulouse-Lautrec porträtiert wurde. Lang und schmal war sie, ganz anders als der Zeitgeschmack der Jahrhundertwende es vorschrieb. Die Revueprimadonna »sollte eine bewusst sinnliche Ausstrahlung haben, sollte verlockend und gefährlich sein, ihre Texte waren oft zweideutig, aber der verschleierte Blick sollte andeuten, dass es doch gar nicht so schwer war, zu wissen, was sie eigentlich wollte«.

Kein Mann macht aus mir seine Braut,
Ansehen dürft ihr mich, aber nicht berühren.
Ins Bett kriegt ihr mich vielleicht, aber nicht vor den Traualtar.

Mit der Lebenswirklichkeit der jungen Frau und Mutter von zwei kleinen Kindern, die nun mit diesem Lied in der rolfschen Truppe die schwedische Provinz bereist, hat das wenig zu tun. Aber sie darf ihr unbegrenztes Verlangen nach Ruhm, Freiheit und Liebe nun laut heraussingen und bekommt dafür Applaus – so viel Applaus, dass die eigentliche Revueprimadonna, Tutta Rolf, eifersüchtig wird. »In Eskilstuna wurde sie so zornig, dass sie alle Plakate von Zarah abriss«, erinnerte sich Nils Leander.

Von der rolfschen Tourneegesellschaft existiert ein Foto, aufgenommen vor Ernst Rolfs Geburtshaus in Falun, darauf sieht man Zarah Leander zum ersten Mal lachen, ein großes, glückliches Lachen. Sie trägt ein schwarzes Barett auf dem Kopf und einen hellen Mantel mit einem großen Pelzkragen. Später fragte sie sich, woher sie ihn wohl hatte, arm, wie sie war. Fünfzehn Kronen am Tag, das war ungefähr das, was die Bahnfahrkarte dritter Klasse Karlstad – Stockholm kostet. Davon musste sie Unterkunft und Essen bezahlen und womöglich noch etwas überbehalten. Das Zimmer war in Ordnung, wenn es nur eine Steckdose besaß, damit man mittels eines Tauchsieders eine warme Mahlzeit zubereiten konnte. Ab und zu wurde Zarah von Fridolf Rhudin, der auch Wärmländer war, ins Restaurant eingeladen, aber nicht aus »reiner Menschenliebe«, wie sie schreibt. Es war die Zeit der Prohibition, und Hochprozentiges wurde nur streng rationiert ausgeschenkt, zentiliterweise. Damen stand die Hälfte der Herrendosis zu, deswegen war es gut, sie dabeizuhaben. Jahre später hätte Zarah ihre Ration nicht abgetreten.

Sieht man sich an, wer noch auf dem Gruppenbild zu sehen ist, dann bekommt man eine Vorstellung von der Art der Revue: die Tänzerin Iris Whyte (in Begleitung ihrer Mutter), die Omori-Sisters (ein tanzendes Schwesternpaar, das angeblich aus Japan kam, wie behauptet wurde, weil das gut klang, tatsächlich aber aus Java stammte), Fridolf Rhudin (Schauspieler und Komiker), die Geigerin Madelaine, die Hudson-Girls (Balletttruppe), Emy Svedborg (Kostümmeisterin), Macke Berg (Trompeter), Einar Fagstad (Sänger, Ziehharmonikaspieler), der Saxofonist Fred Sunesson, Elsa Rössel (Ballett), der Jongleur Silvestri, Alice Carlsson (Ballett), Maschinenmeister Andersen, die beiden Schwergewichtsmeister Tutte Welin und Ernst Brunman, Tutta Rolf (mit Ernst Rolf verheiratete Coupletsängerin), Otto Arnold (Tourneeleiter), Banjo-Lasse, der Hawaii-Gitarrist Harald Mortensen, Randi Heide-Stehen (Sängerin), Greta Westin (Ballett), Gösta Alenius (Piano), der Posaunist Harry Hednoff, der Trompeter Jack Israelsson, Beleuchtungsmeister Robert Knapp.

Nicht mit von der Partie ist Ernst Rolf, der sich nach den ersten Vorstellungen krankgemeldet hatte. Sowohl er, der Publikumsmagnet, als auch Margit Rosengren waren aber auf den Plakaten angekündigt. Die Häuser waren voll, aber es gab ärgerliche Kommentare in der Lokalpresse – sieben Kronen für den Parkettplatz, das sei unter diesen Umständen einfach zu viel. Besonders starken Applaus erntete Zarah in Karlstad, wo man sich einig war, sie und Fridolf Rhudin hätten die Revue gerettet.

Die Revue – seit zwanzig, dreißig Jahren war das ein sehr populäres Genre in Europa. In Paris hatten Aristide Bruant und Yvette Guilbert ihren Ruf begründet, in Berlin hatte Ernst von Wolzogen 1901 das »Überbrettl« erfunden, in München hatte sich Frank Wedekind den »Elf Scharfrichtern« angeschlossen, in Kopenhagen gab es Holger Drachmanns »Literarisches Kabarett«, in Oslo startete die Sängerin Bokken Lasson, die in Wolzogens »Überbrettl« aufgetreten war, nach Pariser Vorbild das »Chat noir«, und im Osloer »Chat noir« debütierte 1913 der damals 22-jährige Schwede Ernst Rolf.

Ernst Rolf wurde gelegentlich mit Maurice Chevalier verglichen, wie er trat er gern im Frack, mit Zylinder und Stöckchen mit Elfenbeinknauf auf. *Pack up your troubles in your old kit bag* – »Pack deine Sorgen in einen alten Sack«: Das Lied, das er 1917 im Phönix-Kabarett sang, als Medizin gegen die Kriegsangst, die auch in Schweden umging, passt als Motto zu seinen Revuen. Sie waren groß angelegte Spektakel mit phantastischen Dekors. Er hatte sich gründlich umgesehen in London, Paris und Berlin und sich auch von amerikanischen Bühnen inspirieren lassen. In seine Revuen gehörten Varieténummern wie der Jongleur, das Tanzpaar, das Akrobatentrio ebenso selbstverständlich wie die beinewerfende Mädchenparade und die synkopierten Melodien.

Seine Künstler kamen aus aller Welt – was zu gelegentlichen Spionagegerüchten führte. Auf diese Weise wurde gegen Ende des Ersten Weltkriegs die Schauspielerin und Tänzerin Irene Brown, Ernst Rolfs erster England-Import, zum Gegenstand des Stockholmer Stadtgesprächs – so auffallend häufig, wie sie in der britischen Gesandtschaft ein und aus ging. So wie die Revue ein internationales Genre war, hatten auch Rolfs Revuen internationales Format – mit allem, was dazugehört. Sie dienten der Unterhaltung, aber die Politik ließ sich nicht immer ausblenden.

Ernst Rolf hieß eigentlich Ragnar Johansson, und auch seine schärfsten Konkurrenten hatten ihren skandinavisch klingenden Namen abgelegt. Aus Karl-Ewert Christenson und Karl Gerhard Johnsson wurden Karl-Ewert und Karl Gerhard. Karl-Ewert und das Stockholmer Volkstheater, kurz: »Folkan« – dahin will Zarah nach der Herbsttournee mit Rolfs Revue. Es hat ja gerade erst angefangen. Es muss ja weitergehen. – Aber ihre Länge! Beinahe wäre es wieder schiefgegangen.

Am Folkan also sollte Karl-Ewerts Neujahrsrevue über die Bühne gehen. Die Neujahrsrevuen hatten Tradition in Stockholm. Sie waren ein gesellschaftliches Muss, ein Faktor der öffentlichen Meinungsbildung, ein Ereignis, das die Kassen der Theatermacher klingeln ließ. Als Zarah, nun mit einem Bündel lobender Kritiken versehen, im Folkan zum Vorsingen erscheint, kommt es zu einem Wortwechsel zwischen den Herren Sigurd Wallén und Robert Ryberg, dem Regisseur und dem Theaterdirektor:

> *»Das Mädchen muss sofort engagiert werden. Bevor jemand anders sie uns wegschnappt. Die ist ja eine Entdeckung.«*
> *»Bist du verrückt? So eine Bassdame, die so lang ist, dass sie bis in den Schnürboden reicht!«*
> *»Du bist verrückt, wenn du nicht tust, was ich sage. In einem Jahr ist sie ein Star, darauf mache ich jede Wette.«*

Für diese Szene gibt es wiederum unterschiedliche Zeugenaussagen. Der eine ist skeptisch, der andere ein Prophet. Die Frage ist nur, wer welche Rolle hat. Hinterher wollte keiner so dumm gewesen sein, den aufgehenden Star zu verkennen, und schob dem jeweils anderen den schwarzen Peter zu. Denn was sich am 1. Januar 1930 ereignete, ließ die Stockholmer Kopf stehen. Mit von der Partie war die junge Sängerin Ulla Billquist, die später als Plattenstar in Schweden große Erfolge hatte. Während des Zweiten Weltkriegs wurde sie als patriotische Gegenfigur zu der abtrünnigen Zarah gefeiert. Was für Zarah den Durchbruch bedeutete, muss die schüchterne Ulla als regelrechtes Trauma erlebt haben:

> *Im Jahre 1930 sollte die übliche Neujahrsrevue des Folkan über die Bühne gehen. Sie hieß »Das fröhliche Stockholm« – irgendwie musste sie ja wohl heißen. Auf die Beine gestellt wurde sie von Karl-Ewert. Ob Ulla mit dabei sein wollte? Was war ihre Antwort? »Ja, wenn ich keinen Vamp spielen muss.« – Nein, nur ein paar Gesangsnummern sollte sie übernehmen, die Rolle der Primadonna war für eine Debütantin reserviert. (...)*
>
> *Es kam die Premiere. Eine Neujahrsrevue in Stockholm war ein großes Ereignis, das Haus war schon lange im Voraus ausverkauft, man trug Smoking, und es gab ein elegantes Diner vor der Vorstellung, Champagner in der Pause, und die Vertreter der großen Zeitungen fotografierten die Prominenz im Parkett. Und nach der Revue ging man in ein Lokal und diskutierte die einzelnen Nummern.*
>
> *Das Orchester spielte etwas Spritziges, und das Publikum bekam gute Laune. Langsam ging das Licht an, und die Scheinwerfer richteten sich auf die Bühne. Die debütierende Primadonna kam, sang – und der Abend gehörte ihr. Da stand sie, Zarah Leander, der Kopf von den prachtvollen roten Haaren umlodert, eine große Frau mit üppigen Formen. Eine so bezwingende Ausdrucks-*

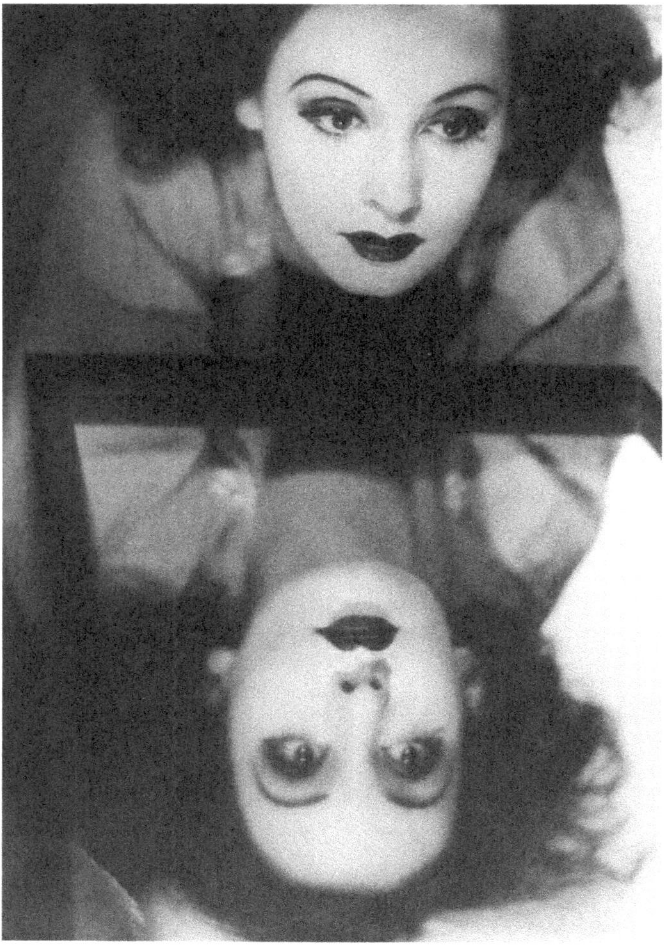

Sara – wie die Bernhardt – oder Zarah: Wie soll sie heißen?

kraft hatte noch keiner gesehen. Sie war wunderschön, sie war gefährlich, sie war so verlockend, dass es den Männern schwerfiel, auf ihren Stühlen sitzen zu bleiben. Ihre dunkle Stimme hatte eine Gewalt, die es geschafft hätte, Trommelfelle zum Platzen zu bringen. Als sie mit der ersten Gesangsnummer fertig war, standen die Leute auf, der Applaus wollte gar nicht mehr aufhören, es wurde gepfiffen und getrampelt, dass es einem hingerissenen italienischen Publikum alle Ehre gemacht hätte. (...) Hinter den Kulissen standen die anderen Schauspieler und betrachteten dieses Ereignis. Alle wussten, dass sie, egal, was sie machten, an diesem Abend nur Randfiguren sein würden. Das Publikum hatte Zarah gesehen und gehört, und alles, was es jetzt wollte, war mehr Zarah. Tänzer und Komiker und Sketchakteure konnten zur Unterhaltung beitragen, aber sie wussten, dass sie nur als Transportriemen für die unwiderstehliche Zarah dienten. (...)

Mit ihr sollte Ulla Billquist nun konkurrieren. Sie wusste, bevor sie auftrat, dass sie in dem Vergleich nur schlecht abschneiden konnte. (...) Sie fühlte sich ausgezählt, bevor sie überhaupt in den Ring ging. Sie betrat die Bühne und fing an zu singen. Das Publikum sah ein dünnes, blasses Mädchen, das mit spröder Stimme einen Text vortrug, an den sie nicht zu glauben schien. Sie sang mit dem Tod im Herzen und fühlte die Beleidigung, die darin lag, unter diesen Umständen zu wetteifern. Zarahs Geist stand neben ihr auf der Bühne, das Echo ihrer gewaltigen Stimme hallte in den Ohren: Sie dominierte die nach ihr Kommende, machte sie platt, trampelte auf den Resten herum und überließ es dem Ordnungspersonal, die Reste aufzusammeln. (...) Die Zeitungen schrieben nur über Zarah. Die, denen aufgefallen war, dass es in der Revue noch eine Sängerin mit Namen Ulla Billquist gab, ließen ein paar gleichgültige Worte über sie fallen. Die ganze Saison war ein einziger Vergleich zwischen Zarah und Ulla, und der konnte nicht zu Ullas Gunsten ausfallen.

Zarah erinnerte sich später, dass der Erste, der ihr nach diesem Auftritt Blumen schenkte, ein junger Musiker namens Jules Sylvain war. Damit begann die lebenslange, enge Freundschaft der beiden. Jules Sylvain hieß eigentlich Stig Hansson und war der Sohn von Valborg und Axel Hansson, bekannte Schauspielerpersönlichkeiten, die zum Dramaten-Ensemble gehörten. Er komponierte Schlager für Ernst Rolf und Karl Gerhard, und nebenbei gab er Schwedens führende Damen- und Unterhaltungszeitschrift«, *Charme*, heraus.

Im Frühjahr 1930 bringt *Charme* ein Porträt der jungen Künstlerin. Das ist der schon erwähnte Artikel, in dem sie über ihren komplizierten Werdegang spricht.

> *Sarah! Mit einem französischen »h« am Ende, genau wie die göttliche Sarah Bernhardt sich schrieb. Damit man mit einem solchen Namen losgehen kann, muss man etwas von einer Primadonna haben. Und das hat Sarah Leander. (...)*
>
> *Sie steht ja da wie eine große, neu aufgeblühte Rose zwischen mehr oder weniger blassen Veilchen und Buschwindröschen. Dessen ungeachtet ist sie erst ein Vierteljahr beim Theater. Plus ein paar Wochen Tournee in der Provinz im Spätherbst. Aber in diesen vier Monaten ihrer Karriere hat sie es geschafft, bei Rolf und Karl-Ewert und Karl Gerhard zu spielen.*

Auch die Hürde ist also inzwischen genommen. Karl Gerhard, der »Nestor der schwedischen Revue«, der »schwedische Aristophanes«, hatte Zarah für die Wiederaufnahme seiner Göteborger Neujahrsrevue engagiert.

Sarah oder Zarah? Was das angeht, musste sie sich entscheiden. Ansonsten existierte das »Entweder-oder« für sie nicht. Revue *und* Operette, Schallplatte *und* Film, Tragödie *und* Komödie: Zarah machte alles. Und bekam für alles Applaus.

DIE ELEGANZ DER SAISON

Das Tempo, das Zarah Leander in den folgenden Wochen, Monaten und Jahren hinlegt, von Bühne zu Bühne, von einem Engagement zum nächsten, ist so rasant, dass die verblüffte Presse zu immer neuen Himmelskörper-Metaphern greift, um die »strahlende Kometenlaufbahn« des eben aufgegangenen Stars am schwedischen Bühnenhimmel zu beschreiben. Die Probleme, die die junge Frau am Anfang ihrer Stockholmer Zeit zu bewältigen hat, sind allerdings ganz irdisch. Sie möchte ihre Kinder bei sich haben. Jemand muss sie betreuen. Etwas anderes als die familiäre Lösung ist aus finanziellen Gründen nicht denkbar. Warum nicht Mutter Mathilda, jetzt, wo der Vater nicht mehr lebt? Zarahs jüngere Brüder Gustav und Bror sind mit achtzehn und neunzehn Jahren fast erwachsen, gehen aber noch zur Schule. In der Zweizimmerwohnung in der Torsgatan, die Zarah gemietet hat, wohnen also zeitweise sieben Personen, wenn man Nils Leander mitrechnet. Boel und Göran müssen in ihren Kinderwagen schlafen, für Kinderbetten ist weder Platz noch Geld da.

In dem Mietshaus, in dem sie wohnt, sind alle Bewohner reihum dafür verantwortlich, das Treppenhaus sauber zu halten. Zarah klopft an alle Türen. Könnte sie nicht für die Nachbarn mit putzen, gegen Geld? Kein »Tanz auf Rosenwolken«, diese erste Zeit ihrer Karriere. So hat sie es später ausgedrückt. Die Zeitschrift *Charme* vermeldet,

> *... dass Zarah und ihr Mann Pläne haben, zum Herbst ihr eigenes Theater aufzumachen. Zarah wird Primadonna und erfüllt ihre*

Rolle als schwedische Mistinguette. Und Nisse wird Regisseur. (...) Nils Leander musste in diesem Jahr die Rolle des Ehemannes seiner Frau spielen und hat dabei natürlich auch erfahren, was Neid ist. Aber er hatte auch seinen Anteil an ihren Triumphen. Es war nämlich sein Verdienst, dass Zarah nicht zum Hungerlohn spielen muss. Sie war nämlich kurz davor, im letzten Winter den Vertrag mit einem Theaterdirektor zu unterschreiben, der ihr 450 Kronen im Monat geboten hatte – für drei Jahre. Jetzt hat sie natürlich erheblich mehr. Aber sie hat nur ein Drittel von dem, was Calle Hagman bekommt. Und weniger als Lövås, Niska und Modéen [ein Komikertrio, Anm. d. Verf.], obwohl sie mehr Leute anzieht als diese drei zusammen. Aber das wird sich mit der Zeit schon regeln. Man kann ja nicht erwarten, dass eine junge Diva nach nur einem Jahr Bühnenerfahrung schon alle Tricks und Finessen kennt.

Das Showbusiness kennt keinen Pardon. 450 Kronen, das war das Dreifache von dem, was Astrid Lindgren am Anfang als Bürokraft verdiente. »150 Kronen im Monat – davon wird man nicht fett«, schrieb sie. Allein 125 Kronen kostete das möblierte Zimmer mit Frühstück. Zarah hatte eine große Familie zu versorgen. Aus den Plänen, zusammen mit Nils ein Theater zu eröffnen, ist bekanntlich nichts geworden. Immerhin, im Sommer 1930 existieren diese Pläne noch. Ist das ein Versuch der beiden, ihre Ehe doch noch zu retten? Die Konflikte werden in dem *Charme*-Artikel beim Namen genannt.

Ein Foto dazu zeigt das Paar – als Paar inszeniert. Zwillingsgleich, schön und ernst. Zarahs Frisur ist der ihres Mannes angeglichen, mit dem Scheitel auf der gleichen Seite, wie Nils ihn trägt, das Ohr ist freigelegt, die Augenbrauen ein großer feiner Bogen. Zarah ist kaum wiederzuerkennen. Sonst trägt sie das Haar schulterlang und offen. Nils steht in einer Art schützender Umarmung hinter ihr und blickt auf sie. Aber sie sieht ihn nicht an, ihr Blick geht aus dem Bild heraus. Sie sieht traurig aus. 1932 wird die Ehe geschieden.

Und noch etwas verrät der Artikel: dass nämlich Zarah als Geschäftsfrau kein solches Naturtalent war, wie allgemein angenommen wird. Dass der Impuls stark war, die materielle Armut, in die sie hineingeraten war, so bald wie möglich hinter sich zu lassen, ist eine andere Sache. Die elf Zimmer ihrer Kindheitswohnung sind der Maßstab.

In seiner Autobiografie *Om jag inte minns fel* – »Wenn die Erinnerung mich nicht täuscht« – gibt Karl Gerhard ein sehr plastisches Bild von der Bühnenanfängerin:

> *Ich erinnere mich an ihre erste Probe bei mir. Das war in Göteborg im Februar 1930. Sie sollte in der Neuauflage von »Karl Gerhards Neubau« mitmachen und hatte ein paar nicht sonderlich bemerkenswerte Lieder abbekommen. Die Erscheinung der später so großartigen Diva unterschied sich gewaltig von der Theaternärrin im weißen Kaninchenpelz, die mit unsicheren, wenngleich nicht leichten Schritten ihren Platz auf der Bühne einnahm. (...) Zarah Leander war vielleicht zu Ohren gekommen, dass ich eine originelle Schwäche für verrückt gekleidete Primadonnen hege, anders kann ich mir die Wahl des Pelzes nicht erklären. Das Beste, was man über den Fummel sagen konnte, war, dass er warm hielt. Er war auch umfangreich, vielleicht, um nicht nur seine Trägerin vor Kälte zu schützen, sondern auch ihre Kleinen.*
>
> *Die sommersprossige, vollblütige Zarah aus Karlstad (...) war schüchtern und verbissen, voller Furcht vor den gewagten Schritten, die sie mit dem Schnabel und den Klauen einer Vogelmutter in eine Welt der Gefahren unternahm. Sie war fest entschlossen, sich und ihren Kindern das tägliche Brot zu verschaffen, und sie gab nicht auf, ehe sie ihr Ziel erreicht hatte.*

Ist es die materielle Not, die das Tempo diktiert, oder Zarahs künstlerischer Ehrgeiz? Sicherlich beides. Im Februar 1930 also probt sie mit Karl Gerhard. Im März tritt sie in seiner Revue auf – erst in Göteborg, dann in Stockholm. Zwischendrin hat sie ihre erste Platte eingespielt. Jules Sylvain hat den Vertrag mit der »Odeon« eingefädelt.

Die Schallplattenindustrie war ja eine ganz junge Branche. Seit Kurzem ließ sich mit den schwarzen Scheiben sogar richtig Geld verdienen. Die ersten Schellackplatten kamen 1897 auf den Markt. Die deutsche Plattenfirma Odeon gab es seit 1903, ihre Gründer hießen Max Strauss und Heinrich Zunz, seit 1911 gehörte sie dem Schweden Carl Lindström. Die Herstellung der ersten Platten aus Schellack, Gesteinsmehl, Ruß und Pflanzenfasern war eine kostspielige Angelegenheit. Erst mit der Erfindung des »elektro-akustischen Aufnahmeverfahrens« im Jahr 1924 konnte die Platte ein Massenprodukt werden.

Jag vet inte varför jag gör det, men jag gör det ändå, heißt Zarahs erster Titel, aufgenommen am 27. Februar 1930 – »Ich weiß nicht, warum ich es tue, aber ich tu's trotzdem«. Die Rückseite – *Ingenting att bjuda främmande på* – »Nichts um den Gästen anzubieten« – wurde am nächsten Tag produziert. Das war der Anfang einer langen und auf beiden Seiten lukrativen Geschäftsbeziehung mit der Odeon. Zarah legte großen Wert darauf, zu betonen, dass sie ihr Gut Lönö 1939 allein aus dem Erlös ihrer Schallplattenaufnahmen kaufen konnte.

Noch im gleichen Jahr folgten weitere zwölf Titel, darunter die schwedische Version von Marlene Dietrichs Schlager »Ich bin von Kopf bis Fuß auf Liebe eingestellt« – *Jag är fran topp till tå ett kärleksstundens barn*. Zarah sang ihn in der Herbstrevue des Wasatheaters *Stockholm blir Stockholm* – »Stockholm bleibt Stockholm«, nachdem sie den ganzen Sommer lang in der »Ausstellungsrevue« für ein volles Haus gesorgt hatte.

Zwischendrin wurde sie fotografiert. Ein Werbefoto – vor kubistisch verfremdetem Hintergrund – präsentiert sie als verkörperte »Eleganz der Saison«: »Zarah Leander – die glänzende Primadonna des Wasatheaters in einem flotten Mantel von ›Modellen‹. Wenn Sie einen Mantel oder Pelz für die Wintersaison kaufen«, heißt es weiter, »wissen Sie, dass Sie den neusten Schnitt und die beste Qualität erhalten, wenn Sie sich an Modellen wenden.« Es ist ein schwarzer, schmal geschnittener Mantel mit einem innen weiß gefütterten großen Pelzkragen und Pelzmanschetten, die bis über die Ellenbogen hochreichen, den Zarah vorführt, kniekurz und sehr elegant. Das weiße Kaninchenungetüm ist der privaten Zarah vorbehalten.

Ob sie die »Eleganz der Saison« behalten durfte? Franz Engelke, der Direktor des Wasatheaters, war gleichzeitig Mantelhändler. Als Kaufmann betrieb er auch das Theater und zahlte sensationell schlechte Gagen. Als Theatermacher war er geschickt und einfallsreich. Er gab dem Publikum, was es wollte: »Farbe und Rhythmus und kleine nackte Mädchen und Trara«. »Die Zeit, in der man über eine Revue auch ein kleines bisschen nachdenken musste, ist wohl vorbei«, bemerkt einleitend die *Dagens-Nyheter*-Kritikerin Clementine spitz, findet aber gleichzeitig, als Unterhaltung betrachtet sei die Wasa-Revue »ein Volltreffer – oder jedenfalls nahe dran«.

> *Am allerbesten war Zarah Leander, die einen brillanten Abend hatte und nach dem besten und einzig gemeinen Couplet der Vorstellung »Det vore nå't för mig« zum Gegenstand stehender Ovationen wurde. Zarah Leander hat sich Karl Gerhards scharfe Diktion angeeignet und auch ein paar seiner Gesten … aber ihr frisches boshaftes Temperament, nordisch unterkühlt und mit der guten Säure eines frischen Herbstapfels, ist ganz eigen und genau das, was die Revueszene jetzt brauchen kann.*

Einen guten Rat zum Schluss bekommt Zarah mit auf den Weg: Sie soll sich bloß nicht zu dämonisch geben. Genau davon aber war das Publikum hingerissen. Als männerverschlingender Vamp sang sie Marlene Dietrichs »Ich bin von Kopf bis Fuß auf Liebe eingestellt« – als Spinne im Netz, die ihre Fäden zieht und nur darauf lauert, dem nächstbesten Kerl Blut und Leben auszusaugen. »Der Salon empfand schmerzlich-süße Schauer angesichts der herben Selbstkritik des ge-

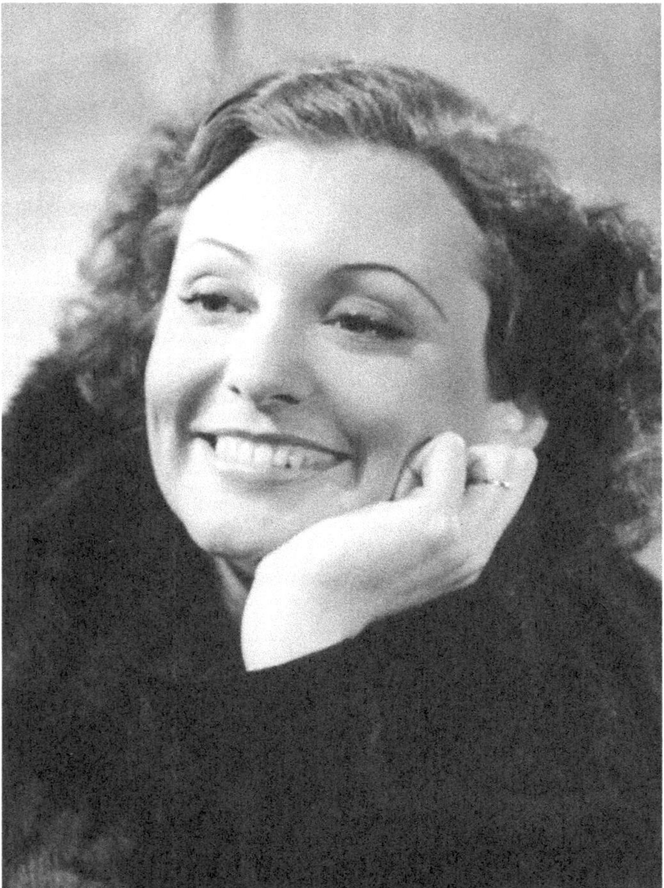

Ein neuer Star am schwedischen Bühnenhimmel.

fallenen Engels«, bemerkte Karl Gerhard. »Zarahs tiefes Vibrato erweckte die Sympathie des Publikums für die Leiden der Unterwelt, und außerdem war es wirklich wohltuend, die Sünde in so reinen Tönen klagen zu hören.«

Als aber in der gleichen Saison Gösta Ekman anruft und mit ihr sprechen will, kann sie sich nicht mal das Taxi leisten, um zu ihm zu fahren. Solange das Geld knapp ist, muss sie das atemlose Tempo beibehalten. »Wie ein Schnellzug, der durch Tunnel von Applaus rast und schwarze Wölkchen von Zeitungsspalten hinterlässt«, fühlt sich Zarah in diesen Jahren. Auffallend ist ihr Geschick, sich der Medien von Anfang an zu bedienen. Sie hat das, was man heute einen PR-Berater nennen würde, Jules Berman. Sie lernt schnell, sich als Diva zu inszenieren und genießt es – wie an einem Herbstabend in der Festetage des Carlton-Hotels. Karl Gerhard war dabei:

> *Umgeben von ihrem Hofstaat feierte sie an diesem Abend ihr einjähriges Jubiläum als Schauspielerin. Es wurden Gesandte anderer Theater gesichtet, Verehrer aus den ersten Parkettreihen, die ihre Aufwartung machten, Presseattachés, ihre selbsternannten »verflossenen Sklaven« sowie der Redakteur Jules Berman, Propagandachef sowie Innen- und Außenminister in Personalunion. Er kümmerte sich nicht nur um die Reklame für sie in Schweden, sondern sah auch zu, dass Zarah zum Morgenkaffee nie auf Angebote anderer Theater vom Kontinent zu verzichten hatte, und das Stockholmer Publikum ging ständig mit der Angst umher, sein neues Idol bald wieder zu verlieren.*

Immer wieder gewährt Zarah »Homestorys« und lässt sich zu Hause in der Küche, im Wohnzimmer, mit den Kindern fotografieren. »Ich spinne mein Garn – und stricke für meine Kinder« ist der Titel einer solchen Story aus dem Jahr 1931. Da ist sie gerade umgezogen, in eine »ultramoderne Zweizimmerwohnung mit Dachterrasse« am Norra

Mälarstrand. Von Nils Leander ist nicht mehr die Rede, allenfalls indirekt – als Teil eines entfernten Andenkens. Zarah seufzt. »Denken Sie sich eine Woche Ferien in eineinhalb Jahren, ansonsten sind Proben und Premieren Schlag auf Schlag hintereinander gekommen. (...) und doch gab es eine Zeit, da saß ich auf einem Pfarrhof auf dem Lande. Hätte ich nicht meine beiden Kinder, dann könnte ich es kaum glauben, so abwegig erscheint mir der Gedanke an den ländlichen Frieden. (...) Es geht alles so schnell, fast zu schnell, manchmal erschreckt mich das.«

Sie ist jetzt Nachbarin von Karl Gerhard, und ein Grammofon besitzt sie auch. Die Zusammenarbeit mit Gösta Ekman ist verabredet. Und so geht die Erfolgsstory weiter – in den folgenden Wochen, Monaten und Jahren. Einer der Journalisten, die sie interviewen, heißt Forsell – wie sein Vater, der Opernintendant. »Er war groß, hatte schöne, intensive Augen und war einer der bestaussehenden Männer, die ich bis dahin kennen gelernt hatte«, erinnerte sich Zarah. Vidar Forsell macht ihr einen Heiratsantrag. Sie lehnt ab. »Ich kenne Sie doch gar nicht.« – »In Ordnung. Ein zweites Mal frage ich nicht.« Da heiratet er eine andere und taucht am Tag seiner Hochzeit im Frack bei Zarah auf. »Wollen wir ausgehen?« Jetzt ist es an Zarah, ihn um seine Hand zu bitten. Im September 1932 werden die beiden in der Stockholmer Engelbrechtskirche getraut.

Zarahs gesellschaftlicher Aufstieg wird an ihren Umzügen deutlich. Zuerst, mit Nils Leander, wohnt sie in der Torsgatan, nicht weit vom Bahnhof, dann in Kungsholmen, in dem besagten Zwei-Zimmer-Appartement am Norra Mälarstrand. Das frisch verheiratete Ehepaar Leander-Forsell bezieht eine große Stadtwohnung im eleganten Östermalm am Karlavägen. Zur Krönung ihrer Laufbahn fährt sie einen schwarzen Cadillac »La Salle« – und macht dafür Werbung. Das chromblinkende Auto parkt vor einem Landsitz von diskreter Eleganz. Zarah, sich lässig dagegen lehnend. »Die Göttliche wählte ein göttliches Auto«, heißt es schlicht.

AN DER SEITE VON GÖSTA EKMAN

An einem Vormittag im Frühjahr 1931 sitzt Zarah bei Gösta Ekman auf dem Sofa und weint. Sie weint »vor Nervosität, Entzücken und noch irgendetwas«, schreibt Sven-Olof Sandberg in seinem Buch über den Komponisten Jules Sylvain. Dann sagt sie: »Das geht nie im Leben.« – »Das geht!«, widerspricht Gösta Ekman. »Ihr seid komplett wahnsinnig«, bemerkt der Regisseur Per Lindberg. Der Vierte, der mit von der Partie war, Jules Sylvain, will ans Wasser gegangen sein, um sich die Füße zu kühlen, weil man dann angeblich klarer denken kann. Ihm ist die Erinnerung an dieses salzige Frühstück mit gebratenen Eiern und Schinken, Tränen »und noch irgendetwas« zu verdanken.

Zarah ihrerseits berichtet in ihren Memoiren von der Aufregung, die allein die Tatsache des Anrufs von Gösta Ekman ausgelöst habe, dem Gösta Ekman, den sie – wie viele andere auch – schon als Schulmädchen zu ihrem Idol erkoren hatte. Sie schreibt, wie die befreundete Kollegin Maritta Marke in ihre Garderobe im Wasatheater gestürzt kam.

> *»Zarah, Zarah! Gösta Ekman will mit dir sprechen!« Sie sagte Gösta Ekman, aber sie meinte: Gott selbst. Ich lachte höhnisch, denn es war kaum vorstellbar, dass Gösta Ekman mich anrufen würde. »Blöder Witz, Maritta.« – »Das* ist *kein Witz, das ist Gösta Ekman. Du kannst ihn nicht warten lassen, das macht man doch nicht!« – »Was will er von mir?« – »Frag ihn doch selbst!« (...)*

> *Ekman wollte, dass ich zu ihm käme, um über eine Rolle zu sprechen. Wer die dreißiger Jahre nicht miterlebt hat, glaubt vielleicht, ich mache zu viel Aufhebens um einen Anruf von Gösta Ekman. Aber er war der Schlüssel zu allem, was gut und schön und groß am schwedischen Theater war. Er war das Theater selbst.*

Zarah wirft sich also in ein Taxi und fährt zu Gösta Ekman. Das Geld dafür muss sie sich, wie schon erwähnt, von ihrem Bruder Ante borgen. Wie ist das, wenn etwas geschieht, wovon man nicht einmal zu träumen gewagt hat?

Das geht nie im Leben! Sie soll, an Gösta Ekmans Seite, die »Lustige Witwe« spielen. Per Lindberg, der in Schweden einen Rang einnimmt wie Max Reinhardt in Deutschland, soll Regie führen, Karl Gerhard die Dialoge überarbeiten und Jules Sylvain die Musik. Alle Beteiligten finden, dass das eine Schnapsidee ist, mit Ausnahme von Gösta Ekman. Der setzt sich durch, und das Ergebnis ist eine schwedische Theaterlegende.

Franz Lehárs »Lustige Witwe« aus dem Jahr 1905 ist die Erfolgsoperette schlechthin, der »smash hit« der operettenverliebten Jahre vor dem Ersten Weltkrieg und lange darüber hinaus. Für den Wiener Satiriker Karl Kraus war sie der Gipfel der geschmacklosen und verlogenen Anbiederung an den Massengeschmack. Ihrer Popularität tat das keinen Abbruch. Nach Wien eroberte die »Lustige Witwe« auch alle anderen europäischen Hauptstädte. In New York, so der Wiener Theaterhistoriker Attila Lang, brach 1907 eine regelrechte »Merry widow«-Epidemie aus.

> *Die Auslagen lockten mit Merry-Widow-Schuhen, -korsetts und -Cremes, die Restaurants mit Merry-Widow-Cakes, -Schnitzeln und -Likören, wenn man sich mit Merry-Widow-Zigarren eingedeckt hatte und auf der Theater-Prachtstraße weiterbummelte, dann lieferte die Werbetafel vom New Amsterdam Theatre endlich den*

Grund des Fiebers: Dort spielte die Operette gleichen Titels höchst erfolgreich über Monate hinaus.

Auch das Stockholmer Publikum hatte die »Lustige Witwe« mit dem beliebten Operettenduo Emma Meissner und Calle Barcklind gefeiert, eine romantische Angelegenheit mit schmelzenden Melodien. Aber eben der Geschmack der Jahrhundertwende. Mit diesem Erfolgsstück, bloß gründlich entstaubt, wollte nun Gösta Ekman seine Karriere als Theaterunternehmer begründen. Dass er überhaupt nicht singen konnte, war eine der zahlreichen Herausforderungen, mit denen es das Produktionsteam zu tun bekam. Und nun Zarah Leander als seine Partnerin! Den Floh hatte Jules Sylvain Gösta Ekman ins Ohr gesetzt, wenn auch unabsichtlich. Ekman hatte dem Musiker verraten, wie gern er einmal den Danilo spielen würde, und Sylvain hatte geantwortet: »Keine dumme Idee, eigentlich. Und dann solltest du Zarah Leander als Hanna Glawari nehmen.« – Eigentlich sollte das ein Witz sein.

»Auf eine verrücktere Besetzung für die kleine zwitschernde Lerche Hanna Glawari konnte ich nicht kommen – nicht, um Zarah zu beleidigen, sondern weil ich fand, dass ihr ganzes Genre, ihre Stimmlage und so weiter den Anforderungen der Rolle diametral entgegengesetzt waren«, erinnert sich Jules Sylvain. – Ein inspirierender Gedanke, fand Gösta Ekman: so einen abgenutzten Publikumshit in etwas ganz Neues, Ungewohntes, Zeitgemäßes zu verwandeln; mit Zarah Leander, die die Frau der Stunde war: frech, souverän, frivol.

»Das geht nie im Leben.« – »Das geht!« Jules Sylvain hat in einem Interview erzählt, was es bedeutete, Lehárs Operettenmusik den veränderten Bedingungen entsprechend einzurichten.

Ich fuhr nach Hause, sah mir die Tonarten an und dachte: Wie meistern wir zum Beispiel ihr Entree? Es war mir sofort klar, dass wir hier eine andere Tonart und ein anderes Tempo brauchen würden, dreimal so langsam wie das Original. Das wäre möglich. Aber die Herren, die das Spalier zu ihrem Auftritt bilden, die kämen ja völlig außer Atem, wenn sie den gleichen Ton so lange halten müssten (...) Es gab tausendundein kleines Problem. Den Danilo würde ich schon hinkriegen, denn Gösta konnte seine Lieder ja sprechen. Für Gösta war nichts unmöglich. Ich machte meine Entwürfe und kam zurück. Gösta war entzückt, Per Lindberg ließ sich anstecken. (...) Dann kam die nicht ganz unwichtige Frage auf, wie der Meister des Werkes, Franz Lehár, sich zu der Bearbeitung stellen würde.

»Nichts leichter als das«, sagte Gösta. »Ich bin mit Lehár persönlich befreundet und habe ihn oft getroffen. Wir fahren nach Wien, sobald die Bearbeitung fertig ist, und dann spielen wir sie ihm vor. Ich garantiere euch, dass er uns seinen Segen gibt.«

Die Arbeit ging voran. Ich arbeitete wie ein Tier. Ich probte mit Gösta und Zarah, wir zauberten, wir kämpften, wir fügten kleine Takte hinzu, um den Sprung zwischen den Tonarten von ihrer tiefen Lage zu Gösta Ekmans Sprechstimme zu bewältigen. Auf eine sonderbare Art und Weise, vielleicht durch unseren Enthusiasmus, vielleicht auch mit Hilfe unserer Begabung, kriegten wir es hin: eine vollständige und spielbare Partitur der »Lustigen Witwe«, in der nicht ein Ton so war, wie ursprünglich geschrieben, sondern alles *verändert war.*

Jules Sylvain berichtet weiter, wie sie dann zu zweit nach Wien fuhren, Gösta Ekman und er, und von einem wunderbaren Souper im Mozart-Saal des Hotels Ambassadeur-Krantz mit Franz Lehár und seiner Frau, in dessen Folge Lehár auf eine Kostprobe aus der geänderten Partitur verzichtete und dem Projekt seinen Segen gab: »Machen Sie, was Sie wollen, nur ändern Sie nichts. Fügen Sie hinzu, was auch immer, wenn Sie Zeit für die Umbauten brauchen, aber an dem, was geschrieben steht – bitte sehr: Ändern Sie nichts.«

Egal, beschloss Gösta Ekman. Alles war geändert, nur die Melodien nicht. Aber in der sylvainschen Bearbeitung erklangen sie in Foxtrott-, Blues- und Tangorhythmen. Es könnte doch einen Skandal mit eventuellen rechtlichen Folgen geben? Wird es nicht geben, beschloss Gösta Ekman, dem das Kokain Flügel verlieh. Bei den Dreharbeiten zu dem »Faust«-Film im sündigen Berlin der zwanziger Jahre hatte er sich diese Angewohnheit zugelegt. In seinem Erinnerungsbuch »Wenn die Erinnerung mich nicht täuscht« beschreibt Karl Gerhard die exzessive Selbstausbeutung, die der Freund Gösta Ekman im Zusammenhang mit dem Drogenmissbrauch betrieb, bis zu seinem frühen Tod mit 47 Jahren im Jahr 1938.

Welcher Aufwand getrieben wurde, um Gösta Ekmans Theatertraum zu verwirklichen, beschreibt der Regisseur Per Lindberg:

> *In den hohen Sälen des Konzerthauses wimmelte eine Hundertschaft ausgesucht schöner Menschen in festlich schimmernden Wachstuchkostümen und wartete darauf, zu einem Mosaik zusammengesetzt zu werden, das das Publikum in Staunen versetzen sollte. So wie Ekman diese seine Lustige Witwe haben wollte – sein eigenes Debüt als Showman –, da durfte an nichts gespart werden! Eine einzige kostbare Nummer! Als das Ballett schon fertig war, kam eine energische junge Dame, die in Kopenhagen einen Schönheitswettbewerb gewonnen hatte, und verlangte, mitmachen zu dürfen. »Ein schöner Mensch mehr«, sagte der Direktor zum Regisseur. »Natürlich! Du kannst sie doch sicher noch irgendwo unterbringen!*

Zarahs Gage war kein geringer Posten in der unerhört teuren Produktion. Hatte man ihr nicht eben noch mangelnden Geschäftssinn nachgesagt? In ihren Memoiren berichtet sie über ihre erfolgreichen Finanzverhandlungen mit Gösta Ekman:

> *»Du wirst gut bezahlt: Dreitausend Kronen im Monat, das macht hundert pro Abend.«*
> *»Sechstausend und nicht eine Krone weniger!«*

»Das ist wohl das Unverschämteste ...«

Dreitausend Kronen, das war 1931 ein ausgezeichnetes Angebot, eine Stargage. Ich wundere mich nicht, dass Ekman so außer sich geriet, dass er an seine elegante Bar gehen und sich mit einem Glas Sherry stärken musste, um dann in der Wohnung auf und ab zu gehen und sich mit Frau Greta zu besprechen. (...) War ich zu frech gewesen, hatte ich zu hoch gepokert? Im Grunde hätte ich auf die Gage sogar verzichten können, allein für die Ehre, mit meinem Abgott spielen zu dürfen. Aber nein, ich musste dabei bleiben, bloß jetzt nicht einknicken. »Man muss immer damit rechnen, dass ein Theaterdirektor einem ein unanständiges Angebot macht ...«

»Du selbst hast mir beigebracht, in Finanzdingen frech zu sein«, sagte ich. »Das habe ich in dem Artikel über den Faust gelesen ...«

»Für die *Antwort sollst du deine sechstausend bekommen.«*

Zarah Leanders geglückter Coup sprach sich schnell herum in der Stadt und begründete ihren Ruf als beinharte Geschäftsfrau. Das war gut für sie, weil es ihr für künftige Verhandlungen Respekt verschaffte, und es war gut für das »Witwen«-Projekt, über das möglichst viel geredet werden sollte. Gösta Ekman war nicht nur ein brillanter Schauspieler, er war auch ein begabter PR-Mann. Auch in dem Punkt hatte die Elevin von ihrem Idol gelernt. Noch während der Probenarbeiten schreiben die Stockholmer Zeitungen ausführlich über Zarah Leander, die »neue Lustige Witwe«, und schüren die Neugier auf das Ergebnis.

Wie schwer es ist, ein freies Viertelstündchen mit der »Göttlichen« – so schnell ist sie dazu geworden – herauszuschlagen! Aber da steht sie ja: »lang, bleich und schön und vor ihr ein kleiner energischer Herr in Hemdsärmeln. Das ist Ballettmeister Witzansky. – ›Nein, nein! Frau Leander hat jetzt keine Zeit!‹« Schließlich finden sich doch ein paar freie Augenblicke, und Zarah berichtet munter von den »zehn verschiedenen Toiletten«, die sie auf der Bühne tragen wird,

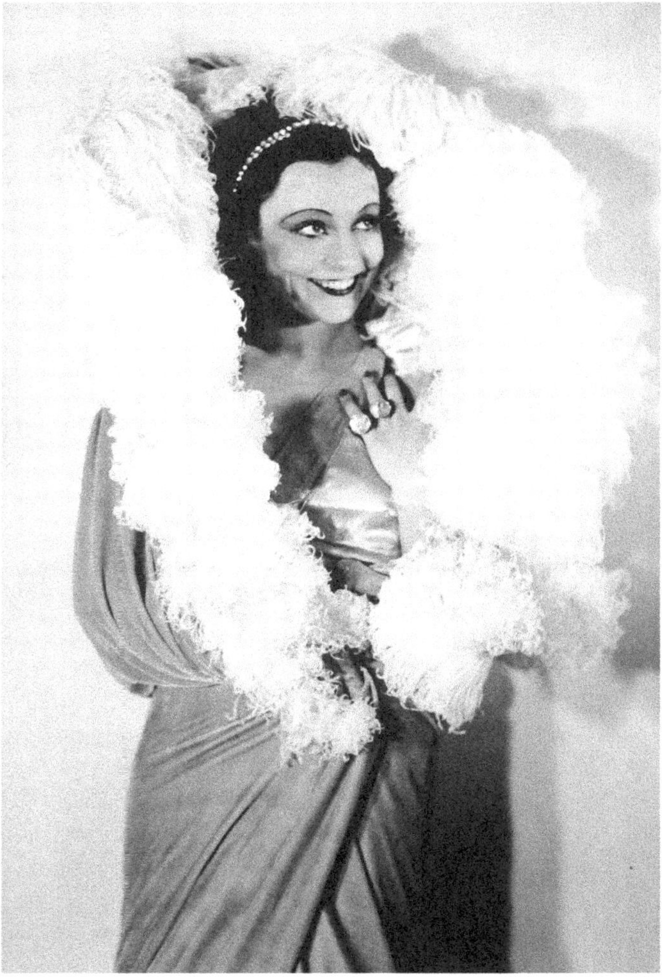

»Sie war vielleicht nicht die lustigste aller Witwen, aber jedenfalls die prächtigste«, fand Karl Gerhard. Ein Gastspiel in Kopenhagen im Mai 1932 war Zarah Leanders Debüt im Ausland.

darunter »eine Kreation aus lilafarbenem Georgette, in die 24 Meter Stoff verarbeitet wurden«. »Die Witwe hat am 1. September Premiere, eine modernisierte Witwe – ein Meisterwerk von Jules Sylvain, der in die alten Melodien Moderneres eingeflochten hat«, setzt Frau Leander fort, die den jungen Komponisten großartig findet.

> *Karl Gerhard sagt, das Sonderbare ist, dass er musikalisch ist – obwohl er Schlager schreibt. Per Lindberg ist der Regisseur, und es macht Spaß und ist lehrreich, mit ihm zu arbeiten. Ja, und Gösta Ekman, der ist ein Wunder und ein Genie, er wählt Farben aus und kreiert Kostüme, er kann alles und schafft alles. Und das Erstaunliche ist, dass er es dabei auch noch hinkriegt, auf dem Land zu wohnen. Da draußen wohnt er schon den ganzen Sommer und kommt jeden Tag mit dem Auto. Er ist mein Idol, und wir beten ihn alle an. (…) Ich lerne hier so viel!*

Zarah hat später behauptet, dass weder Gösta Ekman noch der Regisseur ihre Rolle mit ihr erarbeitet hätten, so dass schließlich »der herzensgute Jules Sylvain« sich ihrer hätte annehmen müssen. Eine junge Revuesängerin, die nach erst eineinhalbjähriger Bühnenerfahrung eine Hauptrolle in einem für sie neuen Genre bekommt, und der Regisseur beschäftigt sich nicht mit ihr? Das ist eine merkwürdige Vorstellung, und es entspricht auch nicht dem Eindruck, den sie ursprünglich vermittelt hat. Blieb bei ihr möglicherweise ein unbefriedigtes Gefühl zurück, ein Gefühl, dass sie von der Zusammenarbeit mit den beiden berühmten Theatermachern mehr hätte profitieren können und müssen?

Der Regisseur habe sich für sie ganz einfach nicht interessiert, schreibt sie trocken. Tatsächlich hat Per Lindberg in seinem Buch über Gösta Ekman viele Seiten über die »Lustige Witwe« gefüllt, aber nur einen Satz auf Zarah Leander verschwendet: Gösta Ekman habe große Pläne mit ihr gehabt und sie nicht nur zur Operettendiva, sondern auch zur Tragödin und Komödiantin aufbauen wollen. »Sein Fehler war

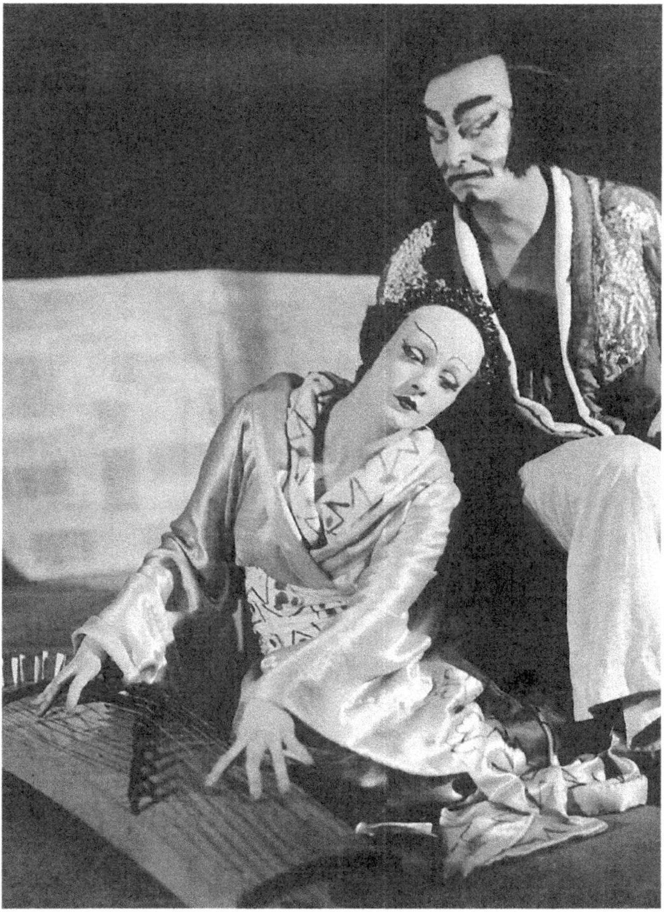

Der Ausflug ins tragische Fach gefiel ihr nicht: Zarah Leander als Butterblume, Geliebte des Usurpators, in John Masefields Drama »Eine japanische Tragödie«.

es nicht, dass aus seinem Plan nichts wurde. Sie war es, die mehr an dem ökonomischen als an dem künstlerischen Ertrag interessiert war.«

Wie auch immer: Diese »Lustige Witwe« wurde *das* Theaterereignis der Saison, der größte Publikumserfolg, den Stockholm seit Jahren gesehen hatte. In ihrem Entzücken überboten die Kritiker sich gegenseitig. Zauberei! Ein Wachtraum! Gewagt! Großartig! Sublim! »Ein überwältigendes Spiel mit dramatischen Feuerwerkeinlagen, ein Tanz aus Worten, Tönen, Farben, Formen, Blicken und Gesten um den Geist des Witzes herum«, jubelte Moses Pergament in *Svenska Dagbladet,* »und im Mittelpunkt der Bewegung wirbelten zwei Figuren, Danilo und die Lustige Witwe, nicht mit dem matten Gold der Operettendiven in der Kehle, sondern mit dem Adelszeichen leuchtender dramatischer Begabung auf der Stirn.«

Der Kritiker von *Göteborgs-Posten* staunt, wie Zarah Leander an der Seite des bewunderten Gösta Ekman, der einen dekadent-femininen Danilo gab, »keinen Moment lang unbedeutend wirkte«. Dies sei für sie ein »großer Triumph«. Der Stockholmer Kritiker Pewe würdigt ihre Leistung ausführlich:

> *So gab Zarah Leander ihr effektvolles Entree über die obere Treppe, mit dem gleichen Enthusiasmus von ihren Bewunderern auf beiden Seiten der Rampe begrüßt. Diese Hanna Glawari hat etwas Faszinierendes in ihrer ganzen Person, die unwillkürlich die Blicke und das Interesse auf sich zieht. Eine stattliche Erscheinung, sprudelnd vor intensivem Leben, Temperament, Sex-Appeal und künstlerischer Ausdruckskraft. Eine vollständig moderne Lustige Witwe in ihrer raffinierten Eleganz und mit den gerhardschen Dialogen. Ob die Operette so ganz ihre Sache ist, wäre zu diskutieren, eine Revueszene ist ja nicht ganz das Gleiche wie die Konzerthausbühne. Nach der ersten, leicht verständlichen Nervosität verschmolz sie mit der Rolle, und es zeigte sich, dass sie eine ganz und gar verblüffende Bühnenpräsenz besitzt.*

Der Kritiker Pewe – das war kein anderer als Prinz Wilhelm, der zweite Sohn von König Gustaf V. und seiner deutschen Ehefrau Victoria von Baden. Er war Kritiker, Reiseschriftsteller und Dokumentarfilmer, unkonventionell in seinen Ansichten wie in seinem Lebensstil. Ebenso wie sein Onkel, der Malerprinz Eugène, gehörte er zu Zarahs Bewunderern – bis sie sich von der Ufa engagieren ließ. Bei seinem Vater entwickelte sich die Sympathie genau umgekehrt. Karl Gerhard hat berichtet, was für starke Worte Gustaf V. fand, um sein königliches Missfallen über diese »Lustige Witwe« kundzutun. »Richtig schlecht« fand er Zarah, »hundsmiserabel«. Das sollte sich später ändern.

Es sind »die Freunde der guten Ordnung und die Gegner des gemeinschaftszersetzenden Modernismus«, spottete Karl Gerhard, die an Per Lindbergs respektloser Inszenierung wenig Freude hatten. Was ist der Regie erlaubt bei der Aktualisierung von Oper und Drama? Wie weit darf man gehen, ohne die ursprüngliche Idee zu zerstören? Solche Diskussionen können ein heutiges Publikum noch genauso spalten wie die Stockholmer Theatergänger anno 1931 inklusive der königlichen Familie.

Und die wechselseitige Polemik ist immer noch groß. Im Fall von Per Lindbergs »Lustiger Witwe« hat sich, so scheint es, eine Phalanx von Unzufriedenen hinter der ersten Stockholmer »Witwe«, Emma Meissner, aufgestellt. Die nämlich kann sich mit der Inszenierung im Stil der »Neuen Sachlichkeit« nicht anfreunden und kleidet ihre Kritik in ein falsches Lob: »Ein bezauberndes Ausstattungsstück, eine faszinierende Luxusrevue, eine hinreißende Mannequinpräsentation« sei das Konzerthausevent, bloß keine »Lustige Witwe«. »Nun warte ich nur noch darauf, dass der ›Fliegende Holländer‹ im Motorboot angebraust kommt oder Lohengrin im Rolls-Royce zu Elsas Rettung.«

Aber aus Wien kommt für Gösta Ekman ein Telegramm. »Lese mit großer Freude vom Erfolg der Lustigen Witwe. Danke Ihnen und Zarah Leander und allen Mitwirkenden aufs Herzlichste. Franz Lehár.«

DREI SCHWEDISCHE FILME

Was Zarah in diesen Jahren finanziell wirklich auf die Beine hilft, sind ihre Filmrollen. Die Bühne war Herzenssache, der Film eine »Postgiroangelegenheit« – für viele Schauspieler damals. Sie konnte nicht Nein sagen, als der Produktionschef der Schwedischen Filmindustrie, Vilhelm Bryde, ihr 1000 Kronen anbot, pro Tag und mit der Aussicht auf ein zehntägiges Engagement. Zarah rechnete: 10 000 Kronen, das bedeutete »warme Wintersachen für Boel und Göran, einen Pelzmantel für mich, neue Möbel – und vielleicht sogar ein Auto«. Wie konnte sie da Nein sagen! Nur unter diesem Aspekt ließ sie ihre ersten Filme später gelten.

Zu Beginn des Jahres 1931 steht sie also zum ersten Mal vor der Filmkamera. Gedreht wird *Dantes Mysterier* – »Dantes Mysterien«. Es ist das Jahr 2 des schwedischen Tonfilms. *Dantes Mysterier* ist ein interessantes Beispiel für die Übergangsphase, in der die Filmproduktion zu diesem Zeitpunkt steckt. Der Regisseur und Drehbuchautor Paul Merzbach verlässt sich lieber auf die expressive Mienen- und Gebärdensprache der Stummfilmästhetik als auf das gesprochene Wort. Die Story ist um den dänischen Zauberkünstler Harry Jansen, der mit großem Erfolg in Stockholm gastiert, herumgestrickt. Im Film heißt er Dante, und zwei Betrüger in einem Stockholmer Hotel versuchen ihm mit allerlei Tricks sein Geld abzunehmen. Sie gehen dabei ebenso ungeschickt wie hartnäckig ans Werk. Der Zauberer nimmt sie nicht ernst, demonstriert lächelnd und souverän seine Überlegenheit. Schließlich wird es ihm zu bunt, und er überlässt das Duo den Dämonen der Nacht. Zu denen gehört auch Zarah. Sie kommt als Hexe auf einem Besen geritten, die Haare sind lang, die Augenbrauen grimmig geschwungen, der Mund dunkel geschminkt. Wie ein Tiger im Sprung hockt sie auf ihrem Besen, zieht Grimassen und singt das Lied *Jag vet, vad ingen annan kvinna vet* – »Ich weiß, was keine andere Frau weiß«.

Ich weiß, was keine andere Frau weiß
Dass das ganze Leben ein einziges Geheimnis ist –
Im Garn der Lüge ist die Antwort des Augenblicks.

Die beiden Gauner möchten sich vor lauter Angst zuerst verkriechen, aber dann lassen sie sich von der Schönheit der jungen Hexe und vom Rhythmus des Schlagers mitreißen.

So klein Zarahs erste Filmszene auch ist, sie enthält doch schon gewisse Zutaten, die in keinem ihrer späteren Filme fehlen dürfen: Zarah singt und ihr (zumeist männliches) Publikum ist behext. Diesen Dialog zwischen Sängerin und Publikum fängt die Kamera ein. In den Gesichtern der Zuhörer ist eine trancehafte, fast widerwillige Glückseligkeit zu lesen. Eine solche Szene gibt es auch in ihrem nächsten Film, *Falska Millionären* – »Der falsche Millionär«, der noch im Sommer desselben Jahres im Studio in Råsunda gedreht wird, während sie andererseits am Konserthuset mit den Probenarbeiten zur »Lustigen Witwe« beschäftigt ist.

»Ich spiele eine Verbrecherin und kriege wirklich tolle Klamotten«, sagt sie in einem Interview. »Die Filmarbeit macht Spaß, finde ich. Natürlich muss man Geduld haben und eine Ewigkeit warten. Ich habe es erlebt, dass ich von acht Uhr morgens bis sechs Uhr abends warten musste, und in diesen zehn gleichförmigen Stunden fällt es schwer, seine Lebensgeister nicht ganz einschlafen zu lassen, aber wenn dann die Scheinwerfer auf dich gerichtet sind und der Regisseur dich fordert, ja, dann weiß man: Jetzt heißt es aufpassen, und gleich macht es wieder Spaß.«

Zarahs erste richtige Filmrolle. Auch ihr Partner Fridolf Rhudin, mit dem sie seit der Ernst-Rolf-Tournee bekannt ist, ist ein Neuling in dem Genre. Paul Merzbach führt wieder Regie, und die Geschichte ist ähnlich klamottenhaft zusammengeschustert wie *Dantes Mysterier*. Das fand auch die zeitgenössische Kritik. »Nun ist ja die Idee des Films ungewöhnlich einfältig, und man kann es den Schauspielern nicht verdenken, wenn sie sich schwertun, sich in die wenig intelligent ausgedachten Szenen einzufühlen, zumal jede arme kleine Pointe bis ins Unendliche ausgedehnt wird.« Allerdings verfügten sowohl Fridolf Rhudin als auch Zarah Leander über so viel Ironie und Selbstironie, dass der Film streckenweise als eine feine, intelligente Parodie aufgefasst werden könne, wo er ansonsten nichts anderes sei als lächerlich. »Ihr an und für sich so kontrastierendes Zusammenspiel ist ohne Zweifel die Leistung von zwei Künstlern. Aber auf der anderen Seite: Ist es wirklich gut bedacht, Zarah Leander von Anfang an in eine parodistische und selbstironische Schublade zu stecken? Sie hat vielleicht eine große dramatische Karriere vor sich, und es wäre schade, sie auf das Spaßfach festzulegen.«

Dank Zarah und vor allem Fridolf Rhudins Stan-Laurel-Charme hat der Film trotzdem unterhaltsame und komische Momente. Ein junger Millionär und sein Freund beschließen, die Rollen zu tauschen. So beginnt eine Verwechslungskomödie, in deren Verlauf der falsche Millionär (Fridolf Rhudin) zum Opfer eines Kidnappings wird.

Zarah-Marguerite als Mitglied der Entführerclique erfüllt ihre Aufgabe, den Lockvogel zu machen, mit Bravour. In einem Abendkleid, dessen Ausschnitt bis zum sprichwörtlichen Bauchnabel reicht, mit paillettenbesetzten Armstulpen und einem Fächer aus dunklen Pfauenfedern umgarnt sie den wehrlosen Fridolf. »Man muss sich beherrschen können«, sagt sie aufreizend, als der sie küssen will, steht auf, küsst ihre Finger und legt sie ihm auf den Mund. Sie geht ein paar lange Schritte im Raum auf und ab, aber ihr Blick lässt ihn nicht los, selbst dann nicht, wenn sie ihm den Rücken zuwendet und hinter der

Pendeluhr einen geheimen Sender installiert; dann fängt sie an zu singen: »Die Augensprache ist die Waffe der Frau ...«

Es ist ein Tango, die Armstulpen schimmern und glitzern wie die Haut einer Schlange im Mittagslicht, und über den Hotelflur zieht im Tangoschritt – angeführt vom Zimmerkellner – eine Kolonne von Smokingträgern. Auch sie singen »Die Augensprache ist die Waffe der Frau«, sie singen und tanzen wie hypnotisiert. Das dämonische Weib dirigiert sie an einer unsichtbaren Leine. Dann allerdings verliebt sie sich (übrigens wenig überzeugend) in ihr Opfer und verhilft ihm zur Flucht. So kommt es zum Happyend.

Sie selbst hat sich in dieser Rolle nur als »peinliches Desaster« erlebt. Vielleicht ist das der Grund für die mehrjährige Pause, die Zarah bis zu ihrer nächsten Filmarbeit vergehen ließ. Erst 1935 wurde *Äktenskapsleken*, »Ehespiele«, gedreht. Dieses Mal waren die Voraussetzungen für ein auch künstlerisch befriedigendes Ergebnis günstiger. Sie musste im Prinzip nur sich selbst spielen. Die Hauptrolle der Bildhauerin Thora ist ihr auf den Leib geschrieben. Das Drehbuch stammt von Karl Gerhard, die Musik von Jules Sylvain. Anders als in den ersten beiden Filmen bedient sie nicht das Klischee. Die Rolle der Frau, die zwischen Liebe und Ehrgeiz hin und her gerissen ist, gibt sie überzeugend und natürlich.

Thora ist der verwöhnte Liebling der Stockholmer Gesellschaft, sie gibt gern rauschende Atelierpartys und versteht es, für sich Reklame zu machen. Gern tätschelt sie die überdimensionalen Popos ihrer männlichen Aktskulpturen. Sie ist schön und geschickt, und jeder ihrer abgelegten Ehemänner hat ein Bild von ihr auf dem Schreibtisch stehen. Weniger erfahren ist sie im Umgang mit Frauen, deren Intrigen sie nicht versteht – ein guter Kumpel mit dem Herzen auf dem rechten Fleck und eine liebende Frau. Sie ist in vierter Ehe mit Gunnar verheiratet, der ebenfalls Künstler ist, wenn auch nicht ganz so erfolgreich wie sie. So sehr nagt der Neid an ihm, dass er Thora schließlich verlässt, als sie bei einem Wettbewerb wieder einmal auf dem ersten

Platz landet – und er nur auf dem zweiten. Jetzt ist sie es, die leidet, und beinahe hätte ihr Freund und Anwalt (gespielt von Karl Gerhard) sie bei der vierten Ehescheidung vertreten müssen, hätte sie selbst nicht die Sache mit Herz und Verstand in Ordnung gebracht.

Dass diese dritte Filmarbeit für Zarah insgesamt zu einer guten Erfahrung wurde, hatte mit dem Regisseur Ragnar Hyltén-Cavallius zu tun: »Mein Regisseur war ein liebenswerter und eleganter Gentleman. Er lehrte mich vieles in diesem Filmsommer, das ich dann für meine Arbeit in der großen weiten Filmwelt mit mir im Gepäck führen konnte«, heißt es in ihrem Lebensbericht, und anschließend zitiert sie ihn:

> *Zarah entwaffnete mich sofort mit zwei aufrichtigen Sätzen: »Sehen Sie mich an«, sagte sie mit ihrer schönen tiefen Altstimme, »sehe ich nicht aus wie die Riesendame, die am liebsten unbemerkt sein will? Und, im Vertrauen gesagt, bin ich doch bloß eine hochgeschriebene Revueprimadonna, die nichts kann. Sie müssen mein Lehrer sein.«*
>
> *Ich fand Zarah hinreißend, sowohl in ihrem Ex- als auch Interieur, reell, kameradschaftlich und voller Humor und Selbstironie. (...) Es stellte sich heraus, dass sie begabt war, formbar wie Wachs – und es war ein Vergnügen, mit diesem etwas vernachlässigten, aber ursprünglichen Talent zu arbeiten.*

Schwedische Kritiker fanden, dass Karl Gerhard elegante, geistreiche Dialoge geschrieben habe, dass aber alle Figuren gleich elegant und geistreich klingen – wie das Sprachrohr des »schwedischen Aristophanes« eben, worunter die Lebendigkeit und die Charakterisierung der einzelnen Figuren leide. »Sie sind keine richtigen Menschen, sondern Mannequins, die herumlaufen und Karl-Gerhard-Bonmots im Munde führen.« In ihrem Urteil über Zarah waren sich die beiden Männer einig: formbar wie Wachs.

KARL GERHARDS PRIMADONNA

Am 1. Januar 1932 bekommt das Publikum der Neujahrsrevue im Stockholmer Wasatheater seine Injektion erwünschter Dekadenz. Zwei geschminkte Dandys im Frack zelebrieren kokett das Spiel mit den Geschlechterrollen, die Lackschuhe schimmern, der Zylinder sitzt schief, die Gesten sind synchronisiert: Das sind die »Gerhard-Twins« – Karl Gerhard und Zarah Leander. Zum ersten, aber nicht zum letzten Mal stehen die beiden miteinander auf der Bühne. Irgendwann bittet er sie, dass sie ihm die Frackschleife bindet. Daraus wird ein Ritual. Zwischen 1933 und 1936 betritt er die Bühne nicht, bevor ihm Zarah Leander die Frackschleife gebunden hat. – Eine fertige Schleife? Das kommt für Karl Gerhard nicht in Frage. »So etwas trägt ein Gentleman nicht!«

Karl Gerhard ist eine der schillerndsten Figuren der schwedischen Theatergeschichte. Er verkehrte gern in den höchsten gesellschaftlichen Kreisen, die er von der Bühne aus verspottete. Er war dreimal verheiratet, aber dem Gerücht nach homosexuell. Er war ein Bohemien und ein Radikaler. Er war einer der wenigen, die Schwedens nachgiebige Haltung gegenüber Deutschland während des Zweiten Weltkriegs geißelten, und der Erste, der sich für Zarah einsetzte, nachdem sie ihr umstrittenes Engagement bei der UFA beendet hatte.

Unter dem Namen Karl Johnson wurde er am 14. April 1891 in Stockholm geboren, begann schon als Vierzehnjähriger Schauspielunterricht bei Bertha Bock-Tammelin zu nehmen, die bekannt war für ihre deklamatorische Noblesse, und ging dann den üblichen Weg schwedischer Jungschauspieler seiner Generation: durch die Provinz. Seine erste Frau war die von Zarah Leander einmal so hemmungslos bewunderte blondlockige Mary Johnson, der Star des schwedischen Stummfilms. Aber berühmt wurde er durch seine Revuen, nicht als Schauspieler. In fünf Jahrzehnten stellte er über hundert Revuen auf die Beine, teils in Stockholm, teils in Göteborg, und schrieb unzählige Couplets, die mit tagesaktuellen Anspielungen gespickt waren. Das macht es schwer, seine Texte heute unkommentiert zu verstehen. Ihn faszinierte das literarische Kabarett à la Überbrettl, und so galten seine Revuen in den zwanziger Jahren im Unterschied zu den aufwändigen Spektakeln seines Konkurrenten Ernst Rolf als intellektuell, geistreich, satirisch.

Nein, Unterhaltung reichte ihm nicht. Karl Gerhard wollte provozieren. Spontaner Protest aus dem Publikum machte ihn glücklich. In seinen Memoiren steht, wie eine temperamentvolle Dame aus der schwedischen Aristokratie, mit der er privat befreundet war, ihm mit dem erhobenen Zeigefinger drohte und Pfui-Rufe ausstieß, weil er sich auf der Bühne über die englische Königin Victoria lustig gemacht hatte.

Mitglieder des Königshauses in seine Revuen zu locken war ihm eine besondere Genugtuung, auch wenn die für seine feinen Spitzen nur mittelbar empfänglich waren wie der halb taube Prinz Carl, der sich Hilfe suchend an eine Hofdame wandte, weil er nichts verstand. Die wiederholte die Dialoge mit zu einem Trichter geformten Händen und tutete sie direkt in sein Ohr. Unfreiwillig drehte der arme Prinz mit an der satirischen Schraube. – Falls die Anekdote wahr ist. Er sei für seinen gesellschaftlichen Umgang oft kritisiert worden, schreibt Karl Gerhard, aber erstens gebe es in jeder Gesellschaftsschicht vortreffliche Menschen, und zweitens müsse man die Spezies doch wohl studieren, die man aufs Korn nehmen wolle.

Zu seinem gesellschaftlichen Umgang gehörten nicht nur gekrönte Häupter und Großindustrielle, sondern auch linke Intellektuelle wie die sowjetische Botschafterin in Schweden, Alexandra Kollontaj, oder der deutsche Dichter Bertolt Brecht. Persönlich kennen gelernt haben sich die beiden erst während Brechts schwedischer Exilzeit ab 1939, aber seine Theaterarbeit kannte Karl Gerhard schon lange. Genau wie Ernst Rolf reist er herum und holt sich Anregungen für seine Revuen, aber weniger im angelsächsischen Raum als in Moskau und Berlin.

Wenn er die Revue *Tidens Ansikte*, »Das Gesicht der Zeit«, im Untertitel »Eine Fünfzehnöreoper« nennt, so mag sich darin eine Anspielung auf den Preis der Stockholmer Tageszeitungen verbergen – eine Verbeugung vor der »Dreigroschenoper« ist es allemal. Bei diesem Mann geht nun »die Amateurin Leander«, wie sie selbst sich, bezogen auf die Zeit als Gösta Ekmans Partnerin, nennt, in die Lehre. Sie lernt nicht nur, dass man sich in den aufwändigen Kostümen, die Karl Gerhard für sie bei »Nordiska Kompaniet« schneidern lässt, auf keinen Fall setzen darf, damit sie auch bei der hundertsten Aufführung noch so frisch aussehen wie bei der Premiere.

Am 6. Oktober 1934 lobt *Stockholms-Tidningen* Zarah Leanders darstellerische Qualität in der Oscar-Straus-Operette *En kvinna som vet vad hon vill* – »Eine Frau, die weiß, was sie will«, und zwar ausdrücklich im Vergleich zu ihrer Leistung in der »Lustigen Witwe«:

> *Wie dilettantisch wirkt ihre Lustige Witwe verglichen mit der Operettenkunst, die sie gestern darbot. Damals gab ihre Erscheinung und ihre originelle Persönlichkeit den Ausschlag. Seitdem ist eine Schauspielerin aus ihr geworden, und der Schuss Mütterlichkeit, den Verneuil mit einer Krokodilsträne im Auge dieser Kokottenrolle zugedacht hat, ist eine besondere Herausforderung für ihr Talent und ihren Geschmack. Als aufmerksame Schülerin von Karl Gerhard hat sie gelernt, die Sentimentalität mit Humor zu verscheuchen oder auch mit sanfter Ironie darüber hinwegzugehen. (...) Und ihre Bercotexte sprach sie so fein nuanciert und gut artikuliert, dass man hätte glauben können, das Oscarstheater sei eine Kammerspielbühne.*

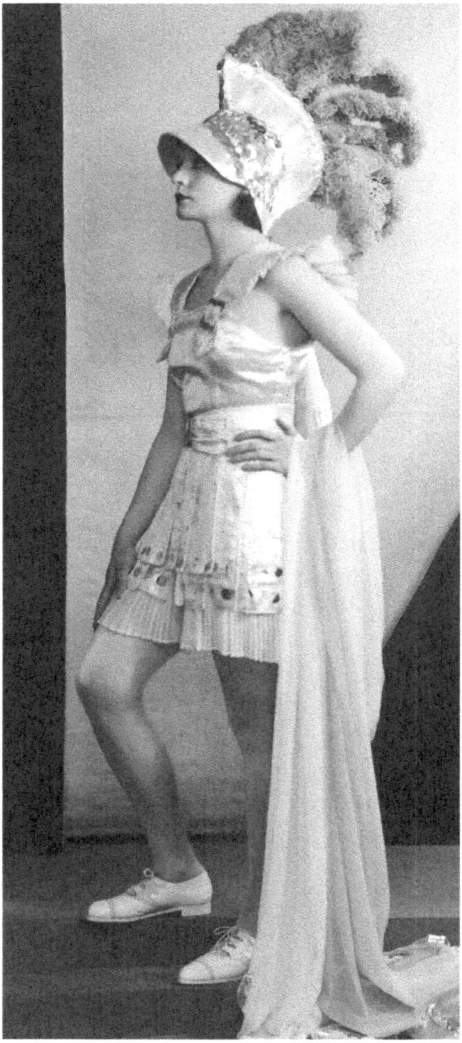

Zarah Leander als Lysistrata in Karl Gerhards Aristophanes-Adaption *Oss greker emellan* – »Unter uns Griechen«.

Aus Karl Gerhards Erinnerungen spricht ein gewisser Stolz auf seine ehemalige Schülerin. Als redete Professor Higgins über sein Geschöpf Eliza Doolittle.

> *Sie fand bald zu ihrem eigenen Stil, sang von Saison zu Saison besser und stellte fest, dass es nicht nötig war, Kirschkerne zu spucken, um den Text über die Rampe zu bringen. (...)*
>
> *Es lag viel Arbeit hinter Zarahs Erfolg, und ich kann in aller Ruhe behaupten, dass die Erfahrungen, die ich als Schauspielschüler bei Bertha Bock-Tammelin gemacht hatte, nun auch Zarah zugutekamen. Sie hatte es verblüffend leicht, Regieanweisungen anzunehmen, wie ein Löschpapier sog sie jeden Tonfall auf, und wenn die Revue einige Male aufgeführt worden war, hatte sie sich von der Steifheit ganz befreit, die bei der Premiere noch da war. Wie gewöhnlich war sie am überzeugendsten, wenn sie Gefühlen Ausdruck geben konnte. Nie war ihr Ton so echt, als wenn es darum ging, Leid und Schmerz auszudrücken. Ich habe oft gedacht, dass da für das Drama ein Fund zu machen wäre.*

Er will es wissen. Man könnte doch ein paar ledige Wochen dazu benutzen, mit dem Revue-Ensemble eine Boulevardkomödie einzustudieren? Zarah sträubt sich. »Ohne mich. Das kann und will ich nicht.« – »Du wirst und du kannst.«

Karl Gerhards Wahl fällt auf das Stück *Kokottskolan*, die »Schule der Kokotten« von Paul Arlont-Gerbidon, eine Variante des Pygmalion-Stoffs. Er selbst wird die Rolle des Grafen de la Ferronière übernehmen, der die junge Pariser Hure Ginette zur Mätresse höchster Regierungskreise erzieht.

Am 16. März 1934 ist die Premiere im Göteborger Volkstheater. Die Kritiker sind sich einig, dass Zarah Leander eine große Zukunft als Schauspielerin vor sich hat:

> *Zarah Leander spielt das Straßenmädchen Ginette, das dank einiger Lektionen in vornehmer Lebensart zur Schönheitskönigin und Kokotte von Rang avanciert. Man erwartete viel von Zarah Leanders Debüt in einer Sprechrolle, und man wurde nicht enttäuscht. Sie hat Routine und Charme – das wussten wir vorher –, und nun gab sie auch eine beachtliche Kostprobe ihrer Bühnengestaltungskunst ab. Es ist schade, dass sie so viel kostbare Zeit mit der minder anspruchsvollen Revue- und Operettenarbeit verbracht hat. Nach dieser Rolle ist Zarah Leanders Funktion die einer Komödienschauspielerin, vielleicht der großen Komödiantin, die das schwedische Theater so dringend braucht. Ginettes Verwandlung vom struppigen, vulgären Straßenmädchen zur raffinierten, garbomüden Weltdame, die mit Ministern diniert, ist keine leichte Rolle. Zarah Leander gestaltet alle Stadien auf überzeugende Art und Weise.*

»Es war noch keine vollendete Leistung«, meint *Svenska Dagbladet*, aber Zarah Leander habe ihr schauspielerisches Talent überzeugend bewiesen: »So wie sie den Schlussakt gestaltete, war sie ganz einfach eine große Schauspielerin.«

Von dem Kritiker der Bühnenzeitschrift *Scenen* wird sie am Tag nach der Premiere gefragt, wie sie sich fühlt:

> *Vor allem hungrig. Ich habe in der Woche vor der Premiere sechs Kilo abgenommen. Und die Füße tun mir weh. Ich stehe ja zwischen acht und elf Uhr ständig auf der Bühne. Das bin ich nicht gewohnt.*
>
> Fühlt es sich nur im Körper so an?
> *Nein, im Kopf auch. Er tut mir weh. Wissen Sie, Herr Redakteur, ich leide nämlich unter Blutarmut.*

Aber Herrgott noch mal, nun sagen Sie doch schon, wie das ist, wenn man morgens aufwacht und eine große Schauspielerin ist!

Sehen Sie die roten Ränder unter den Augen? Ja? Ich habe nämlich ziemlich geweint, als ich las, wie tüchtig ich war. Ich musste an meinen ersten Kuss denken. Er hieß Anders, und ich war vierzehn. Wir standen am Strand des Klarälv. Da fiel ein Stern vom Himmel. »Wünsch dir was«, sagte Anders. Und da wünschte ich mir, eine große Schauspielerin zu werden. Nicht laut natürlich. Wenn ich mich anstrenge, wird vielleicht etwas daraus. Dreimal auf Holz geklopft ...

Was fängt man mit diesem Interview an? Es zeigt Zarah Leander auch außerhalb ihrer Bühnenrolle als gelehrige Schülerin von Karl Gerhard. Die naive Auskunftswilligkeit, die sie in der Zeit ihres ersten Ruhmes Journalisten gegenüber an den Tag gelegt hat, ist einer eleganten Selbstinszenierung gewichen. Sie antwortet geschliffen, ironisch und unsentimental.

Es ist keine Frage, dass Karl Gerhard für Zarah Leander das Stilvorbild war. Aber sonst sind die »Gerhard-Twins« ungleiche Zwillinge. Karl Gerhard stand, mochte er auch seinen Zeitgenossen als »Salonbolschewist« erscheinen, Hitlers nationalsozialistischer Regierung von Anfang an klar ablehnend gegenüber. 1934 schrieb er ein Couplet gegen die Judenverfolgung der Nazis, und er ließ es Zarah singen:

I skuggan av en stövel – Im Schatten eines Stiefels

Ich bin das Nichts, ich bin das Alles
Ich bin die Gestalt der Freiheit
Ich bin das große unerreichte Ziel aller Zeiten
Ich bin Wissen und Verstand
Ich bin Menschlichkeit und Recht
Ich sollte in der Sonne stehen
Angebetet werden wie eine Vestalin.

Ich stehe im Schatten eines Stiefels
Gefesselt von einer groben Truppe
Verschleppt von preußischem Ungeist
Und Sklaverei
Aus dem alten Babylon
Zwischen den Märtyrern in Rom
In Kaiser Neros Stadion
Erlitt ich die gleiche Not
Starb ich den gleichen Tod
Aber über das Land
Und über das Meer
Flog mein Name von Neuem
Denn der Atem der Freiheit
Lässt sich nicht begraben
Stolz und himmelhoch
Leuchtet er wie ein Gesetz
Und weist den Weg zum Pantheon
Für eine Menschlichkeit
Die für alle Ewigkeit
In Babylon gebunden liegt.

Der Stammort der Freiheit auf unserer Erde
Ist für viele der hohe Norden
Engelbrecht, dein Name soll
Unter den Unvergesslichen leuchten
Gandhis Körper ist Haut und Knochen
Aber der helle Schein seines Geistes
Ist wie ein Diadem um die Stirn
Von Mutter Indien.

Sie steht im Schatten eines Stiefels
Das Reich gibt keinen Pardon
Frauen gebären Kinder
Für seine Tretmühle
Heute wie früher in Babylon
Der Abstand zwischen den Ländern nimmt ab
Durch Luftschiffe und Radios
Aber trotz all unserer Kultur
Werden Mauern errichtet
Wie früher in Babylon
Freiheit – mit eisernen
Stangen bemalt man deine Wangen
Mit Negerblut
Um deinen Hals hängen
Die Strahlen des Todes
Nach letztem Mut
Du bist ein Etikett für Gangster
Und Hollywoods Panoptikum
Wo man gewohnheitsmäßig
Frauenfleisch verkauft
Wie früher in Babylon.

Klage, Mond über Israel
Das Himmelszelt ist verdunkelt
Keine freundlichen Sterne weisen
Den Weg nach Jerusalem
Jehova – dein eigenes Volk
War durch die Jahrhunderte der Mund der Schmerzen
Aus dem Land seiner Väter
Wird es immer wieder von neuem vertrieben.

Die schweren Schatten eines Stiefels
Verdunkeln doch nicht Helikon
Einstein, deine Kultur
Hebt sich scharf
Ab vom babylonischen Relief
Der Genius der Kunst Max Reinhardts
Hat uns wie Oberon Licht gebracht
Bergner, in deiner Seele
Wohnt ein Erbteil
Das durch Babylon
Geläutert wurde
Denn die Kunst hat einen Adel
Der sie über Zeiten und Rassen erhebt
Vor dem Zorn der Knechte
Beugt sie sich nicht
Geist und Ekstase können des Landes verwiesen
Aber nicht getötet werden
Europa verliert seinen Verstand
Den Schritt zur Kultur
Nehmen wir, wenn wir
Aus dem Schatten des Stiefels treten.

1937 erinnert der Journalist Ture Nerman an dieses Couplet und den starken Eindruck, den es machte:

> *Karl Gerhards Sommerrevue 1934 hieß »Mein freundliches Fenster«. Darin gab es allerlei schöne Kleinigkeiten, viel Lustiges und Schönes und Anzügliches. (...) Alles wurde belacht und bejubelt. Aber zwischen allem Komischen kam, fast wie ein Schock, ein großer ernster melodramatischer Monolog (...) »Im Schatten eines Stiefels«. Zarah Leander stand da wie ein Sinnbild des Tragischen, der gefangene Geist der Freiheit in Schwarz neben einer Tretmühle in Form eines Globus. Plötzlich wurde es ganz still im Salon, atemlos wie im Angesicht großer tragischer Kunst, und das war es: eine große Hymne auf die Freiheit, gegen die Sklaverei unter dem Stiefel der Gewalt. Man saß ergriffen da. Es war Andacht in der Luft.*

Hatte Karl Gerhard Zarah auch politisch beeinflusst? 1935 macht sie eine Reise mit einer Kulturdelegation nach Moskau, zusammen mit dem Schriftsteller Martin Andersen-Nexö und der Schauspielerin Pauline Brunius. Am 15. September druckt *Dagens Nyheter* ein Interview mit Zarah Leander, das die Überschrift trägt: »Enttäuschte Russlandreisende«.

> Willkommen zu Hause! Wie geht's?
> *Danke gut, aber ich bin das alles so leid.*
>
> Das ist ja eine merkwürdige Antwort für eine Russlandreisende. Besucher der Theaterfestspiele kommen doch sonst immer voller Enthusiasmus zurück?
> *Das mag sein, aber ich für meinen Teil fand nichts so auffallend Bemerkenswertes daran. Dabei bin ich doch mit hochgespannten Erwartungen losgefahren, genau wie alle anderen. In einem Fall habe ich die Sensation erlebt, die ich erwartet hatte, nämlich eine*

Opernaufführung von Schostakowitschs »Katarina Ismailowa« in einem Arbeitertheater am Rande von Moskau. Das war eine phantastische Vorstellung. Das Theater, ein riesiger Bau im Stil der Neuen Sachlichkeit, war auf den Ruinen eines Klosters gebaut worden, und ein paar Reste davon waren noch übrig, mitten auf der Bühne! (...)

Und Russland sonst?
Deprimierend, fand ich. Arm und verfallen und grau und dürftig. Besonders in Moskau. Leningrad ist ja eine prachtvolle Stadt, und das Schloss und die Galerien aus der Zarenzeit sind herrlich, aber so wie es heute dort aussieht ... Noch merkwürdiger fand ich die allgemeine Unkenntnis über das, was sonst in der Welt los ist. Mein Fremdenführer hatte zum Beispiel noch nie etwas von Garbo gehört!«

Zarah ist in das Mekka der linken Intellektuellen gefahren, als probierte sie eine Rolle. Aber die passt ihr nicht.

NACH WIEN

Das Jahr 1936 fängt nicht gut an. Mit der Neujahrsrevue »Der Kaufmann vom Venedig des Nordens« wird das neue Volkstheater, das »Folkan«, am Östermalmstorg eingeweiht. Das Haus ist modern, die Revue luxuriös, die Melodien haben es in sich, aber das Publikum hört nichts. So schlecht ist die Akustik des neuen Theaters. Ist das der Auslöser für die Krisenstimmung, die Zarah Leander nun befällt?

> *Ich habe jetzt in einem Dutzend Revuen, Operetten, Komödien gespielt. Ich habe dies und das gesungen. Soll das ewig so weitergehen? Muss ich für alle Zeit eine Madame Pompadour sein? Soll ich weiterschwafeln, dass jede Frau ein Rätsel ist, das Leben eine heitere Operette und die Liebe jeden Tag neu, bis ich tot umfalle? Das ist ja alles gar nicht wahr. Die Liebe ist überhaupt nicht wie dunkelroter Burgunder, nur in ihren besten Momenten. Sie ist wie Magermilch, die man jeden Tag trinkt. Damit man schlank bleibt. Für die Liebe. Oder für das Theater. Und was ist mit dem Theater? Das ist kalter Kaffee nach sieben Jahren.*

Nach Jahren der scheinbar unbegrenzten Möglichkeiten erkennt sie mit Entsetzen die Stagnation, in der sie steckt. Vor dem Theater blinkt der Cadillac. Das Publikum liebt sie. Na und? Bald wird sie neunundzwanzig. Selbstbescheidung ist nicht ihre Sache und darf es nicht sein, wenn sie ihre Ausdrucksfähigkeit behalten will. Sie braucht neue Aufgaben, neue Rollen, ein neues Publikum, das sie erobern kann. Und Zarah weint. Die Depressionen, die Selbstmordgedanken gehören ebenso zu ihrem Leben wie die hellste Lebensfreude. »So sind wir Wärmländer«, wird sie später in einem Fernsehporträt sagen. Der Beruf, den sie gewählt hat, verstärkt das Problem. Oder soll man sagen, dass genau dieses Naturell sie zur Künstlerin gemacht hat? Wahrscheinlich beides.

In einer anderen Sendung des schwedischen Fernsehens, in der sie zusammen mit dem Opernstar Birgit Nilsson zu den Bedingungen der Divenexistenz befragt wurde, hat Zarah Leander erklärt, dreimal habe sie daran gedacht, sich das Leben zu nehmen. Warum? »Man glaubt, dass alles misslungen ist, man glaubt, dass man nichts kann. Und manchmal fragt man sich: Was mache ich hier eigentlich? Ist es nicht so, Birgit?«

Etwas später geht es darum, was die beiden dazu trieb, eine komfortable Position aufzugeben und in die Welt hinauszugehen. Die beiden Primadonnen sind sich einig: »Größere Märkte, ein größeres Publikum, man muss die Flügel ausprobieren.« Man muss. Wider die Trägheit, wider die Angst, wider das Lampenfieber, wider die Interessen der Menschen, die man liebt, möglicherweise wider die eigenen Interessen. Das ist der Preis der Außerordentlichkeit.

»Gewisse Zeitungen berichten von Angeboten aus Amerika, aus England und Russland«, ist sie im Herbst 1935, nach ihrer Rückkehr aus der Sowjetunion, gefragt worden. Ihre Antwort: »Es stimmt alles, das ist das Einzige, was ich sagen will. Und dann das noch: Ich werde auf jeden Fall in Schweden bleiben. Ich liebe mein Land und Stockholm und mein Zuhause, und ich möchte mich nicht von meinen Kindern trennen, die hier zur Schule gehen. Warum soll man das alles aufs Spiel setzen, um irgendwohin zu gehen, wo es einem dann vielleicht nicht gefällt!«

Sie zögert schon lange. Zarah, wohin? Seit 1931 spekulieren die schwedischen Zeitungen darüber. Das ist das Garbo-Syndrom. Nach

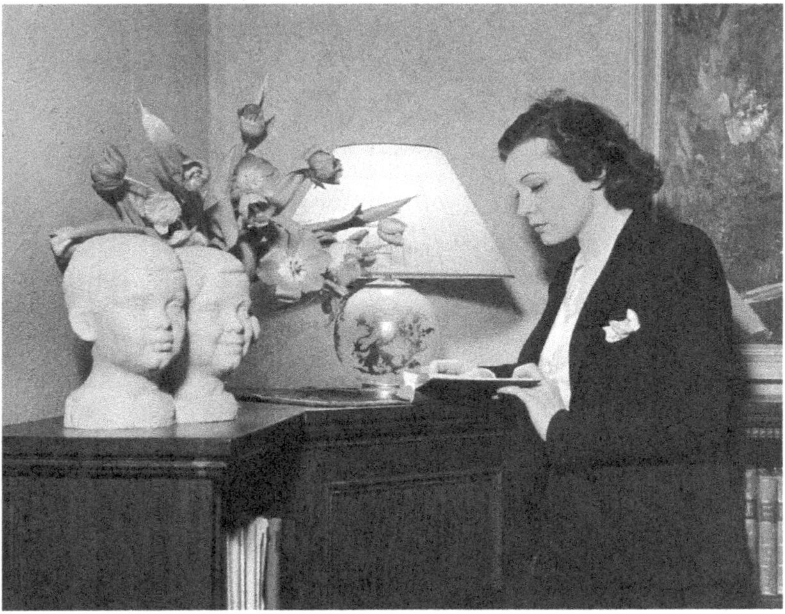

Arriviert: Zarah Leander mit den Büsten ihrer Kinder Boel und Göran.

Greta Garbos spektakulärem Erfolg in Hollywood möchte Schweden die Welt und sich selbst mit einem weiteren Superstar beschenken. Diese Zarah Leander hat das Zeug dazu, das sehen alle. Auch wenn es natürlich schrecklich schade wäre, sie loszuwerden. Im Frühjahr 1931 berichtet *Svenska Dagbladet* von einem Besuch des berühmten Regisseurs Max Reinhardt in Stockholm, und wie zufrieden er sich bei seiner Abreise gezeigt habe. Er hatte nämlich eine Entdeckung gemacht: das »bedeutende und vielversprechende Schauspieltalent Zarah Leanders«.

> *Kein anderer Theatermann hat ein so offensichtliches Vermögen an den Tag gelegt, Talente für die Bühne zu entdecken, wie Max Reinhardt. Als er nun nach Stockholm kam, hörte er von Zarah Leanders Erfolgen und beschloss, sie anzuschauen. Vor ein paar Tagen saß er im Parkett des Wasatheaters, nicht der Revue, sondern ihrer Primadonna wegen. Reinhardt machte ihr den Vorschlag, ihre Eignung für das dramatische Fach genauer zu prüfen. Frau Leander nahm das Angebot natürlich mit der größten Freude und Dankbarkeit entgegen. Wenn ihr Engagement am Wasatheater am letzten Apriltag beendet ist, wird sie gleich nach Wien reisen, um im Frühjahr und Sommer bei Max Reinhardt ihr Talent ausbilden zu lassen.*

Sie ist tatsächlich gefahren. Aber es muss für beide Seiten eine Enttäuschung gewesen sein. Viel Zeit hatte sie nicht, denn die Dreharbeiten zu *Falska Miljonären* kamen dazwischen. Ein viel zu lukratives Angebot, um es auszuschlagen. Im Sommer sieht man sie wieder in Stockholm. – »Ich weiß, dass von Reinhardt die Rede war, aber ich war so müde und überanstrengt, dass ich es einfach nicht geschafft habe – und dann sind die Angebote aus Amerika auch vorteilhafter. Was ich noch zu lernen habe, kann ich genauso gut bei Gösta Ekman lernen«, dachte sie im Sommer 1931, aber so kam es nicht.

Da war sie gewesen, die große, die einmalige Chance. Leider war sie im falschen Moment gekommen. Zu Reinhardt fuhr ein müdes Mädchen mit verschiedenen Lasten im Gepäck: die kaputte Ehe, der plötzliche Ruhm, die Verantwortung für die Familie. Und dann eben mal – hopp! – sein dramatisches Talent unter Beweis stellen. Die Theaterarbeit mit Reinhardt wäre die Ochsentour: anstrengend und schlechter bezahlt. Zarah am Scheideweg: große Kunst oder großes Geld. Sie hat gewählt, aber sicher, ohne es zu wissen. Solche Weichenstellungen passieren ja meistens ganz leise und undramatisch. Und außerdem musste sie damals, im Jahr 1931, glauben, dass die ganze Welt ihr offen stand. Wer von Max Reinhardt, Hollywood und Gösta

Ekman gleichzeitig umworben wird, der denkt nicht an seine Grenzen. Aber wie denkt sie darüber in der Krisenzeit des Jahres 1936?

»Warum habe ich damals so gehandelt und nicht anders?« – Welche ihrer Entscheidungen sie im Jahr 1936 gern korrigiert hätte, verrät sie uns in ihrem Erinnerungsbuch nicht. Hadert sie mit sich, weil sie sich auf das Angebot von Max Reinhardt nur halbherzig eingelassen hat? Oder gilt ihre Betrübnis den »vorteilhaften Angeboten aus Amerika«, die sich aus irgendwelchen Gründen zerschlagen haben?

Interessanterweise wird sie später immer den Kritikern ihrer schauspielerischen Leistungen Recht geben und nicht denen, die – wie Gösta Ekman, Karl Gerhard, Max Reinhardt – ein großes dramatisches Talent in ihr sahen. Wenn die Kritiker Recht haben, dann muss sie sich keine Versäumnisse vorhalten. Aber es gibt ja die Augenblicke der Wahrheit. Konfrontiert mit der berühmten »Yes, Sir«-Szene aus ihrem ersten UFA-Film »Zu neuen Ufern« in der Sendung mit Birgit Nilsson murmelt sie: »Es hätte was aus mir werden können.« Es ist nicht nur ihre notorische Selbstironie, die sie das sagen lässt. Sie stellt ihr Licht nicht unter den Scheffel, wie der sie interviewende Journalist ihr irritiert vorwirft, im Gegenteil: Es ist die schonungslose Selbsterkenntnis einer Künstlerin, die ihre Kapazitäten kennt, die sich dessen bewusst ist, was sie geleistet hat, und ebenso dessen, was sie *nicht* geleistet hat. Weil ein Leben eben zu kurz ist. Sonst ist sie im Alter meistens bescheidener und behauptet, sie habe alles erreicht, was sie vom Leben gewollt habe.

Zurück ins Jahr 1936: Zu ihrer Krisenstimmung mag beigetragen haben, dass der Film *Äktenskapsleken* – »Skandal« – bei der ausländischen Kritik weniger gut ankam als erhofft. Die New Yorker Zeitschrift *Variety* schrieb am 25. Dezember 1935:

> *Diesen Film hat die Presse lange vor seiner Premiere als großes Ereignis angekündigt, und er soll schon für die doppelte Summe, die sonst für gute schwedische Filme ausgegeben wird, nach*

Deutschland und England verkauft worden sein. Es handelt sich jedoch um eine Enttäuschung, und es ist nach der Premiere ziemlich still um den Film geworden. (...)

Dies ist Zarah Leanders erster Film, und es wurde viel über ihre Chancen spekuliert, eine Zelluloid-Königin zu werden. Sie hat ein schönes Gesicht, eine faszinierende tiefe Stimme, und sie spielt einigermaßen gut, aber sie wirkt körperlich etwas zu kräftig für das Kino, jedenfalls für Starrollen.

Soll ihr wieder einmal ihr Äußeres im Weg stehen? In ihrer Verzweiflung ergreift Zarah Leander die erstbeste Gelegenheit, ins Ausland zu kommen. Während eines Gastspiels in Kopenhagen mit dem »Kaufmann vom Venedig des Nordens« kommt ein Anruf von Max Hansen. Den »kleinen Caruso« kennt sie seit 1931. Er ist der uneheliche Sohn einer dänischen Schauspielerin und eines schwedischen Offiziers, aufgewachsen bei deutschen Pflegeeltern in München.

»Godä, Zarah. Kan du snakke tysk?« – Guten Tag, Zarah. Sprichst du Deutsch?
»Det kan jag väl. Hur så?« – »Kann ich. Wieso?«
»Dann sprechen wir Deutsch, ein bisschen.«
»Bitte schön, was ist los?«
»Möchtest du in Wien mit mir im Herbst eine Rolle in einer neuen Operette spielen, Axel an der Himmelstür?«
»Vilken Axel?« – Was für ein Axel?
»Die Operette heißt ungefähr: ›Axel vid himlaporten‹. Möchtest du?«
»Jaa«, sagte ich auf Schwedisch-Dänisch-Deutsch.
»Det er da godt« – Gut so, sagte Max, »kann du komme till repetitioner här i Karlsbad i augusti?« – Kannst du im August zu den Proben nach Karlsbad kommen?
»Jag kommer« – Ich komme.

AXEL AN DER HIMMELSTÜR

In bessere Gesellschaft kannst du nicht kommen.« – Das hatte Karl Gerhard gesagt. Er fand zwar auch, dass es eine Dummheit war, ein Angebot unter diesen Umständen zu akzeptieren – nach einem kurzen Telefongespräch und ohne das Stück oder die ihr zugedachte Rolle zu kennen. Noch nicht einmal nach der Gage hatte sie gefragt! Aber immerhin: »In bessere Gesellschaft kannst du nicht kommen.« Es war eine Gesellschaft von Emigranten, lauter versierte Theaterleute, die Hitler-Deutschland aus unterschiedlichen Gründen verlassen hatten. Wien war ihr Zufluchtsort. Auch in Österreich gab es Bühnen und ein deutschsprachiges Publikum.

Max Hansen, der für die Hauptrolle vorgesehen war, war zwar auch auf skandinavischen Bühnen erprobt, aber seine eigentliche Karriere hatte er in Deutschland gemacht: als Operettensänger, Kabarettist und Filmschauspieler. Schon mit siebzehn war er im Münchner »Simplizissimus« mit selbst geschriebenen Liedern und Texten aufgetreten. 1933 war seine deutsche Laufbahn beendet, nicht nur wegen seiner jüdischen Vorfahren. Mit einem Spottlied auf Hitler und dessen angebliche Homosexualität (»War'n Sie schon mal in mich verliebt?«) hatte er sich bei den Nazis unbeliebt gemacht.

Paul Morgan, der am Textbuch mitgeschrieben hatte und einen Filmboss spielen sollte, war als Schauspieler, Autor und Kabarettist ein ähnliches Multitalent wie Max Hansen – und auch er war ein früher Gegner der Nazis. Zusammen mit Kurt Robitschek hatte er 1924 das Berliner »Kadeko«, das Kabarett der Komiker, gegründet, dessen erstes Programm »Quo vadis« den heraufziehenden Nationalsozialismus lächerlich machte. 1933 war er in seine Heimatstadt Wien zurückgekehrt.

Der aus Mähren stammende Komponist des »Axel«, Ralph Benatzky (sein größter Erfolg war die 1930 in Berlin uraufgeführte Operette »Im weißen Rössl«), hatte Deutschland mit seiner jüdischen Ehefrau verlassen. Und schließlich: Arthur Hellmer, Direktor des »Theaters an der Wien« und Regisseur des Stücks. Bis vor kurzem hatte er in Frankfurt das »Neue Theater« geleitet. Weil er Jude war, wurde sein Haus 1935 »von Seiten der Stadtverwaltung aufgrund der nichtarischen Leitung als kulturschädigend erklärt«. Nun hoffte er als neuer Pächter des »Theaters an der Wien« erfolgreich zu sein.

In Wien glaubten sie sich in Sicherheit. Auch in Österreich herrschte – mit Kurt Schuschnigg an der Spitze – ein autoritäres Regime nach dem Vorbild und unter der Protektion des faschistischen Italien. Die Regierung versuchte allerdings, die österreichische Selbständigkeit zu erhalten, und hatte alle nationalsozialistischen Organisationen verboten. Ein Putschversuch der Nazis im Jahr 1934 war gescheitert. Erst mal. Max Hansen, Paul Morgan, Ralph Benatzky und Arthur Hellmer konzentrierten sich auf das Naheliegende, auf ihre Kunst und die Frage: Wie das Wiener Publikum gewinnen?

Die Weltwirtschaftskrise hatte auch Österreich – das kleine Österreich, das nach dem Zusammenbruch des k.u.k Reichs übrig geblieben war – nicht verschont. Den Theatern war das Publikum ausgeblieben. Stattdessen ging man ins Kino. Das traditionsreiche »Theater an der Wien« war seit dem 1. März 1935 geschlossen. Einige halbherzige Wiederbelebungsversuche hatten keinen durchschlagenden Erfolg gebracht. Als der neue Pächter Arthur Hellmer das Haus am 1. September 1936 mit »Axel an der Himmelstür« wieder eröffnete, wusste er genau, was er tat. Lieber hätte er seine »literarische« Spielplanpolitik aus Frankfurter Zeiten fortgesetzt, aber ihm war klar, »dass das Schicksal eines Theaterdirektors nur zu oft an der Kartenkassa entschieden wird«. Und auf welches Thema setzte man mit dem neuen »musikalischen Lustspiel«, um das Publikum anzulocken? Eben auf die glitzernde Welt des Kinos und seines vergötterten Stars Greta Garbo. Die Idee dazu hatte Max Hansen, und er hatte sie aus der Zeitung, wie er später berichtete:

> *Ich las in einer Zeitung, dass es so furchtbar schwer sei, die Garbo zu interviewen. Ein Hollywood-Korrespondent oder Reporter hatte die Idee, sich in einem Gesellschaftsakt als Statist engagieren zu lassen, um so immer in der Nähe der Garbo zu sein, aber sie haben ihn entdeckt. Die Garbo sagte ständig: »Was stiert mich der Kerl so an?« – Alle am Set haben sich gewundert, dass jeden Tag in der Zeitung Details über die Arbeit standen, bis sie darauf gekommen sind. (…)*
>
> *Es war aber die Frage – dieser große Filmstar, wir haben ihn natürlich nicht Greta Garbo genannt –, wer sollte die Rolle spielen? Der Direktor des Theaters an der Wien, Arthur Hellmer, der auch in Karlsbad weilte, wollte das Stück unbedingt lesen und hat gesagt: »Meine Herren, ich spiele das Stück nicht nur, sondern eröffne mein Theater damit, aber wo ist die Frau? In Wien weiß ich keine Frau, die einen internationalen Filmstar darstellen kann. Wissen Sie jemanden?« – Ich kam damals gerade aus Schweden und sagte, dass ich eine Frau gesehen habe, die Zarah Leander heiße, aber ich wisse nicht, ob sie Deutsch könne. – »Dann fragen Sie sie doch«, sagte Hellmer, nachdem ich ihm erzählt hatte, wie gut die Frau aussehe und wie interessant sie sei. Von der Stimme habe ich nichts gesagt. Das war meine kleine Überraschung. (…)*
>
> *Sie kam auch. Ich vergesse nie, wir waren im Probensaal des Stadttheaters in Karlsbad, da saßen Benatzky, der Direktor Hellmer, der Morgan, der Schütz und ich, und Zarah kam herein und hat allen sehr imponiert. Ihr Aussehen war grandios. Benatzky setzte sich an den Flügel und begann zu spielen. Sie hat mitgesun-*

gen, und er wäre beinahe vom Stuhl gefallen. Er drehte sich um und sagte: »Na, Max, ich hab doch diese Rolle für einen hohen Sopran komponiert, und du empfiehlst mir einen Bass!«

Es war ein Risiko, für beide Seiten. Als ein unbeschriebenes Blatt reist Zarah Leander zu den Proben an. Ihre Kinder, von denen sie sich nur ungern trennt, hat sie mit Foxterrier Leffe in Stockholm bei der Großmutter gelassen. Nur Vidar Forsell ist bei ihr, als ihr Ehemann und Manager. Er arbeitet nicht mehr als Reporter, seitdem sie verheiratet sind, sondern widmet sich ganz der Karriere seiner Frau. »Wütend« war er, so Zarahs Erinnerung, über ihre spontane, eigenmächtige Zusage.

Sein ehemaliger Schwager Jonas Hedberg schildert Vidar Forsell als »komischen Typen, der schon auf der Offiziersschule verkündet habe, er heirate nur eine Frau, die ihn auf hohem Niveau unterhalten könne«. Seine Laune wird sich unter den Bedingungen der Wiener Probenarbeit nicht gebessert haben. Nur noch der Cadillac kündet von üppigen Primadonnengagen. Das Ehepaar Leander-Forsell muss mit 64 Schilling, also fünfzig Kronen am Tag auskommen. Mit fünfzehn Kronen hat sie bei Ernst Rolf angefangen. Das Geld reicht gerade für das Nötigste: eine »Glasveranda in Grinzing« mit Frühstück, zwei Schinkenbrötchen mit Schokolade und Schlagobers mittags für Zarah und ein einfaches Abendessen im Restaurant für zwei, dazu eine Flasche »billigen Wein«. Einkäufe sind nicht drin. »Wir besaßen nicht mehr als die Kleider, die wir am Leib trugen.« Eine Einladung zum Herbstball des Tenors Richard Tauber muss das Paar in Ermangelung der passenden Garderobe absagen und bringt sich damit ins Stadtgespräch.

Im Rückblick nennt es Zarah Leander »idiotisch und grenzenlos naiv«, dass sie diesen Vertrag unterschrieben hat, noch dazu in Abwesenheit ihres Ehemanns und Managers. War ihr bewusst, unter welch existenziellen Vorzeichen die anderen Theater machten? Spürte sie den Druck, unter dem sie standen? Jedenfalls erwähnt sie in der Autobiografie die Emigrantensituation der anderen mit keinem Wort. Zu tief sitzt der Groll über die schlechte Gage, mit der sie sich abgespeist fühlte. Es war ihr aber bewusst, dass nicht nur sie in diesem Fall »va banque« spielte. Über Arthur Hellmer heißt es, ihm seien kurz vor der Premiere Bedenken gekommen. Wie würde das verwöhnte Wiener Publikum auf eine solche Stimme reagieren? Ein Umstand, den Zarah Leander reuevoll auf ihre Kappe nimmt.

> *Zu den guten und schlechten Angewohnheiten, die ich mir in den Jahren bei Karl Gerhard zugelegt hatte, gehörte die Technik, während der Probenzeit nicht richtig auszuspielen, sondern bloß zu markieren. Gerhard selbst ging immer murmelnd und mit einem dicken Schal um den Hals herum, vor der Generalprobe wusste eigentlich niemand, was er eigentlich vorhatte auf der Bühne. Das ist eine außerordentlich egozentrische Technik, die sich vielleicht der Direktor einer Revue herausnehmen kann. (...) Aber ich hätte Prügel verdient dafür, dass ich die Unart des Meisters übernommen hatte, weil es mir genau in den Kram passte: Ich wollte die »Frische« in einem Lied für das Publikum aufbewahren. Ich selbst riskiere dabei nicht viel, weil ich leicht lerne und ein gutes Gedächtnis für Texte habe. Aber den Kollegen gegenüber ist es unverschämt. Dumm, schüchtern und ein kleines bisschen hochmütig murmelte ich mich durch die Probenzeit.*

Erst nachdem Max Hansen sie ermahnt hat (»Wenn du dich morgen nicht zusammenreißt und richtig laut singst, fliegst du raus!«), legt sie sich ordentlich ins Zeug. Und gewinnt die Partie.

Die Premiere am 1. September 1936 ist ein großes gesellschaftliches Ereignis mit Doktoren, Professoren und allen möglichen Titelträgern. Typisch österreichische Titelhuberei: »Der Eröffnung zugunsten der Winterhilfe wohnten Bundeskanzler Dr. Schuschnigg,

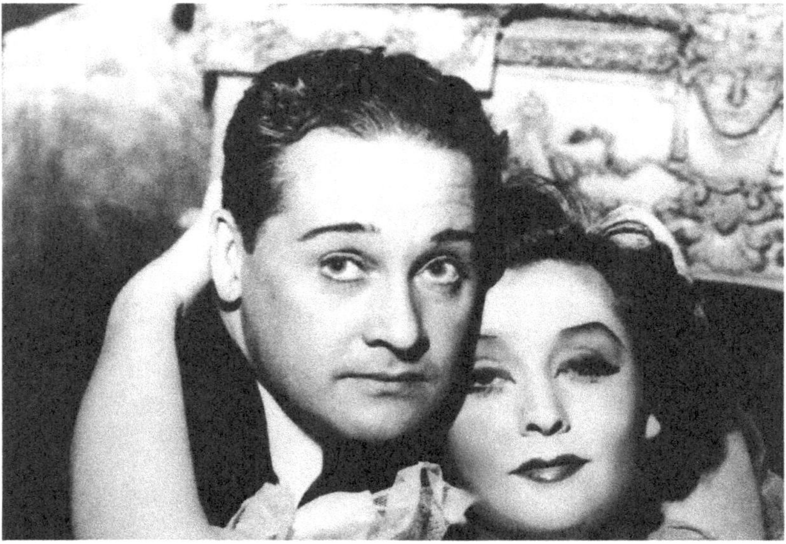

Der Charmeur und die Sphinx: Max Hansen mit Zarah Leander in »Axel an der Himmelstür«.

Staatssekretär Dr. Otto Schmidt, Präsidialchef Chavanne, Polizeipräsident Dr. Stubl (...) sowie die Spitzen der Behörde und der Gesellschaft bei«, berichtet die Wiener *Presse*.

Arthur Hellmer hält eine Rede und kündigt an, das Theater werde die Tradition »einer Geburtsstätte vieler musikalischer Ewigkeitswerke« weiterführen. Wie es dann weitergeht, erzählt Max Hansen:

Zarah sang mit einer Stimme, die bis in den hintersten Winkel des Zuschauerraums drang. Ich stand in der Kulisse und beobachtete sie und das Publikum. Die Menschen horchten auf, setzten sich kerzengerade in ihren Sesseln zurecht. Was war denn das? Eine Primadonna, die kein Sopran war, nicht einmal ein Alt? Die ersten fünf Minuten waren ein einziges allgemeines Abwarten, aber allmählich begann man, miteinander zu flüstern, zu nicken und vielsagende Blicke auszutauschen. Bald hatte Zarah ihr Publikum völlig besiegt – man begriff, dass dies etwas völlig Ungewöhnliches und Wertvolles war und vor allem, dass dort eine Künstlerin auf der Bühne stand.

Von »nicht weniger als 62 Herausrufen nach dem ersten Akt«, schreibt der Korrespondent des *Svenska Dagbladet* und einem anschließenden Fest in den »Drei Husaren«, »wo die schwedische Primadonna wie eine Königin gefeiert wurde«.

Am nächsten Tag verteilen die Wiener Kritiker Blumen an alle maßgeblich Beteiligten, an Benatzkys Musik »voll graziöser Einfälle«, an Morgans »Buch voll schlagkräftigem Witz«, an Hellmers »saubere, keineswegs aufgedonnerte Aufführung« und an Max Hansen, den »erklärten Liebling der Wiener« – »derzeit der größte Charmeur, den die heitere Muse kennt. Fern aller Starallüren und Posen, mit einer herzerfrischenden Eleganz meistert er jede einzelne Situation.« Seine Partnerin Zarah Leander aber erklärt die *Neue Freie Presse* zur »Greta Garbo der Operette«: »Zarah Leander, mit dem scharf markanten Profil und der tizianroten Haarkrone eine eigenartig fesselnde Erscheinung, gilt in ihrer Heimat als Talent von besonderem Sachet. Sie beherrscht diese Bühne mit ihrer Darstellungs-, Tanz- und Gesangstradition und – das besagt hier nicht wenig – mit ihrem Reiz des Exotischen.«

Wer bei den Wienern Gnade finden will, der muss etwas Besonderes zu bieten haben. Wenn schon Österreich keine Großmacht mehr ist, wollen sie wenigstens die Definitionsmacht im Reich von Kunst und Kultur besitzen. Deswegen gilt der 1. September 1936 als Beginn von Zarah Leanders »eigentlicher« Karriere. In den allgemeinen Jubel stimmt auch Franz Lehár ein, der die verfremdete Stockholmer »Witwe« ja niemals zu sehen bekommen hatte.

> *Solange es Schauspielerinnen wie Zarah Leander gibt, brauchen sich die Komponisten von Operetten keine Sorgen zu machen. Ich habe mir neulich die zweite Aufführung von »Axel« im Theater an der Wien angeschaut, und ich muss sagen, dass die Leander wirklich einzigartig ist. Sie ist einfach wunderbar. Mit ihrer Persönlichkeit erweckt sie die Bühne zum Leben, sobald sie diese nur betritt. Dies ist etwas völlig Neues für die Wiener und hat eine unglaubliche Begeisterungswelle ausgelöst.*

Kurioserweise findet die Premiere von »Axel an der Himmelstür« statt, während in Wien ein Theaterkongress tagt, der das »erledigte Theater Österreichs« zum Thema macht. Und ebendiese Premiere sei geeignet, die Pessimisten eines Besseren zu belehren, meint der Kritiker der Zeitung *Der Morgen*. Das »depossedierte« Theaterpublikum von früher sei wieder im Kommen. Tatsächlich läuft und läuft das Stück. Ebenfalls im *Morgen* erscheint zur hundertsten Aufführung am 14. Oktober als »Karikatur der Woche« ein Gedicht, in dem auf Zarah Leanders Hit »Gebundene Hände« angespielt wird:

> *Geschundene Hände,*
> *Beifall ohne Ende –,*
> *Das ist der Clou der Saison.*
> *Schon 100 beieinander!*
> *Zarah Leander*
> *Spielen sehen ist eine Passion.*

Was sich nun für Zarah Leander auftut, ist eine europäische Karriere. *Svenska Dagbladet* ist gut informiert:

> *In ihrer Garderobe drängeln sich die Theaterdirektoren und machen ihr Angebote. Geplant ist erst mal, mit Benatzky in seiner Schweizer Villa eine neue Operette zu besprechen. Die Uraufführung soll wieder in Wien sein. Der Text soll auch ins Schwedische, ins Französische und Englische übersetzt werden. Sie selbst wird auf einer großen europäischen Tournee die Hauptrolle spielen und in all diesen Sprachen singen. Nach der Schweiz ist ein Film in London geplant.*

Stattdessen macht sie erst einmal einen Film in Wien. Der »kriminalistische Revuefilm« heißt »Premiere«, und Zarah Leander ist der Revuestar Carmen Daviot. Schon gehören die »Glasveranda in Grinzing« und ihre Prüfungen der Vergangenheit an. Das Ehepaar Leander-Forsell bezieht die Luxussuite des »ersten Hotels am Platze«, des Imperials. Das Zuckerl hat Vidar Forsell zusätzlich zu ihrer Gage herausgeholt. Weihnachten will sie zu Hause sein, also müssen ihre Szenen in Rekordtempo abgedreht werden.

Mein Film, die »Illustrierte Film- und Kinorundschau«, bringt am 11. Dezember eine Reportage von den Dreharbeiten zu dem Film »Premiere«. »Die Sphinx schweigt weiter«, erfährt man schon durch den Titel. Die Sphinx, das ist Zarah Leander. Mit ihr werde man sprechen dürfen. Das stellt jedenfalls der Pressechef in Aussicht und widerspricht Gerüchten, dass Zarah Leander weiß Gott wie unnahbar wäre. – »Ganz im Gegenteil, sie freut sich sehr, der Presse etwas zu erzählen.« Es kommt dann aber nur zu einer Begegnung mit den Füßen des Stars, die im Weg sind. »Man blickt zurück und erkennt, dass die Füße, über die man stieg, Frau Zarah Leander gehören, die durch ein Lorgnon über die schwarze, spiegelnde Fläche auf eine bis fast zur Atelierdecke strebende Stiege blickt.« Weiter ist zu lesen, wie

»anderthalbhundert Frackherren, jeder eine weiße Blume im Knopfloch«, und ebenso viele »Girls in weißen Kleidchen« von dem »riesenhaften Ballettmeister Du Pont« dirigiert werden.

> *Dann erscheint plötzlich oben auf der Treppe eine silberglänzende Gestalt, das Haupt von feurig roten Locken umwallt – Zarah Leander. Ein Lautsprecher beginnt auf einmal zu tönen. Mit ungeheurer Kraft schmettert er das Lied der Sängerin heraus. Die volle, so merkwürdig tiefe Stimme der Leander singt:*
> *»Ich war vielleicht noch nie verliebt,*
> *Alles war nur Spiel und Scherz …«*
>
> *Stumm die Worte wiederholend, schreitet sie die Stiege abwärts, das Kleid wie Schmetterlingsflügel von sich haltend. Unten auf der spiegelnden Glasfläche empfängt sie ihr Partner Karl Martell und beginnt mit ihr zu tanzen. (…)*
>
> *Nach der zweiten Aufnahme bemerkt man mit gelindem Schrecken, dass man bereits zwei Stunden im Atelier gestanden ist. – Es ist höchste Zeit für den Heimweg. – Begreiflicherweise kann man nicht mehr mit Zarah Leander sprechen. Weit und hoch über allem steht die »Sphinx«.*

Zarah, die »Sphinx«. Das ist allerdings ein ganz neues Bild, das sie der Wiener Presse, absichtlich oder auch nicht, von sich vermittelt. Zarah, die Meisterin in Sachen Eigen-PR, die in Stockholm die Journalisten mit Homestorys bediente und alle Interviewwünsche bereitwillig erfüllte, sie hält sich jetzt bedeckt. Ist es der Mangel an Zeit? Zwei Wochen für die Dreharbeiten sind wenig genug. Ist es mal wieder das Garbo-Syndrom? Rätselhaft muss man sein, auf den Spuren der »Göttlichen«. Das erwarten die Leute. Ist es ein sprachliches Problem? Zarah Leander spricht gut Deutsch, aber natürlich längst nicht so gut wie Schwedisch. Vieles von dem, was die schwedische Zarah und ihre Kommunikation mit Journalisten ausmachte: die Schnelligkeit, der

Humor, die Schlagfertigkeit, das steht ihr in der fremden Sprache erst mal nicht zur Verfügung. Es ist das Letzte, was man lernt, die hohe Schule. Übrigens spricht sie in »Premiere« mit einem viel stärkeren Akzent als in den folgenden UFA-Filmen.

Ein neues Image, ein neuer Name: »Die Leander« wird in Wien geboren. Hier taucht sie zum ersten Mal auf, diese Distanz gebietende Zusammensetzung aus Nachnamen und bestimmtem Artikel. Die Veränderung wird auch zu Hause bemerkt, ohne als Veränderung reflektiert zu werden. Aber es mischen sich zum ersten Mal leicht kritische Töne in das Loblied, das in diesem Fall *Svenska Dagbladet* singt:

> *Von Zarah Leander als Filmstar weiß man nach »Premiere« ungefähr so viel wie vorher. Sie tritt nämlich in dem österreichischen Film als Revuestar auf, und so kennen wir sie ja gut. Zarah Leander hat von der Natur einiges mitbekommen, worüber sie teils froh sein kann, teils bekümmert. Sie ist schön und stattlich und hat ein ausgemachtes Talent, zwischen sich und ihrer Umgebung Distanz zu schaffen: Das ist ein buchstäblich majestätischer Zug. Aber selbst, wenn das Königliche da und da auf der Bühne vorkommt und nicht so selten auf der Leinwand, so liegt es doch in der Natur dieser Künste, dass eher Kontakt als Distanz zwischen den Agierenden gefordert ist. Die moderne Revue arbeitet nach einem anderen Prinzip: Da soll der Star wirklich etwas von der Unnahbarkeit eines Himmelkörpers haben. Der Revuestar soll einsam im Gewimmel der Statisten und Nebendarsteller sein. Ich kann mich nicht daran erinnern, dass Zarah sich irgendwann mit den Girls in eine Reihe gestellt und den Refrain geschmettert hat. Hat sie das, so muss es ganz am Anfang ihrer Laufbahn gewesen sein, bevor sie ihren persönlichen Stil gefunden hat. Dieser Stil ist nämlich einzigartig, er ist, so paradox das klingen mag, beinahe tragisch. Zarah Leander ist eine Medea, eine Elektra, die in synkopierten Rhythmen singt.*

Sie hat Arthur Hellmer einen Korb gegeben, als er ihren Vertrag, der am 15. Dezember auslief, um weitere zwei Monate verlängern wollte. Am Theater an der Wien übernimmt Ende 1936 Valerie von Hatvany Zarah Leanders Rolle. »Axel an der Himmelstür war der allerletzte En-suite-Dauerbrenner für fast drei lange Jahrzehnte, er lief 190-mal«, schreibt Attila Lang in seinem Buch über »200 Jahre Theater an der Wien«.

Als Zarah zu Weihnachtsschinken und Reisgrütze nach Hause fährt, trennen sich die Wege des zusammengewürfelten Ensembles. Außer einer Sachertorte hat sie den Vertrag mit der UFA im Gepäck. Nach Deutschland zieht es auch die junge Heidemarie Hatheyer, die in »Axel an der Himmelstür« eine Garderobiere spielte, ein »blutjunges, theaterbessenes Ding aus Villach in Kärnten«, an die sich Zarah Leander später »am lebhaftesten« erinnert. Für ihre Mitwirkung an dem nationalsozialistischen Propagandafilm »Ich klage an«, der die Euthanasie verteidigt, wird Heidemarie Hatheyer zwischen 1945 und 1949 mit einem Drehverbot belegt.

Am 17. März 1938 wird das Theater an der Wien geschlossen, sechs Tage, nachdem Hitlers Truppen nach Österreich einmarschiert waren. Große Teile der Bevölkerung hatten sie mit Jubel empfangen. In Wien erklärt Adolf Hitler »den Eintritt meiner österreichischen Heimat in das Deutsche Reich«.

Arthur Hellmer ging in die amerikanische Emigration, im August 1938 traf er in New York ein. 1945 kehrte er nach Deutschland zurück und übernahm in Hamburg für drei Jahre die Leitung des Deutschen Schauspielhauses.

Ralph Benatzky sollte sich für Zarah Leanders »Bass« noch einiges einfallen lassen, die Evergreens »Yes, Sir!« und »Ich steh' im Regen« aus Zarah Leanders erstem UFA-Film »Zu neuen Ufern« sind inklusive Text von ihm. Nachdem ihm und seiner Frau die Schweizer Staatsbürgerschaft verweigert wurde, ging auch er 1940 ins amerikanische Exil. 1947 kehrte er – nun mit US-Pass – in die Schweiz zurück.

Max Hansen, der dänischer Staatsbürger war, zog 1938 nach Kopenhagen, heiratete dort nach seiner Scheidung von der Schauspielerin Lizzi Waldmüller eine dänische Kollegin und eröffnete mit ihr ein Sommertheater. In den folgenden Jahren trat er in Skandinavien und der Schweiz auf, nach dem Krieg auch wieder als Operettenstar auf deutschen Bühnen.

Paul Morgan wurde am 22. März 1938 in Wien verhaftet und erst in das Konzentrationslager Dachau, dann nach Buchenwald gebracht. Dort musste er so lange bei Regen und Wind strafexerzieren, bis er am 10. Dezember »an einer Lungenentzündung« starb.

ANNALISA ERICSON

Zwischen 1940 und 1970 hat die wunderbare russisch-schwedische Fotografin Anna Riwkin nahezu die gesamte schwedische Künstler- und Schauspielerprominenz porträtiert. Bei der Riwkin-Retrospektive, die das Stockholmer »Moderna Museet« im Frühjahr 2004 zeigte, war das Gesicht von Annalisa Ericson gleich zweimal zu sehen, ein bildhübsches Gesicht mit großen, runden, blauen Augen und einem sinnlichen Mund unter blonden Locken. – Ein Bild von Zarah Leander gab es nicht.

Die Worte, die mir zu Annalisa Ericson einfallen wollen, passen alle eher auf ein Mädchen als auf eine Neunzigjährige, die im eleganten Stockholmer Viertel Östermalm lebt. Aber ein Mädchen, wie Kurt Tucholsky es beschrieben hat oder Erich Kästner, eine schwedische Pony Hütchen. Eine ihrer Revuenummern hieß: *Den saltaste bönan i stan* – »Die salzigste Bohne der Stadt«, und daraus wurde ihr Markenzeichen. Eine liebreizende, schnippische Großstadtelfe ist sie, die im Tempo ihrer Zeit lebt, denkt und redet. So waren auch ihre ersten beiden Ehen. Im Vorbeigehen, zwischen den Dreharbeiten. Bis einer kam, der Filmkritiker Jürgen Schildt, und ihr erklärte, warum sie in ihrer letzten Rolle so verdammt schlecht war. Ihn liebte sie viele Jahre lang.

»Warum kommen Sie erst jetzt?!«, sagt sie zürnend, weil ich zehn Minuten zu spät bin. »Ich dachte, die Deutschen sind pünktlich?« In vierzig Minuten muss sie bei ihrer Bankfiliale sein, am Karlavägen, zu einem Anlagegespräch. Ich verspreche reumütig, sie hinzufahren. Also gut. Bleibt noch eine halbe Stunde für das Interview. Macht nix. Sie ist gewohnt, sich zu disziplinieren.

Sie setzt sich zurecht, lächelt, ist die Liebenswürdigkeit in Person. Ihre Augen sind groß und blau. Sie hat sich vorbereitet. Auf dem Tisch liegen sorgfältig beschriftete Mappen, der Extrakt eines langen Künstlerlebens, sortiert und verpackt. Es geht um die Jahre 1931 und 1934. Aus der Zeit rührt ihre Bekanntschaft mit Zarah Leander. Ständig kommen Leute, die etwas von ihr wissen wollen. In ihrem Jahrgang 1913 ist sie eine Überlebende. Sie hat sie alle gekannt, alle großen Namen des schwedischen Film- und Showbusiness. Karl Gerhard, Kar de Mumma, Ernst Rolf.

Ernst Rolf? Ich glaube, mich verhört zu haben. Der ist doch 1931 schon gestorben, im Dezember 1931 an einer Lungenentzündung, die er sich zuzog, weil er seinem Leben im eiskalten Ostseewasser ein Ende setzen wollte, aber einfach zu gut schwimmen konnte. Das geschah vor seinem Haus in Mölna auf Lidingö, hundert Meter entfernt von dem Haus, in dem ich jetzt wohne.

»Ganz recht, mit Ernst Rolf«, lächelt Annalisa Ericson. Sie steht ja auf der Bühne, seitdem sie fünf ist. Ein richtiges Theaterkind war sie. Ein Stoßseufzer. »Ich hab so viel gemacht.« Sie sagt es gleich noch einmal. Und dass man bei so vielen Erinnerungen aufpassen muss, was man sagt, dass es auch die Wahrheit ist. Eine Aufforderung an sich oder eine Warnung an mich? Die Erinnerung ist ein launischer Gast, schillernd wie ein Chamäleon. Darum ist es gut, solche Sammelmappen zu haben, als Gedächtnisstütze.

Die Erinnerung an Zarah setzt ein im Jahr 1931. »Es war bei den Dreharbeiten zu dem Film *Falska Millionären*. Zarah spielte einen Vamp und ich ein Hausmädchen. Da war sie schon ein großer Star – und ich …« Auf der Bühne gestanden hatte sie oft genug. Aber der Schritt vom Kinderstar zu erwachsenen Rollen musste bewältigt werden. »Da hat Zarah mich entdeckt. Sie verhalf mir zu der Rolle als ihre Tochter in der Operette ›Eine Frau, die weiß, was sie will‹ am Oscarstheater.« Das war im Herbst 1934. Zarah war siebenundzwanzig, Annalisa einundzwanzig.

»Es kam der erste Probentag. Alle standen herum und redeten. Ich muss wohl auch was sagen, dachte ich. ›Frau Leander, bin ich nicht zu klein, um Ihre Tochter zu spielen?‹ – ›Wieso? Wenn ich mit Max Hansen geschlafen hätte …‹, sagte sie prompt. So redete sie.«

Annalisa Ericson kichert fröhlich, aber den Witz versteht heute keiner mehr. Wer war Max Hansen? Ein damals sehr beliebter Schauspieler und sprichwörtlich klein.

»Die Aufführung wurde ein großer Erfolg für Zarah. Ich dagegen war schlecht. Ich war so verhalten, ich traute mich gar nicht aus mir heraus.«

Die Kritiken bestätigen es. »Zarahs große Schlacht« ist der Artikel in der Stockholmer Zeitung *Stockholms-Tidningen* überschrieben, und er ist eine einzige Eloge auf die großartige Zarah, die einen ansonsten ziemlich mittelmäßigen Abend gerettet hat. Wie viel sie gelernt habe seit der »Lustigen Witwe«! Was für eine Schauspielerin aus ihr geworden sei! Welchen Humor sie an den Tag lege! Was für eine Artikulation! Welche Schönheit, welcher Luxus der Toiletten! »Sie strahlt vor Jugend und blitzt vor Mädchenhaftigkeit, und trotzdem weigert man sich nicht direkt zu glauben, dass sie eine achtzehnjährige Tochter hat. Allerdings fällt es schwer zu glauben, dass Annalisa Ericson diese Tochter ist, was für eine quecksilberige Energie sie auch an den Tag legt.« Na warte!

Später dann, in Oslo, konnte Annalisa Ericson die Scharte auswetzen. Sie berichtet, wie ein älterer Schauspieler sich ihrer annahm und mit ihr arbeitete, so dass sie in Oslo genauso viel Applaus bekam wie Zarah. »Und da hat Zarah dann sehr schön reagiert. Sie kam zu mir, umarmte mich und sagte: ›Du darfst du zu mir sagen.‹ Und sie lud mich ein auf ihr Zimmer im Grandhotel und brachte mir das Champagnertrinken bei.«

Und noch eine Anekdote fällt ihr ein. Es war beim gleichen Osloer Gastspiel, als dem Stockholmer Ensemble die Ehre zuteil wurde, vom norwegischen Königspaar empfangen zu werden. Aber Zarah ließ auf sich warten. »Da wurde mein Stockholmer Chef ganz nervös und sagte: ›Annalisa, ich glaube, Zarah kommt nicht, geh du vor zum König, und mach deinen Hofknicks.‹ Das machte ich. Da hörten wir es plötzlich durch den großen Saal rufen: ›Zarah kommt, Zarah kommt!‹ Da hatte sie ihren Soloauftritt von einer ganz anderen Seite, als wir gekommen waren. Sie schritt die Treppe herauf mit ihrem schönen Mann, Vidar Forsell, Sohn des Stockholmer Opernchefs, mit dem war sie zu der Zeit verheiratet. Sie trug einen langen Nerzmantel und irgendetwas Ungewöhnliches an den Füßen. Und so ging sie geradewegs auf den König zu, streckte ihre langen Finger aus und sagte ganz ungezwungen: ›Guten Tag. Ich heiße Leander.‹ Der König musste sich ziemlich bücken ...« – Nein, Zarah war nicht schüchtern.

Und später? Als sie ein UFA-Star geworden war? Ich frage Annalisa, was da in Stockholmer Schauspielerkreisen geredet wurde, und bekomme eine zurückhaltende Antwort: »Na ja, da gab es praktisch keine Sympathien. Sie wissen ja, wie das war, damals. Es machte den Eindruck, als sei sie dem Hitler-Reich wirklich ergeben. Dann ging das Gerücht, dass sie Spionin war und alles Mögliche. Man wusste wirklich nicht, was eigentlich los war mit ihr.«

Ein lautes Klopfen und Hämmern unterbricht uns. Sie wirft einen genervten Blick Richtung Fenster. Die Fassade ihres sonst so ruhigen Hauses wird dieser Tage renoviert. Dann redet sie weiter. »Ich kannte ja ihre Einstellung nicht, ich war ja nicht direkt mit ihr befreundet. Sie hatte ja keine Freundinnen, sie hatte nur ihre Männer und lebte – in der großen Welt, kann man sagen.« Sie weiß immer noch nicht, was sie denken soll. Aber in ihre Hilflosigkeit mischt sich ein Ton von Mitgefühl. »Das hier ... Das können Sie sich mal ansehen.« Aus einer der Mappen fischt sie ein Papier. »Das war in Berlin. Welches Jahr war das?« – 1938, lese ich. – »Ja, da war ich da zum Probefilmen in Deutschland. Ein Dr. Katz, ein deutscher Geschäftsmann, hatte mich im Oscarstheater gesehen. Er kam zu meinen Eltern und sagte: ›Sie muss nach Berlin!‹ Ich habe dann einen Vertrag bekommen, den Vertrag hier, und ich wollte nach Schweden zurück, um mit meinen Eltern über die Sache zu reden, aber dann brach der Krieg aus, und so wurde nichts daraus.«

Ich lese:

Zwischen Fräulein Ericson und der Bavaria ist Folgendes vereinbart worden. Fräulein Ericson erklärt bindend, damit einverstanden zu sein, dass zwischen ihr und der Bavaria ein Darstellervertrag abgeschlossen werden soll. Da Fräulein Ericson sich zunächst genötigt sieht, ihre deutschen Sprachkenntnisse noch zu vervollkommnen, hat die Bavaria das Recht, diesen in Aussicht genommenen Vertrag innerhalb einer Frist bis zum 1.2.1939 abzuschließen mit der Maßgabe, dass Fräulein Ericson bis dahin der Bavaria unwiderruflich im Wort bleibt und sich andererseits verpflichtet, mit keiner anderen deutschen Produktionsfirma in ähnliche Vertragsverhandlungen zu treten.

Es ist ein grauenhaftes Amtsdeutsch, aber man versteht, dass den Herren von der Bavaria die großen, runden, blauen Augen und der sinnliche Mund unter dem blonden Lockenhaar gefallen haben.

»Ich hatte mich schon darauf eingestellt, das zu versuchen. Hätte es nicht Krieg gegeben, wer weiß, vielleicht säße ich dann jetzt in Berlin.« Sie berichtet, dass sie geschmeichelt war, damals. Sie fuhr nach Stockholm zurück mit der festen Absicht, erst ihr Deutsch zu verbessern und dann in Deutschland ein Filmstar zu werden.

Es kam aber anders. Sie blieb zu Hause und wurde die »salzigste Bohne der Stadt« – geliebt, gefeiert, unumstritten. Während aus Zarah »die Leander« wurde.

DIE OPERATION LEANDER

Zarah hat uns verlassen«. – So lautet die Überschrift zu einem kurzen Bericht, den *Svenska Dagbladet* am 20. Februar 1937 bringt, dazu ein Foto, das den angehenden Ufastar vor der Abreise zeigt.

> *Mit dem Kontinentalzug am Donnerstagabend verließ Zarah Leander Stockholm, um Berlinerin zu werden. Sie wird, wie schon berichtet, sich in Berlin niederlassen, wo sie mit Mann und Kindern eine Villa in Dahlem gemietet hat. Sie hat ihr Stockholmer Heim zusammengepackt und nach Berlin vorausgeschickt. Am Donnerstagabend bestieg sie den Berlin-Zug mit ihren beiden Kindern, während der Ehemann am Freitag fuhr. Er nahm das Auto, das soll nämlich auch mit in das neue Zuhause.*

Das Abschiedsfoto. Es wirkt privat, fast intim. Zarah mit Boel und Göran im Zugfenster. Die Kinder gut gelaunt, neugierig, erwartungsvoll lächelnd unter ihren Mützen. In Zarahs ernstem Gesicht spiegelt sich etwas anderes, etwas wie Trauer und eine gewisse Beklommenheit. Zwei Monate hatte sie Zeit, um den Umzug nach Deutschland zu organisieren, die Kinder auf ihr neues Leben vorzubereiten, Abschied zu nehmen.

Berlin, das ist ja nicht aus der Welt, per Direktflug von Stockholm schnell zu erreichen, und dann gibt es die ausgezeichnete Zugverbindung über Sassnitz-Trelleborg. Darum hat sie sich für die Ufa entschieden, wird sie später immer sagen, Berlin lag so nah für eine heimwehkranke Schwedin: »Lieber London als Hollywood, lieber Berlin als London.«

Nahe liegend auch sonst. Für viele Schweden war und blieb Deutschland die Kulturnation Nummer eins in Europa – trotz Hitler. Bis 1946 wurde in schwedischen Schulen Deutsch als erste Fremdsprache gelehrt. »Die schwedische Oberschicht war ebenso traditionell deutschfreundlich wie russlandfeindlich, gelegentlich antisemitisch und litt vor allem an einer hochprozentigen Angst vor dem Sowjetsystem«, so der Stockholmer Germanist Helmut Müssener. »Als Adolf Hitler sich die Macht erschlich, hielt man das zunächst einmal für etwas Gutes, gerade weil man in ihm *den* Antibolschewisten sah.«

Aber nicht alle Schweden dachten so, erst recht nicht in Zarahs Kollegenkreis. Was hat sie zu hören bekommen? Als Karl Gerhard, der seinen Star »Im Schatten eines Stiefels« hatte singen lassen, einen Tag nach Zarahs Rückkehr aus Wien zu Besuch kommt, findet er die forsellsche Wohnung mit Hakenkreuzfahnen dekoriert vor und ist schockiert. »Ich war nicht in der Laune zu fragen, ob das ein Witz war oder ernst gemeint.«

Später wird er sie immer verteidigen, Zarah sei nie Nazi gewesen, wird er sagen, wohl aber »die größte Geschäftsfrau in der Theaterbranche neben Mistinguette«. Dieses Mal ist er aber mit ihren Geschäften nicht einverstanden und sagt das im gleichen Jahr auch öffentlich, in der Zeitung *Trots allt*: »Ich habe Schwierigkeiten zu verstehen, wie ein Mensch, der nicht direkt in Not ist, sich in die Dienste des Dritte-Reich-Films stellen kann. Auf jeden Fall finde ich es unter der Würde eines Künstlers, in einem Land aufzutreten, wo man seine Rasse per Dokument unter Beweis stellen muss.«

Zarah ist beleidigt. Hatte Karl Gerhard nicht selber gesagt, dass Kunst und Politik nichts miteinander zu tun hätten? Zu einer dauerhaften Abkühlung des Verhältnisses wird die öffentlich ausgetragene Auseinandersetzung aber nicht führen. Die beiden sehen sich in gewissen Abständen, streiten sich und bleiben Freunde. Tief enttäuscht wendet sich dagegen der vormalige Förderer und Bewunderer Torgny Segerstedt von Zarah Leander ab. Der Chefredakteur von *Göteborgs Handels- und Seefahrtszeitung* ist in Schweden *die* kritische Stimme gegen den Nationalsozialismus und damit auch Goebbels ein Dorn im Auge. In Zarah Leander hatte Torgny Segerstedt nicht nur die vielversprechende Künstlerin, sondern auch eine politische Mitstreiterin gesehen. Hat er ihr noch einmal ins Gewissen geredet in diesen zwei Monaten vor ihrer Abreise nach Berlin?

»Zarah hat uns verlassen.« Alles das spiegelt ihr Gesicht am Zugfenster wider, die Angst vor dem, was auf sie zukommt, die Sorge, vielleicht eine falsche Entscheidung getroffen zu haben. Es ist das letzte Mal für Jahre, dass man ihr so nahekommen kann. Die Frau, die am nächsten Morgen in Berlin aus dem Zug steigt, muss ab sofort in ihre Rolle der distanzgebietenden Diva schlüpfen. Dazu hat die Ufa sie eingekauft.

> *Es ist mir zu Ohren gekommen, dass Miesmacher und Pessimisten in Kreisen des deutschen Filmwesens das Gerücht verbreiten, mit der Machtergreifung durch den Nationalsozialismus sei das Ende des Filmschaffens gekommen. Nun, meine Volksgenossen und Volksgenossinnen, die Tatsache, dass ich hier spreche, mag Ihnen beweisen, dass ich der Allerletzte bin, der den deutschen Film sterben lassen will. Man sollte mich schon so weit kennen, um zu wissen, dass mir die Filmkunst ganz besonders ans Herz gewachsen ist. Allerdings hat der deutsche Film seine tiefste Aufgabe bisher nicht erfüllt, nämlich Vorkämpfer deutscher Kultur zu sein. Stattdessen hat er unter einem verrotteten System in unwürdiger Weise Schuhputzerdienste leisten müssen und ist allen Erscheinungen nachgehinkt.*

Aber das werde sich jetzt ändern, hatte am 26. April 1933 der neue Reichsminister für Volksaufklärung und Propaganda, Dr. Joseph

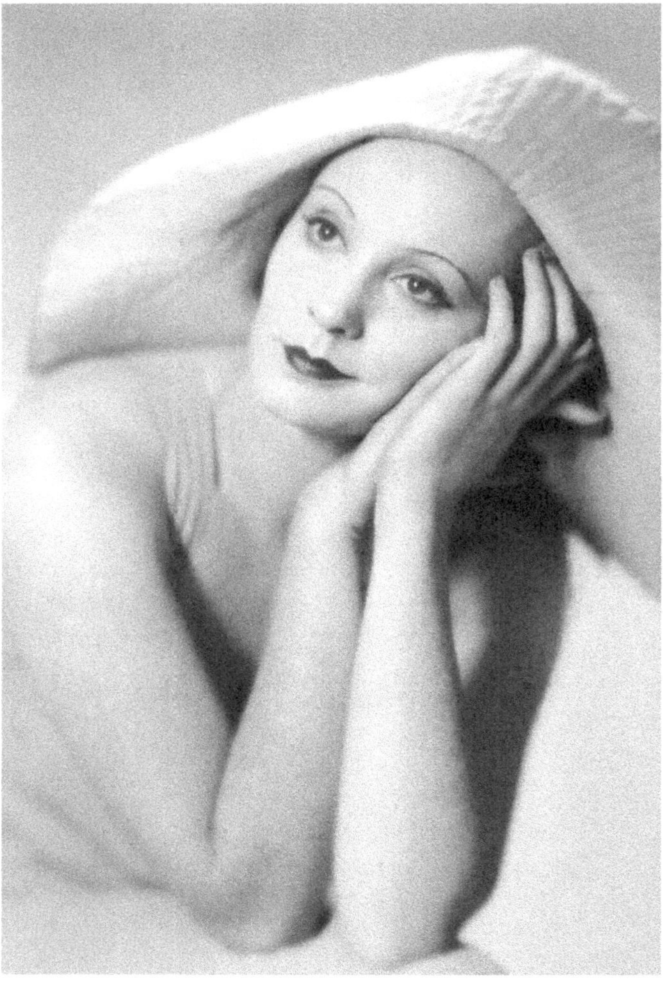

Eine Frau, die weiß, was sie will. In Stockholm, Oslo und Helsinki wurde Zarah Leander in ihrer Paraderolle gefeiert.

Goebbels, den Betriebsangehörigen der Ufa in Neubabelsberg versprochen. Die neuen Regeln fasste der zeitgenössische Ufa-Historiker Hans Traub zusammen:

> *Deutsche Filme sollen künftig nur von Deutschen hergestellt werden. Die Mitarbeit von Ausländern wird gestattet, wenn solches aus künstlerischen oder kulturellen Erwägungen gerechtfertigt erscheint. Deutsch aber ist, wer deutscher Abstammung, deutschen oder artverwandten Blutes ist. (...) Durch jene Begriffsbestimmung des deutschen Films wird es möglich, in verhältnismäßig kurzer Zeit die jüdischen Einflüsse in der Produktion, dem Verleihgeschäft wie dem Filmtheaterwesen auszumerzen. Überlegt man sich, dass bisher das Filmwesen, insbesondere zahlreiche kleinere Firmen, aber auch die Regiearbeit, Darstellerleistung, Musik- und Drehbuchgestaltung wie die Produktionsleitung überwiegend in jüdischen Händen lagen, werden die umfangreichen grundsätzlichen Änderungen kapitalmäßiger, sachlicher und personeller Art verständlich.*

Seit 1927 befand sich die Ufa im Besitz des rechtskonservativen Pressekonzerns Alfred Hugenbergs. Mit fünftausend Arbeitern und Angestellten war sie das größte deutsche Filmunternehmen. Hans Borgelt hat beschrieben, wie Generaldirektor Ludwig Klitzsch nicht zögerte, eine Reihe von Mitarbeitern fristlos zu entlassen: gerade jene, denen die Ufa ihren Aufstieg verdankte, und wie Hugenberg »keinen Finger gerührt hat zum Schutz seiner Ufafamilie«.

Die Liste der Emigranten ist lang. Sie liest sich wie ein *Who's who* des amerikanischen Films, Regisseure wie Fritz Lang, Ernst Lubitsch, Max Ophüls, Otto Preminger, Billy Wilder mussten Deutschland verlassen, Komponisten wie Paul Dessau, Friedrich Hollaender, Hanns Eisler, Erich Korngold, Oscar Straus, Kurt Weill, Schauspielerinnen und Schauspieler wie Elisabeth Bergner, Ernst Deutsch, Fritz Kortner, Hedy Lamarr, Pola Negri ...

Diesen Exodus verkraftet die bis dahin so erfolgreiche deutsche Filmindustrie nicht. Die Quittung bleibt nicht aus: Die Leute gehen weniger ins Kino. »120 Millionen Kinobesucher fehlten Jahr für Jahr, um die Rentabilität der Filmproduktion sicherzustellen. Ihr Defizit belief sich auf etwa 15 Millionen Mark.« Um die Verluste zu kaschieren und die beschämenden Konsequenzen nationalsozialistischer Rassenpolitik nicht offenbar werden zu lassen, beschloss Goebbels, dem Staat die gesamte Filmproduktion einzuverleiben. »Wenn wir heute die UFA kaufen, sind wir der größte Film-, Presse-, Theater- und Rundfunkkonzern der Welt«, schreibt er am 17. März 1937 in sein Tagebuch. »Damit werde ich arbeiten für das Wohl des ganzen Volkes. Welch eine Aufgabe!« Attraktive Stars sollen der Filmproduktion wieder auf die Beine helfen.

Marlene Dietrich, die nach ihrem großen Erfolg im »Blauen Engel« 1930 nach Hollywood gegangen ist, folgt Goebbels' Werben nicht. In ein von den Nazis regiertes Deutschland will sie nicht zurückkehren, auch nicht, als er ihr 1936 für jeden Film, den sie in Deutschland dreht, 200 000 Reichsmark bietet, dazu freie Wahl des Stoffes, des Produzenten und des Regisseurs. Das ist die Situation, in der Hans Weidemann, der 32 Jahre alte Vizechef der Reichsfilmkammer, Zarah Leander in Wien entdeckt. In Deutschland ist die Rolle des mondänen Filmstars zu besetzen. Will sie sie? Er bietet sie ihr an. Nie war die Gelegenheit so günstig, viel Geld zu verdienen. Das Abkommen, das Zarah Leander am 28. Oktober 1936 mit der Ufa getroffen hat, lautet vorläufig so:

> *Die Genannte wird für 3 Filme innerhalb der Eigen- oder Auftrags-Produktion in der Zeit vom 1.2.1937 bis 31.1.1938 ausschließlich verpflichtet. Das Pauschalhonorar beträgt RM 200 000.–. Die Zahlung erfolgt monatlich nachträglich und zwar jeweils 30% in Reichsmark und 70% in Schweden-Kronen, da die Genannte schwedischer Nationalität ist. Die Darstellerin ist auch verpflichtet,*

in fremden Versionen der UFA-Produktion mitzuwirken ohne besondere Vergütung. Der UFA ist vertraglich ein Doubelrecht für sämtliche Sprachen eingeräumt.

Gemäß dem Vertrage hat die UFA eine Option, die bis zum 1.10.1937 ausgeübt werden kann. Im Falle der Ausübung der Option verlängert sich das Vertragsverhältnis ausschließlich um 14 Monate, d.h. also für die Zeit bis zum 31.3.1939. Frau Leander ist verpflichtet, in dieser Optionszeit in 4 UFA-Filmen als Darstellerin mitzuwirken. Es ist ein Pauschalhonorar für die Optionszeit von RM 300000.- vereinbart, das in gleicher Weise wie das für den 1. Zeitabschnitt zu zahlen ist.

Ferner ist der UFA eine nochmalige Option eingeräumt, die bis zum 1.10.1938 ausgeübt werden kann, für die Zeit von weiteren 11 Monaten, d.h. also ab 1.4.1939 bis 28.2.1940. Auch hier ist Frau Leander ausschließlich und zwar für 3 Filme bei der UFA tätig. Die vereinbarte Gage für diese Zeit beträgt RM 400000.-; die Zahlungsweise ist die gleiche wie vorher.

Im Übrigen gelten die Normativ-Bedingungen für Darsteller.

Berlin, den 5.11.36 *gez. Foersterling*

Die Ufa lässt sich die begehrte Ware eine Menge Geld kosten. Dabei entspricht der Typus, den Zarah Leander verkörpern soll, in keiner Weise dem von den Nazis propagierten Frauenbild. Nur hat der Film seine eigenen Gesetze. Die ungeschminkte, blond bezopfte Arbeitsmaid taugt nicht zur Leinwandgöttin, das weiß auch Goebbels. Er sieht im Film ein vorzügliches Instrument der Propaganda. Allzu direkte, plumpe Agitation lehnt er allerdings ab. Ein von der Bavaria schnell zusammengeschustertes Machwerk um die Person des NS-Märtyrers Horst Wessel, dem die Filmprüfstelle das Prädikat »Künstlerisch besonders wertvoll« verliehen hatte, ließ ihn ausrufen: »Das verdient unsere Bewegung nicht, dass sie in den schmierigen Händen von üblen Geschäftemachern verkitscht wird!«

Von Weidemanns Wiener Fund hält Goebbels erst mal wenig. Natürlich hat er seine Erkundigungen eingezogen. Am 15. Januar 1937 schreibt er in sein Tagebuch: »Weidemanns Zarah Leander entpuppt sich als Deutschenfeindin.« Hat er Wind von Karl Gerhards »Stiefel«-Couplet bekommen?

Unterdessen hat die Pressekampagne für den neuen Ufa-Star begonnen. Wer in diesen Tagen ins Kino geht, um sich den Revuefilm »Premiere« anzusehen, wird auf die große Unbekannte aus dem hohen Norden neugierig gemacht:

> *Wer ist Zarah Leander? Eine für den deutschen Film neu entdeckte schwedische Künstlerin, deren faszinierendes Auftreten in »Premiere« zurzeit in der ganzen Filmwelt Stürme der Begeisterung weckt. In ihrer Heimat Schweden längst bekannt und gefeiert, stellt man sie dort neben ihre Landsmännin Greta Garbo. Aber die einmalige Eigenart Zarah Leanders als Sängerin und Schauspielerin, ihre bezaubernde Erscheinung und ihr sensationeller Aufstieg unterscheiden sich von allem bisher Gesehenen!«*

Goebbels ist immer noch skeptisch. »Schwedischen Film mit Zarah Leander angeschaut«, notiert er am 21. März. »Keine besondere Leistung. Ich halte die Frau für sehr überschätzt. Der Film selbst ist typische Kleinstaatware. Ich möchte kein Schwede sein. Nur Mitglied einer Weltmacht.«

Inzwischen ist sie in Berlin, und die Journalisten schreiben sich pflichtgemäß die Finger wund, geben Impressionen aus der Filmstadt Babelsberg: das schöne neue Gesicht hinter den Scheiben einer großen Limousine, von »tief kupferfarbenem Haar umloht« – unnahbar, geheimnisvoll, »göttlich« wie die Garbo; während man in Schweden verwundert Anteil nimmt an der Verwandlung der munteren

Zarah in »die Leander«. »Bevor Zarah Leanders erster Film nur zur Hälfte abgedreht ist, ist ›die Leander‹ zu einer der meist beschriebenen und besprochenen Filmstars des Dritten Reichs geworden«, schreibt *Dagens Nyheter* in einer großen Reportage über »Die Leander im Dritten Reich«.

> *»Die Leander singt ...« – Der sonst mokant lächelnde Pressechef der großen Ufa in Berlin spricht diesen Satz mit solchem Ernst aus, während er die schweren Ateliertüren zu einer der Tonhallen in Neu-Babelsberg aufschiebt, dass ich ihn mir genau ansehen muss, ob er keine Witze macht. Aber das tut er nicht, absolut nicht. Würdevoll schreitet er ins Studio mit dem Hut in der Hand, als sei er auf dem Weg in die Kirche. Aber tatsächlich denkt man an keine Kirche. Dem Besucher entgegen strömt ein Chor von fünfzig jungen Frauenstimmen. Nun fällt Zarahs tiefer Alt ein. Sie singt: »Ich hab' eine tiefe Sehnsucht in mir ...«*
>
> *Der Operettenkomponist Ralph Benatzky – derselbe, der die Musik zu »Axel an der Himmelstür« geschrieben hat – Zarahs großem kontinentalem Durchbruch in Wien – steht selbst auf dem Podium und dirigiert Zarah, den Chor und das begleitende Vierzigmannorchester. (...) Nun lässt Benatzky den Taktstock sinken. Einen Moment lang steht er da, dann fängt er an, der Reihenfolge nach erst den Regisseur und den Toningenieur, den ersten Geiger, den Pianisten und die Chormitglieder wild zu umhalsen, die ihm am nächsten stehen, und schließlich – Zarah Leander. Er zieht sie zum Dirigentenplatz und zeigt auf sie. »Seht her«, sagt er, »seht, wie sie die Mikrofone beschwört.«*
>
> *Sowohl Herr Benatzky als auch Frau Leander müssen entschuldigen, dass ich einen Moment lang glaubte, letzterer Abschnitt gehörte mit zum Film. Später begriff ich, dass das keineswegs der Fall war. Denn das ist nur eine kleine Kostprobe der fast grenzenlosen und verschwenderischen Bewunderung, die Zarah Lean-*

> *der (...) entgegengebracht wird. Für einen Schweden (...) ist das unfassbar. Ich beeile mich zu Frau Leanders Ehrenrettung zu sagen, dass es auch für sie ziemlich unfassbar zu sein scheint. (...)*
>
> *Das alles ist eigentlich etwas ziemlich Phantastisches. Zarah Leander ist zum Star des Films im Dritten Reich geworden, bevor man etwas von ihr gesehen hat, denn den Wien-Film »Premiere« scheint man nicht zu zählen, wenn ich die Urteile richtig deute. Man hat das Gefühl, dass einfach an höchster Stelle beschlossen worden ist, die Leander soll ein Star werden – und damit basta.*

Dementsprechend vornehm ist ihre Unterkunft in Berlin-Dahlem. Ein anderer schwedischer Journalist, Mitarbeiter von *Stockholms-Tidningen*, hat sich auf die Suche gemacht.

> *Und hat man das Glück, in die allerschönste, allervornehmste dieser aristokratischen Villenstraßen einzubiegen, die allesamt früher oder später in den Wald einmünden, ja, dann betritt man denselben Pfad, auf dem Zarah Leander jeden Tag ins Atelier fährt.*
>
> *Man passiert charmante Gärten, flotte Tennisplätze mit englischem Rasen und Klubhäusern im Bungalowstil, großartige Villen mit Kletterrosen und Rhododendronhecken. Und da, wo die vornehm zurückgezogenen Häuser keine Nachbarn gegenüber mehr haben, sondern direkt zum Grunewald gewendet sind, da steht man plötzlich vor einer großen, verschwiegenen Villa mit geranienbekränztem Altan, französischen Fenstern mit diskret graugrünen Fensterläden und einer gepflegten Rasenfläche bis zum wohl verschlossenen Tor. Und da ist auf dem Tor ein Messingschild mit dem Namen von irgendwem. Aber wir wissen, was wir wissen. Hier residiert die Herrschaft Leander-Forsell.*

Wildpfad 24 lautet die Adresse. Das Haus hat 22 Zimmer, 5 Badezimmer, einen großen Wintergarten, den türkischen Raum im ersten

Stock, den Zarah Leanders Kinder »Harem« getauft haben, sowie ein schuss- und bombensicheres Schlafzimmer nebst Boudoir, weiß der *Dagens Nyheter*-Autor Cyrano. Er kennt das Haus sogar von innen. »Während der Revolution nach dem Weltkrieg ließ die Besitzerin so eine kleine gepanzerte Abteilung einbauen, um sich und ihre Besitztümer besser gegen die kriminellen Elemente der Freikorpskämpfer schützen zu können«, schreibt er genüsslich. »Sollten Berliner Gangster auf die Idee kommen, Frau Leander im großen Hollywoodstil zu rauben, dann wäre die ein großes und handgreifliches Hindernis.«

Zum Haus gehören fünf Angestellte unter der Leitung des livrierten Dieners »Krems«. Die ganze Familie – in Watte gepackt. Zarah Leanders Sohn Göran Forsell erinnert sich:

> *Meine Schwester und ich gingen in eine schwedische Schule in Berlin. Jeden Morgen wurden wir von einem Chauffeur zur Schule gefahren. Nach einiger Zeit fanden wir das gar nicht mehr so schön, wir wollten gern mit der Straßenbahn fahren, was wir viel lustiger fanden. Nach langem Betteln durften wir das dann auch und fanden es herrlich. Wir waren natürlich verwöhnt, aber wir wollten wie andere Kinder sein. Wir hatten Privatlehrer in Turnen und Reiten. Zu Weihnachten besuchten wir mit Mama den Weihnachtsbasar in der schwedischen Kirche, und wenn wir dann mit dem Auto kamen, standen viele Menschen vor der Kirche und wollten ihren großen Star aus der Nähe sehen. Wir Kinder mochten diesen großen Aufwand nicht, verstanden aber später, dass es etwas war, das zu ihrem Beruf gehörte.*

Auch bei der Ufa ist – unter der Leitung des Pressechefs mit dem mokanten Lächeln, Carl Opitz – am Gelingen der Operation Leander ein ganzer Stab von Leuten beteiligt. »Die Damen des Kostümateliers inspizierten mich und stellten fest, dass ich noch länger war als befürchtet, gerade Schultern hatte, niemals einen Büstenhalter trug und Füße

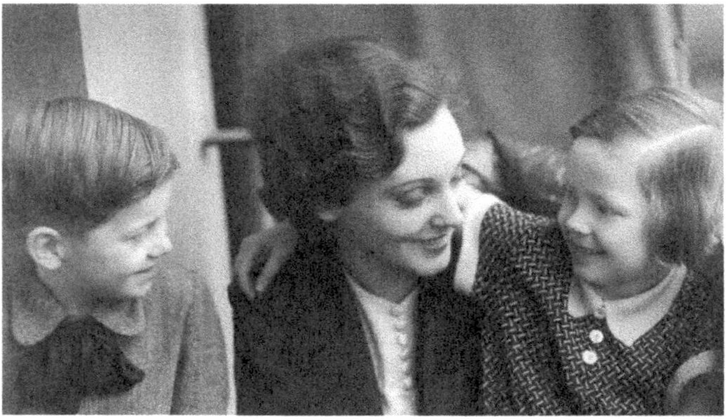

Manchmal weckte sie ihre Kinder nachts mit Apfelsinensalat: Zarah Leander mit Boel und Göran.

mein Eigen nannte, die nur einem Schuhmacher Freude machen konnten: Alles musste speziell angefertigt werden, auch die Handschuhe«, so Zarah Leander selbstironisch. Über ihre körperlichen Voraussetzungen hatte schon »Premiere«-Regisseur Géza von Bolvary freche Bemerkungen gemacht: »Die Leander hat ja einen Hintern wie ein Ackergaul.« Aber dem Fotografen und Kameramann Franz Weihmayr gelang es, ihre Schönheit ins rechte Licht zu rücken, und Zarah Leander wusste, was sie ihm verdankte.

> *Er fotografierte neun meiner zehn Filme. Ich sagte ihm, dass ich halb blind sei und anfange zu schielen, sobald ich müde werde. Franz faszinierte dieser Blick, der auf Fotos ebenso lockend wie unergründlich wirken kann – so ist das nämlich mit kurzsichtigen Augen. Was ein Fotograf für Filmschauspieler bedeutet, können auch andere bezeugen. Ein Fotograf kann zaubern, wenn er will, und Franz Weihmayr zauberte oft mit mir. So hübsch wie auf*

seinen Bildern bin ich in Wirklichkeit nie gewesen. (...) Aber fotomäßig war ich offenbar gutes Rohmaterial, mit dem Franz gerne arbeitete. Er konnte sich stundenlang damit aufhalten, die Beleuchtung für eine einzige Nahaufnahme auszuprobieren. Ich war geduldig und konnte ewig lange still stehen, während er mich beleuchtete. Alles, was er unternahm, geschah ja zu meinem Besten.

»Halb blind« – hier übertreibt Zarah Leander. Wie ihr langjähriger, treuer Fan Paul Seiler berichtet, war sie bei weitem nicht so dramatisch kurzsichtig, wie sie immer zu behaupten pflegte. Immerhin hatte sie auf ihrer Russlandreise 1935 genug gesehen, um desillusioniert nach Hause zu fahren. Irgendeine Art von Sehhilfe brauchte sie allerdings. Und das bereitete Carl Opitz Kopfzerbrechen. Ein Star mit Brille? Das geht nicht. Aber vielleicht könnte man ihr einen ständigen Begleiter zur Seite stellen, eine Art Adjutanten. Die Wahl fällt auf einen »waschechten Grafen« Schönfeld, Karl mit Vornamen. So ein Adjutant ist wirklich praktisch. Er kann für die kurzsichtige Ausländerin die Augen aufhalten – oder zumachen, je nachdem.

Sieht sie die »lauernden, spitzelnden Galgenvögelgesichter« auf dem Ufa-Gelände nicht, die Ralph Benatzky erschrecken, als er im Juni wieder einmal aus der Schweiz nach Berlin kommt? Sieht sie die zackig zum Hitlergruß hochgerissenen Arme nicht? Sieht sie die angeschraubten Messingschilder mit der Aufschrift »Nicht für Juden« auf den Parkbänken nicht? Sieht sie die antisemitischen Hetzparolen des *Stürmers* nicht, die, in unzähligen Schaukästen ausgestellt, das Straßenbild dominieren? Die mit Hakenkreuzfahnen dekorierte forsellsche Wohnung in Stockholm signalisierte jedenfalls eines: die Bereitschaft, die Schatten des »Dritten Reichs« großzügig zu ignorieren.

Das war nicht so schwer. Man musste es nur genauso machen wie alle anderen ausländischen Geschäftsleute, die mit und in Hitler-Deutschland Geld verdienten: sich nicht einmischen in die inneren Angelegenheiten des Landes.

YES, SIR!

Alle sind so nett zu mir«, sagt Zarah Leander zu dem schwedischen Journalisten mit dem ambitionierten Pseudonym Cyrano. »Das Einzige, was mich beunruhigt, ist die Frage: Werde ich den großen Erwartungen auch gerecht werden können, die man in mich setzt?« Nein, sie bereut es nicht, das Angebot aus Hollywood ausgeschlagen zu haben: 6000 Dollar die Woche von Metro-Goldwyn-Mayer. »Ich glaube nicht, dass ich mich in Hollywood gut machen würde. Da gibt es zu viele meines Typs. Hier bin ich jedenfalls die Einzige. War es nicht Cäsar, der gesagt hat, besser der Erste in einer kleinen Stadt als der Zweite in Rom? Na ja, und so richtig kleinstadtmäßig ist es hier ja auch nicht.« – Das deutsche Arbeitstempo allerdings ... »Um sechs Uhr morgens stehe ich auf, und manchmal geht die Arbeit im Atelier bis elf oder zwölf Uhr nachts, einmal sogar bis halb eins. Andererseits hat mir noch nie eine Arbeit so viel Spaß gemacht.«

»Zu neuen Ufern« heißt der Film, an dem mit solcher Intensität gearbeitet wird. Ihr erster Regisseur in Deutschland ist Detlev Sierck. Der war nun mit Sicherheit kein Freund der Nazis, ebenso wenig wie Ralph Benatzky. Siercks Beispiel zeigt, dass es mit der Gleichschaltung bei der Ufa doch nicht ganz so funktionierte, wie Goebbels es sich wünschte. Im Sinne einer funktionierenden Filmproduktion mussten Kompromisse eingegangen werden. Als Regisseur bei der Ufa hatte der Hamburger Unterschlupf gefunden, nachdem seine Vorliebe für linke Autoren ihn seinen Posten als Intendant am Theater in Leipzig gekostet hatte. Sierck, der noch im gleichen Jahr mit seiner jüdischen Ehefrau in die USA emigrierte, wurde in Hollywood unter dem Namen

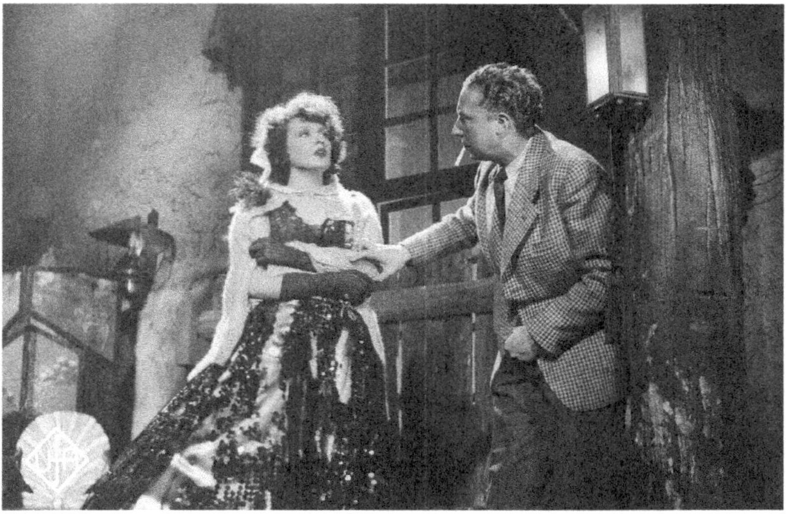

Die neue Diva und ihr Regisseur: Zarah Leander mit Detlev Sierck während der Dreharbeiten von »Zu neuen Ufern«.

Douglas Sirk berühmt. Seine großen Melodramen »Was der Himmel erlaubt«, »In den Wind geschrieben«, »Imitation of Life« entstanden zwischen 1955 und 1958. In »Zu neuen Ufern« spielt Zarah Leander die Sängerin Gloria Vane, die im puritanischen London des 19. Jahrhunderts mit ihren frivolen Liedern für Aufsehen sorgt.

Man nennt mich Miss Vane, die berühmte, bekannte. Yes, Sir.
Die nicht sehr beliebte bei Onkel und Tante. No, Sir.
Man fürchtet, ich könnte die gräflichen Neffen im Spielsalon oder im Himmelbett treffen.
Ich könnt' sie verführen mit tausenden Listen zu etwas, was sie vielleicht doch noch nicht wüssten …

Die berüchtigte Miss Vane steht auf der Bühne in einem Kleid mit bloßem Rücken und wahnwitzigem Dekolleté, das sie manchmal, aber nicht immer hinter einem großen Fächer verbirgt. Wie sie – einer charmanten Raubtierdompteurin gleich – ihr Lied singt und das entzückte Publikum in den Rängen fast über die Balustrade purzelt, das ist die Szene, die immer wieder gezeigt wird, wenn es darum geht, Zarahs Filmschaffen bei der Ufa zu illustrieren. Hinter der Korsage aus transparenter, schwarzer Spitze aber schlägt das Herz einer liebenden Frau von beträchtlichem Opferwillen. Der Geliebte, gespielt von Willy Birgel, ist dabei, als Offizier ihrer Majestät nach Australien zu reisen, aber vorher begeht er noch eine kleine Wechselfälschung. Eine nun in unschuldsvolles Weiß gehüllte Gloria Vane – fast sieht sie aus wie eine Braut auf dem Weg zur Kirche – begleitet ihn zum Schiff. Ihre Stimme ist ganz tonlos vor Trauer, während seine, entgegen dem Inhalt seiner Worte, fast emotionslos wirkt.

> *»Das wird also mein letzter Eindruck von England sein. Ein frösteliger Morgen und Regen. Wie kalt deine Hände sind. Was – Tränen?«*
> *»Nein, der Regen spritzt nur so herein.«*
> *»Du bist ein verdammt tapferes Mädel, Glori. Aber sieh mal, hier in der Tasche, da steckt das Patent zum Offizier. In ihrer Königin Regiment Neu-Südwales. Das ist der Anfang zu etwas Neuem.«*
> *»Wirklich, Albert?«*
> *»Wirklich. In einem Jahr hole ich dich, wenn es nur ein bisschen gut geht. Das schwöre ich dir.«*
> *»Man darf nur schwören, wenn einem das heilig ernst ist. Aber es ist dir doch ernst, nicht, Albert?«*
> *»Aber wir beide, wir gehören doch zusammen, Glori. Wirst du zu mir halten?«*
> *»Immer, Albert. Ich liebe dich doch.«*
> *»Und wirst du auf mich warten?«*
> *»Immer, Albert.«*

Bald schon bekommt sie Gelegenheit, ihren Opfermut unter Beweis zu stellen. Als Alberts Betrug auffliegt, nimmt sie die Schuld auf sich, wird verurteilt und in das berüchtigte australische Frauengefängnis Paramatta deportiert. Dort muss sie feststellen, dass Albert es mit der Treue weniger ernst gemeint hat als sie. Sie steht im Regen ... Bis ein edelmütiger Farmer, gespielt von Victor Staal, ihr eine neue Lebensperspektive gibt.

In dieser ersten Filmrolle, mit der die Ufa ihren neuen Star präsentiert, sind fast alle Aspekte des Typs enthalten, den sie in ihren weiteren Filmen verkörpern wird. Sie vereinigt das Widersprüchliche, ist Diva, selbständige Frau, Liebende und Märtyrerin gleichzeitig. Das ist eine Kombination, die seit Richard Wagners Heroinen auf Deutsche unwiderstehlich wirkt. Im August 1937 wird die Premiere von »Zu neuen Ufern« gleich dreifach zelebriert: erst in Stockholm, dann in Venedig und schließlich in Berlin. Aber vorher darf Zarah sich ausruhen, zwei Wochen lang auf der Insel Äpplarö im Stockholmer Schärengarten. Sie hat versucht, ihr Inkognito zu wahren, aber die Zeitungen haben trotzdem Wind bekommen. Es gibt ein Foto: die Diva in Reisekleidung an der Seite ihres Mannes. Mit der dunklen Sonnenbrille als Schutz vor der Zudringlichkeit der Menschen wird man sie von nun an häufig sehen.

Die Stockholmer Premiere von »Zu neuen Ufern« im Palladium-Kino ist eine Sache höchster gesellschaftlicher Kreise. Auch Prinz Gustaf Adolf, Prinzessin Sibylla und Prinz Bertil seien anwesend gewesen, schreibt *Svenska Dagbladet* am 15. August 1937. Nicht ganz so groß ist die Aufmerksamkeit für den Ufa-Film bei den Festspielen in Venedig. Immerhin, die schwedische Zeitschrift *Filmjournalen* bringt in ihrer 38. Ausgabe eine kolorierte Zarah Leander auf dem Titelblatt – »Die Diva zu neuen Ufern« – und einen Artikel zum »Startreffen in Venedig«. Kritische oder auch nur reservierte Töne gegenüber dem faschistischen Italien als Gastgeber der Biennale findet man hier nicht. Vielmehr wird hervorgehoben, um was für eine internationale Veranstaltung es sich handelt.

> *Die fünfte Filmolympiade in Venedig hat einen äußerst glanzvollen Verlauf genommen. Große Filmstars aus aller Welt haben das Ereignis mit ihrer Anwesenheit beehrt und das Publikum und die Filmfachleute in die olympischen Kinos gelockt. (...)*
>
> *Conrad Veidt und Brigitte Helm haben schon vierzehn Tage lang Strand und Sonne in Venedig Lido genossen, das Herzogpaar von Windsor ist schon zu anderen Gestaden abgereist, ebenso wie der frisch verheiratete Sohn des amerikanischen Präsidenten Roosevelt. Aber andere Berühmtheiten haben sie abgelöst, Marlene Dietrich und Ernst Lubitsch, die sich zwischen den Schlachten in Hollywood ausruhen, und die stattliche Joan Crawford, die sich ausgezeichnet macht in geblümter Strandkleidung, breitschulterig, farbenfroh und pittoresk wie sie ist.*

Ob Greta Garbo sich wohl nach Venedig locken lasse? Aber ja, man habe sie doch gesehen, in der berühmten »Harrys Bar« in Gesellschaft reicher Amerikaner. Aber das seien wohl nur Gerüchte. Als Schwede werde man immer wieder gefragt, warum denn in diesem Jahr kein schwedischer Beitrag auf dem Programm stehe. Einen kleinen Trost habe man ja, da Zarah Leanders Ufa-Film »Zu neuen Ufern« gezeigt wurde, ebenso wie ihr vorheriger Film »Premiere«, der nur ihretwegen ein Erfolg sei, »auch wenn man sonst Einwände gegen den Film hatte«.

Ein französischer Film, Duviviers *Le Carnet du Bal* mit Jean Gabin, bekommt den großen Mussolinipokal als »bester ausländischer Film«. Der Deutsche Emil Jannings erhält den Preis für den besten männlichen Hauptdarsteller, und an die Amerikanerin Bette Davis geht der Preis für die beste weibliche Hauptdarstellerin. In dieser Gemeinschaft internationaler Stars, die keine Bedenken zu haben scheinen, die Filmfestspiele im faschistischen Italien mit ihrer Anwesenheit zu schmücken, posiert Zarah Leander strahlend und elegant vor den Fotolinsen.

Ende des Monats ist die Galapremiere in Berlin. Operation Leander, zweiter Teil. Diese Premiere im Ufa-Palast am Zoo, schreibt Zarah Leander im Rückblick, wurde von Ufa-Pressechef Carl Opitz »fast wie ein Staatsakt« inszeniert: »Massenhaft Menschen. Lange Polizeiketten. Kleine Kinder mit blaugelben Wimpeln. Scheinwerfer wie auf einer Eishockeybahn. Polizeieskorte auf Motorrädern. Dann im offenen Auto die Diva und ihre Ehrengarde: acht Fräcke mit Kerlen drin. Oh, war das großartig, fast hätte man glauben können, dass etwas wirklich Wichtiges vor sich ging.«

Das ist die Perspektive der Fünfundsechzigjährigen: distanziert, ironisch, abgeklärt. Wie aber erlebt die dreißigjährige Zarah diesen Moment? Lässt sie sich einwickeln, lässt sie sich fangen von all dem Glanz, mit dem Opitz sie umgibt? Oder sieht sie, dass der Kaiser nackt ist? – Vermutlich. Wer, wenn nicht sie, ist Expertin des schönen Scheins?

Seit ihrem ersten Schritt auf deutschem Boden ist ihr Leben nicht weniger künstlich als das Filmgeschäft überhaupt. Künstlich wie die Zelluloid-Liebe zu Willy Birgel, den sie in Wirklichkeit nicht leiden konnte und der – um das richtige Größenverhältnis herzustellen – vor der Kamera auf Holzblöcken neben ihr hergehen musste. Aber manchmal verkneift sie es sich nicht, die Illusion zu zerstören. Detlev Sierck hat berichtet, wie sie ihn nach der Premiere »mit einer weniger graziösen als herrischen Gebärde« auf die Bühne gezogen und »mit ihrer dunklen Bassstimme« gesagt habe: »Das ist der Mann, der dafür verantwortlich ist, was wir heute verbrochen haben.«

Donnernder Applaus des Publikums. Aber was für ein Schock für die Ufa-Gewaltigen! Die Göttin zeigte Witz. Sie waren, so Sierck, bis zuletzt skeptisch, ob das Publikum »diese Frau« schlucken würde. Es war aber gerade dieses unvermutete Aufblitzen der Zarah-Persönlichkeit, das die Leute jubeln ließ. Was nun geschah, war erhofft, aber letzten Endes nicht kalkulierbar gewesen. Das deutsche Kinopublikum nahm Zarah Leander zu seiner »ganz großen Geliebten«. »Nie haben die Deutschen einen Kinostar mehr geliebt und verehrt als die Schwedin Zarah Leander«, schrieb der Theaterwissenschaftler Günther Rühle nach dem Tod von Zarah Leander in der *Frankfurter Allgemeinen Zeitung*.

> *Es war ein süchtiges Verhältnis – von dessen Nachhaltigkeit sich mancher bei ihrer Wiederkehr in den fünfziger und sechziger Jahren überzeugen konnte, der ihre großen Jahre noch miterlebte. (...) Es gab kaum jemanden, dem die tiefe, fast männliche, oft dröhnende Stimme, die sich aber schnell leicht, elegant, kokett und graziös geben konnte, nicht im Ohr klang, dem das schöne Gesicht, das sich dramatisch verdüstern, sinnlich verschleiern, tränenreich glänzen und auch die Heiterkeit einer überlegenen Frau gewinnen konnte, nicht vor Augen stand.*

Die Liebe war gegenseitig und lebenslang. Zarah Leander, die sich von Jugend an nichts anderes gewünscht hatte als eine Bühne, auf der sie stehen konnte, und ein Publikum, das ihr zujubelte, sie fand nun das, was sie brauchte. Nun, da sie durch beiderseitige Passion gebunden war an ihr deutsches Publikum, aus dem sich, wie behauptet wird, eine große Zahl konkreter Liebhaber materialisierte, war sie erpressbar. Es war eine arrangierte Ehe, teuer bezahlt, aber nichtsdestoweniger glücklich.

EIN UFA-STAR WIRD BENUTZT

Der erst so skeptische Propagandaminister ändert seine Meinung. »Eine Menge Filmfragen. Engagements, vor allem Zarah Leander. Die Geschäftserfolge mit ihr sind enorm«, notiert er am 6. Oktober 1937. Die beiden folgenden Filme mit ihr, »La Habanera« und vor allem »Heimat«, geben ihm noch mehr Anlass zur Zufriedenheit. Die deutschen Blätter zum Jubeln zu bringen ist nicht schwer, aber auch das Ausland bewundert die Leander. *The New York Times Film Review* schreibt am 10. September 1938:

> *Nobel hält Zarah Leander die Tradition aufrecht, die die großen Bühnenschauspielerinnen begründet haben, als sie in aller Welt und in verschiedenen Sprachen Hermann Sudermanns Drama »Heimat« aus dem Jahr 1892 spielten. (...)*
>
> *Als die reiche amerikanische Primadonna, die triumphierend in ihre kleine deutsche Heimatstadt zurückkehrt, acht Jahre, nachdem sie vom führenden Bankier der Stadt betrogen wurde, macht sich die stattliche Schwedin mit der wundervollen tiefen Stimme und dem einnehmenden Lächeln viel besser als in früheren Rollen. Manches davon geht auf das Konto von Carl Froelich, der im Film für die Ufa Regie geführt hat. Die Starbesetzung (...) trägt zur praktischen Vollkommenheit der Darstellung bei.*

Die Stücke des heute fast vergessenen, damals sehr populären naturalistischen Dramatikers Sudermann waren beliebte Filmvorlagen, auch

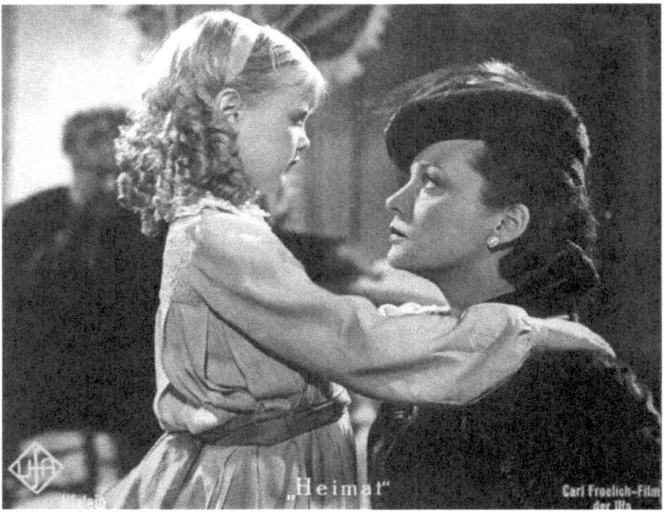

Diva, Mutter, Märtyrerin ist Zarah Leander in dem Ufa-Film »Heimat«.

in Hollywood. 1926 hatte Greta Garbo in der Sudermann-Verfilmung »Flesh and the Devil« mitgespielt, 1933 Marlene Dietrich in »The Song of Songs«. Von »Heimat« existierte schon eine deutsche und eine amerikanische Stummfilmversion. Es ist der einzige ihrer zehn Ufa-Filme, den Zarah Leander gelten ließ. Dass sie in der Paraderolle der berühmten Eleonora Duse nicht baden ging, schrieb sie dem intensiven Bemühen von Heinrich George und Carl Froelich zu. Heinrich George, dessen schauspielerisches Können und menschliche Großzügigkeit Zarah Leander tief bewunderte, spielte den pensionierten Oberst von Schwartze, der seine Tochter um der Familienehre willen zwingen will, ihren Beruf als Sängerin aufzugeben und einen ungeliebten Mann zu heiraten. Heinrich George ist »ein sehr dicker Mann mit sehr dünner Haut« – wie ihr eigener Vater, der Klavierbauer, Flötenspieler und Immobilienmakler Anders Hedberg. Es liegt nahe, dass Zarah sich mit der Rolle der verirrten Tochter identifizieren konnte wie mit keiner anderen.

Carl Froelich hielt sie für den besten Regisseur, den sie je hatte. Der Filmpionier Froelich hatte 1902 als Elektrotechniker begonnen und 1913 mit dem Film »Richard Wagner« seine erste Regiearbeit abgeliefert – zum hundertsten Geburtstag des Komponisten. 1936 durfte er den ersten deutschen Farbfilm drehen. Ein Jahr später ernannte ihn Hitler persönlich zum Professor, 1939 wurde er Präsident der Reichsfilmkammer. »Man schätzte ihn als Spezialisten für aufwändiges Unterhaltungskino, propagandistische Pflichtübungen wurden ihm mit einer Ausnahme, dem NS-Frauenschaftsfilm ›Ich für dich – du für mich‹ (1934), nicht zugemutet«, schrieb *Die Zeit* am 11. Februar 1977.

Auch zu Hause in Schweden bringt »Heimat« Zarah Leander jetzt Lob und Anerkennung ein. Zu ihren ersten beiden Ufa-Filmen hatte sich die schwedische Presse eher reserviert geäußert. Unterdessen hat sie Konkurrenz aus dem eigenen Land bekommen. »Der Film holt sich in jedem Jahr aus Schweden einen neuen Star«, reimt man in Neu-Babelsberg. Schwedische Filmzeitschriften schreiben über die enorme Popularität von Kristina Söderbaum, die sich vor Heiratsanträgen nicht retten könne, über Ingrid Bergman, die sich gerade zu Hause in Schweden von den Dreharbeiten zu den »Vier Gesellen« ausruhe, und über Sigrid Engström, die als Tänzerin begonnen hatte, dann bei Max Reinhardt als Schauspielerin engagiert war und nun eine Rolle als Pastorentochter in der Verfilmung von Hamsuns »Pan« hatte. Auch Mary Johnsons Name wird genannt (die geschiedene Frau Karl Gerhards), die auch einige deutsche Filme gemacht habe, nun aber nach Schweden zurückkehren wolle.

Der Film »Heimat« macht noch einmal, ein letztes Mal, Zarah Leander zum Gegenstand einer durchgängig wohlwollenden schwedischen Berichterstattung. Der Premierenbericht in *Stockholms-Tidningen* erscheint am 1. September 1938.

Die Glocken der Kaiser-Wilhelm-Gedächtniskirche hatten schon Mitternacht geschlagen, als Zarah Leander in einem weißen Cape über einem hinreißenden lila Kleid die Treppen des Ufapalasts herunterschritt und die Polizei alle Mühe hatte, ihr einen Weg zu dem wartenden Auto zu bahnen, vorbei an der Menschenmenge, die stundenlang vor dem Kino gewartet hatte, um sie zu sehen. Ihr Film »Heimat« hatte am gleichen Abend in Berlins größtem Kino Premiere, als bekannt wurde, dass sie wie auch Leni Riefenstahl einen Pokal auf der Biennale in Venedig erobert hat und als Schauspielerin nun also in Venedig zur Nummer 1 des deutschen Films auserkoren wurde. (…)

Froelich hat sich davor gehütet, das Sudermann-Stück allzu bierernst zu nehmen. Er hat es verstanden, auf ausgezeichnete Weise das alte solide Bismarck-Deutschland mit einem Humor zu schildern, den man bisher selten im deutschen Film angetroffen hat, sobald es um Themen geht, die den Deutschen am Herzen liegen. Dieser Humor ist mit seiner Wärme und Objektivität bestens dazu geeignet, das echte, alte, solide Deutschland in Erinnerung zu bringen, das im allgemeinen Bewusstsein in den letzten Jahren beinahe in Vergessenheit geraten wäre. Indem man dieses Sudermann-Stück wählte, hat man sowohl Zarah als auch Deutschland einen unschätzbaren Dienst erwiesen. Zum ersten Mal hat Zarah einen Rahmen bekommen, der ihrer würdig ist. Es war ein Genuss, mitanzusehen, wie sie sich in einem Milieu zurechtfand, das so gut zu ihrem Wesen passte.

Am Tag danach bekommt Zarah vierzig dunkelrote Rosen geschickt. Die Gnadensonne des Propagandaministeriums ist über dem Wildpfad 24 aufgegangen. Goebbels hatte begriffen: Mit der Frau war Staat zu machen. Allerdings nicht erst nach der Premiere, wie Zarah Leander behauptet. Hier täuscht sie die Erinnerung.

Wiederum gibt *Stockholms-Tidningen* im August einen guten Einblick in Zarahs Berliner Alltag:

Wir treffen sie, als sie gerade nach Hause kommt von einer Bootsfahrt zusammen mit Propagandaminister Goebbels und Commodore Vittorio Mussolini hinaus in das schöne Schlossrestaurant Marquardt. Mussolinis Sohn ist Gast der Tobis, und Dr. Goebbels hat ihm in angenehmer Gesellschaft Berlins Venedig außerhalb der Stadt zeigen wollen, also hat Zarah einen Tag frei nehmen dürfen vom Atelier. Sie ist schon vollauf mit den Vorbereitungen für ihren nächsten Film beschäftigt, nachdem der Sudermann-Film »Heimat« nun fertig ist und am 2. September in Berlin Premiere hat. Aber, berichtet sie, er habe schon, gewissermaßen hinter halb geöffneten Türen, seine Vorpremiere bei einer Parteiführerversammlung in Danzig gehabt. »Es war eines meiner herrlichsten Erlebnisse«, erzählt sie, »dieses Danzig, wohin Dr. Goebbels sowohl mich als auch den Film in seinem Flugzeug mitgenommen hatte, und beim Anflug sah ich, dass man die ganze Stadt in den Farben Blaugelb dekoriert hatte.«

Für gelegentliche Repräsentationsaufgaben hat sie zur Verfügung zu stehen. Manche sind angenehm, andere weniger. Zu den angenehmeren Pflichten gehören die Reisen ins Ausland.

Im Herbst 1938 fährt Zarah Leander nach Amsterdam. Sie hat davon berichtet, wie generalstabsmäßig diese Reise geplant war – inklusive einer genauen Kleiderordnung, die ihr vor der Abreise ausgehändigt wurde:

Das sah aus wie ein Auktionskatalog von Bukowskis. Für jeden Lunch, jede Cocktailparty, jeden High-Tea, jedes Abendessen, jedes Souper gab es eine detaillierte Anweisung für die zu tragenden Hüte, Pelze, Kleider, Schmuck, Strümpfe, Schuhe, Handschuhe,

Taschen. Jedes Stück war nummeriert, alle Accessoires hatten Ziffern – es war unmöglich, etwas falsch zu machen und sich womöglich ein Diadem zu Straßenschuhen aufzusetzen.

Wie eine »lebende Reklamepuppe« fühlt sich Zarah. Das Filmgeschäft soll dem Deutschen Reich Devisen bringen. Das Deutsche Reich braucht Geld. Es rüstet sich für den Krieg. Auch andere populäre Stars der Ufa – Heinz Rühmann, Hans Albers, Willy Fritsch – unternahmen solche Reisen. Sie besuchten Bälle und Premieren, gaben Interviews und Autogramme und waren froh, wenn sie bei der Rückreise in ihrem Gepäck ein paar Dinge mitnehmen konnten, an denen es zu Hause zunehmend mangelte – ein Stück Butter, ein paar Eier. Das hat Dirk Schiferli, damals Pressechef für die Ufa in den Niederlanden, fast fünf Jahrzehnte später dem liberalen *NRC Handelsblad* erzählt. Seine Erinnerungen an den Besuch von Zarah Leander geben Aufschluss über ihre Popularität im europäischen Ausland.

Es war schwarz vor lauter Menschen, als Zarah Leander im Herbst 1938 in Amsterdam eintraf – auf dem Hauptbahnhof natürlich, denn die Stars kamen damals noch mit dem Zug. Die Polizei hatte Abstellgitter aufgestellt, sonst hätte man die Diva und ihr Empfangskomitee platt gedrückt. Man erkannte sie sofort an der Eleganz ihrer Kleidung und vor allem an dem kupferroten Haar, dessen Fülle sie allerdings bescheiden unter ihrem Hut versteckte.

Dirk Schiferli holte die Leander zusammen mit dem Direktor des niederländischen Ufa-Büros vom Zug ab. Der war Deutscher und hieß Alfred Wolff, ein »Halbjude« nach der damaligen Terminologie. Deshalb war er von der Ufa-Direktion vorsorglich auf den Außenposten versetzt worden. Liberal verhielten sich die Chefs in Berlin auch in anderer Hinsicht. »Sie akzeptierten, dass man die mitgelieferte Wochenschau nicht unverändert in niederländischen Kinos zeigen konnte. Wir schnitten hier und dort gelegentlich Hakenkreuze raus, wenn die allzu häufig vorkamen, und da machte uns die deutsche Zentrale keine Schwierigkeiten. Und der niederländische Kommentar war natürlich immer ein bisschen gedämpfter im Ton als der deutsche. Das war aber nie ein Problem.«

Schiferli betont, dass die Ufa-Filme, die heute in den Niederlanden als Produkte der Vergnügungsindustrie eines perfiden Systems gezeigt werden, damals außerordentlich populär waren – obwohl die Rezensenten der großen landesweiten Zeitungen in der Regel Verrisse schrieben. »Die Masse ignorierte die tonangebenden Kritiker.«

Zum Besuch von Zarah Leander aber schwärmen Zeitungen und Publikum in einmütigem Entzücken von der »wahren Schönheit« und der »vornehmen und wehmütigen Ausstrahlung« der Schauspielerin. Schiferli begleitet sie zum Interview bei der Runkfunkgesellschaft AVRO. »Atemlos vor Bewunderung« empfängt sie der Radiodirektor Wilhelm Vogt. Nach der Sendung geht es, weil Vogt das so gerne möchte, zu Hamsdorff in Laren.

> *Sie machte das gerne mit, wünschte sich aber einen Tisch, an dem sie nicht gleich von allen Passanten gesehen werden konnte. Dann trank sie dieses und jenes und forderte am Ende den Pianisten auf, »Ich steh' im Regen« zu spielen. Sie sang dazu und bekam natürlich einen donnernden Applaus. Während der nächtlichen Heimfahrt zwangen die eingenommenen Getränke zu einer Rast am Wegesrand, damit der Ehrengast mal in den Büschen verschwinden konnte.*

Zarahs Pinkelpause im Herbst 1938 an der Straße von Laren nach Amsterdam. Die ist nicht vorgesehen im offiziellen Besuchsprogramm der Ufa. Die Nebel der Propaganda lichten sich für einen kurzen Augenblick. Wir sehen eine Frau, die keine Göttin ist. Die viel trinkt und ein trauriges Lied singt. Eine Frau, die mit jedem Film dicker wird.

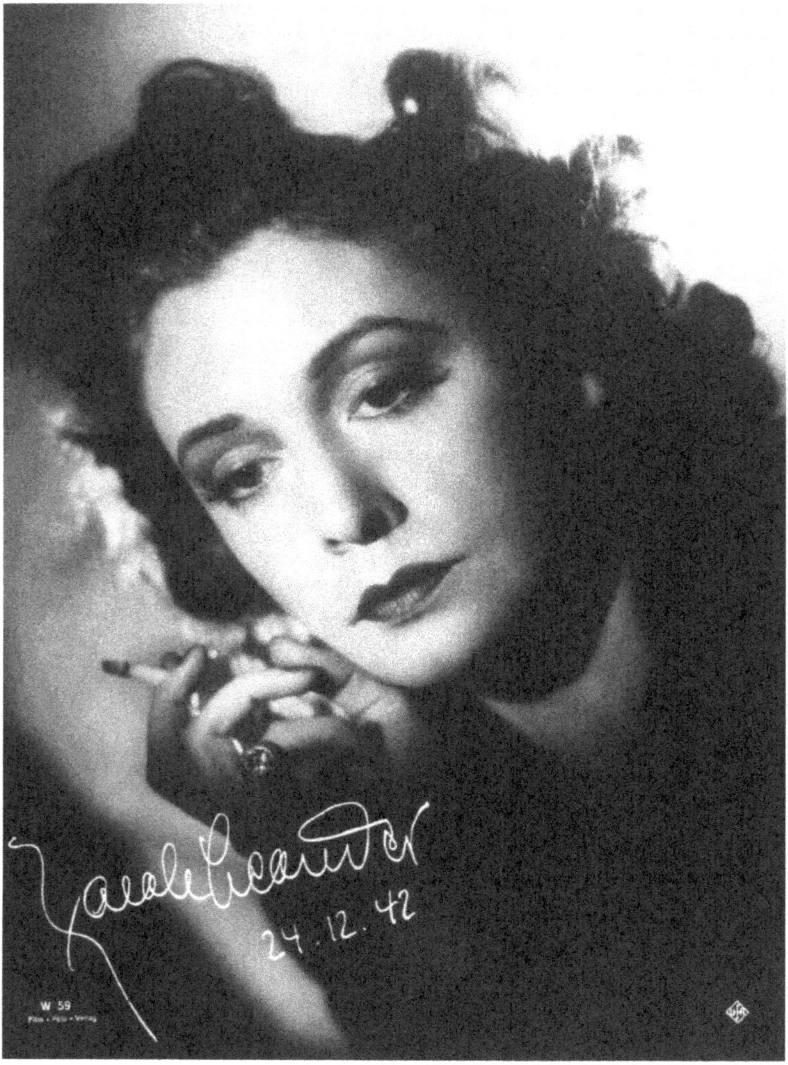

Es gibt kein rührenderes und fesselnderes Gesicht als das von Zarah Leander, finden die Franzosen.

In diesem Herbst 1938 ist Alfred Wolff, den die Ufa vorsorglich auf den Amsterdamer Außenposten versetzt hat, noch in Sicherheit. Aber Goebbels hat die Sache im Blick. »Wir müssen Tobis und Ufa im Ausland entjuden. Funk ist da zu lax«, hatte er sich schon im Vorjahr notiert. Am 9. November wird in Deutschland das inszeniert, was die Nazis zynisch »Reichskristallnacht« nannten. Detlev Sierck ist schon in Amerika. Auch Ralph Benatzky versucht sich gerade in Hollywood. Offiziell kann er nicht mehr für die Ufa arbeiten, da er den Ariernachweis für seine Frau Mela Hoffmann nicht bringen kann. »Inoffiziell« wie mit dem Lied »Der Wind hat mir ein Lied erzählt« für Zarah Leanders zweiten Ufa-Film »La Habanera« ist es zwar möglich, ihm aber zuwider. Sein Resümee: »Alles dazu tun, um dem entgangenen Absatzgebiet neue Wege im großen Ausland zu eröffnen.« Ende 1938 ist er wieder in der Schweiz, enttäuscht und befremdet von der amerikanischen Mentalität.

The show must go on. Nun schreiben andere die Lieder für Zarah Leander: Lothar Brühne, Theo Mackeben, Nico Dostal, Michael Jary, und für ihre Texte ist meistens ein Mann verantwortlich, der auch seine Probleme mit dem Nazi-Regime hat: Bruno Balz ist homosexuell. Noch in Gestapo-Haft, geschlagen und gedemütigt, schreibt er das Lied: »Ich weiß, es wird einmal ein Wunder gescheh'n«. The show must go on.

Im Januar 1939 schmückt Zarah Leander den Berliner Presseball mit ihrer Anwesenheit und singt Lieder aus ihren Filmen. »Zarah Leander bezauberte restlos mit ihrer hinreißenden, schnippischen Kälte, hinter der das Feuer der Leidenschaft nur umso heißer lodert«, schrieb ein sie bewundernder Journalist. Im März 1939 beteiligt sie sich wie andere Ufa-Stars an einer Aktion für das Winterhilfswerk, verteilt Autogramme vor Berliner Kinos und schüttelt die Sammelbüchse. Im Juni 1939 sieht man sie auf einem Empfang der Görings – wie auch Olga Tschechowa.

Wenig später fährt Zarah Leander nach Paris. »Es war eine rauschende Ballnacht« ist gerade fertig gestellt, der zweite Film, in dem Carl Froelich Regie geführt hat. »Zarah Leander – ein europäischer Star« titelt die Filmzeitschrift *Ciné-Revue*.

> *Zarah Leander, der große Kinostar, hat sich gerade acht Tage in Paris aufgehalten. Wir alle kennen sie als Leinwandstar: ihre warme Stimme, ihren seltsamen und tiefen Blick, die elegante Silhouette. Aber diejenigen, die das seltene Privileg hatten, sie während ihres Aufenthalts in »Fleisch und Blut« zu erleben, die konnten sich vergewissern, dass sie nichts Gekünsteltes hat. In der Stadt wie im Kino bleibt der Star eine herausragende Persönlichkeit. (…)*
>
> *Sie ist nach Paris gekommen, um ihre letzten Filme zu synchronisieren. Aber außerhalb der Arbeit hat es auch Empfänge, Cocktails, Frühstücke gegeben, wobei der Star in Kontakt mit ganz Paris und der Menge seiner Bewunderer kommen konnte. Unsere größten Künstler waren da, um sie zu empfangen, sie zu feiern. Man kann sagen, dass Zarah Leander vom Lächeln Frankreichs empfangen wurde.*

Am 1. September 1939 beginnt der Krieg. Zarah handelt schnell. In einem Land, das sich im Kriegszustand befindet, möchte sie ihre Kinder nicht lassen. Sie schickt sie nach Hause. Von jetzt an besuchen sie eine schwedische Internatsschule. Auch Vidar Forsell muss als schwedischer Offizier in sein Land zurückkehren. Das prachtvolle Berliner Domizil Am Wildpfad 24 ist nun zu groß. Aber erst 1941 zieht sie um in einen Bungalow in der Max-Eyth-Straße.

Der Treffpunkt für die ganze Familie ist jetzt Lönö. Erst im März 1939 hatte Zarah das lang ersehnte Landgut in Schweden gefunden. Sooft sie konnte, fuhr sie hin, so auch im Herbst des Jahres, nach ihrer Romreise. »Roms elegantestes Kino, ›Cinema Barbarini‹, begann seine Herbstsaison mit Zarah Leanders Film ›Der Blaufuchs‹«, schreibt

Dagens Nyheter am 26. September, »und nun droht der ewigen Stadt das restlose Zarahfieber. Die Kritiken sind überaus enthusiastisch ...«

Mit dem Krieg beginnen die unangenehmen Pflichten. In Lönö erreicht Zarah eine telegrafische Anfrage aus Deutschland, ob sie bereit sei, in einem Radio-Wunschkonzert aufzutreten. Sie sagt zu – ohne recht zu wissen, worauf sie sich einlässt. Am 8. November 1939 meldet der *Völkische Beobachter* ihre Rückkehr nach Berlin: »Sie berichtete vom Urlaub in der südschwedischen Küstengegend, wo sie ein geräumiges Eigenheim besitzt und die Ferien mit den Arbeiten der Landfrau auszufüllen hat.«

Erst jetzt begreift sie, dass das zugesagte Wunschkonzert eine Veranstaltung für deutsche Soldaten an der Front ist. Das »Wunschkonzert für die deutsche Wehrmacht« wurde jeden Sonntag zwischen 16 und 18 Uhr über alle Sender des »Großdeutschen Rundfunks« ausgestrahlt. Es war Goebbels propagandistische Absicht, das emotionale Band zwischen Heimat und Front zu stärken und zur Kriegsführung zu benutzen. Im Gespräch mit dem schwedischen Journalisten Harald Hultman hat Zarah Leander erzählt, wie nervös sie wurde, als sie begriff, welch prekäre Rolle man ihr hier zugedacht hatte. Sie ist Schwedin. Ihr Mann ist schwedischer Offizier. Dies ist nicht ihr Krieg.

Sie singt trotzdem. Auf einem Foto sieht man Zarah Leander im Berliner Sendesaal, neben dem Mikrofon stehend, im Hintergrund die Hakenkreuzfahne. Sie trägt ein langes schwarzes Kleid und einen Mantel um die Schultern gehängt. Aber was ist das für ein weißes Tuch, das sie in der Hand hält? Will sie damit etwas demonstrieren? Ein Zeichen ihrer schwedischen Neutralität abgeben?

Maria Cebotari, Benjamino Gigli, Rosita Serrano, Marika Rökk und vor allem Lale Andersen mit »Lili Marleen« – Zarah Leander ist nicht der einzige ausländische Name in der Reihe der Künstler, die im »Wunschkonzert für die Wehrmacht« auftraten. »Hier sahen alle Künstler die Möglichkeit, etwas Gutes zu tun«, erinnert sich der Bassist Wilhelm Strienz, der ebenfalls mit dabei war. »Von allen Fronten

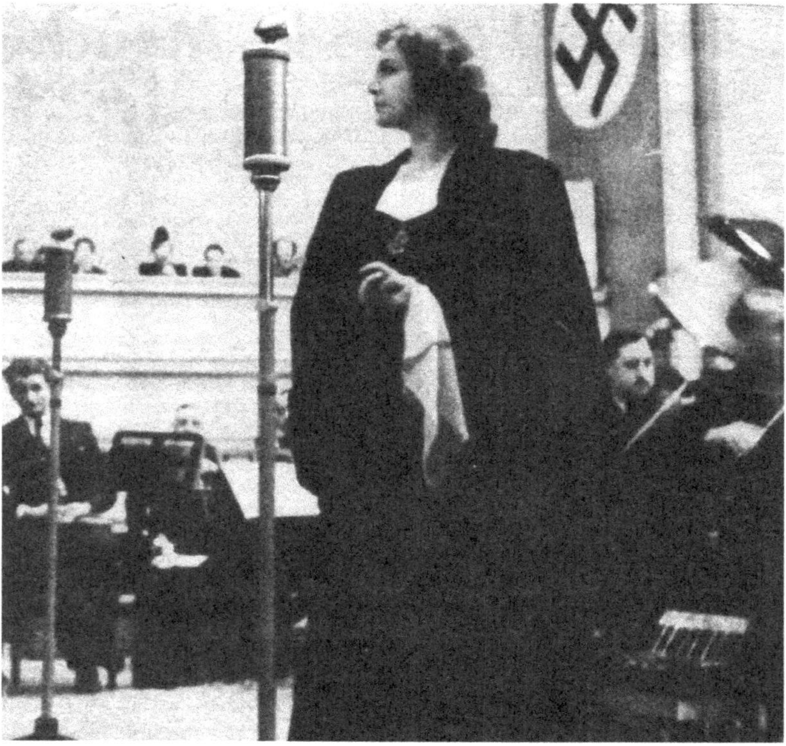

Was bedeutet das weiße Tuch? Zarah Leander beim Wunschkonzert für die Wehrmacht.

schrieben die Soldaten ihre musikalischen Wünsche, Frauen und Mütter in der Heimat schrieben und telegrafierten dem Sender dringende Familiennachrichten, die über den Äther weitergegeben wurden.« Wer, wenn nicht Zarah Leander, ist als Stimme der Sehnsucht gefragt? Wie soll sie sich dem entziehen? Es bleibt nicht bei diesem einen Mal im ersten Kriegsjahr.

Was die internationale Kritik angeht, sind Zarah Leanders Filme nach »Heimat« nur mäßig erfolgreich – vom »Blaufuchs« (1938) unter der Regie von Victor Tourjansky bis zum »Herz der Königin« (1940). An dem Carl-Froelich-Film »Es war eine rauschende Ballnacht« bemängelt die *New York Times Film Review* den Mangel an Humor. Ein künstlerischer Tiefpunkt ist »Das Lied der Wüste«. Aber weder die schlechten Filme, die Zarah Leander macht, noch der Krieg scheinen ihrem europäischen Ruhm etwas anhaben zu können. Als die *Schweizer Film-Zeitung* im Frühjahr 1940 eine Umfrage nach den beliebtesten Filmstars startet, landet Zarah Leander auf Platz 1 vor Jeanette Mac Donald und Greta Garbo. Sie wurde, wie das Blatt angibt, von 722 weiblichen und 505 männlichen Teilnehmern gewählt. Unter den Männern schneidet Tyrone Power am besten ab – vor Spencer Tracy und Clark Gable. Unter den Männern ist der erste deutschsprachige Star erst auf Platz 10 zu finden, es ist der Schweizer Paul Hubschmid, der 369 Stimmen bekam, gefolgt von Adolf Wohlbrück und Heinz Rühmann.

Im Mai 1941 ist Zarah Leander wieder in Paris, um ihren neuen Film »Der Weg ins Freie« zu synchronisieren. Im besetzten Paris geht das Kulturleben seinen Gang. Sie trifft Jean Cocteau, die Schauspielerin Cécile Sorel und den Tänzer Serge Lifar.

Ein Pressefoto zeigt, wie Zarah deutschen Soldaten Autogrammwünsche erfüllt. Es ist dieses Bild, das ihr in Schweden zum Verhängnis wird. Um ihre Verstrickung zu dokumentieren, wurde es später mit der Bildunterschrift gedruckt: »1941: Inmitten der Soldateska. Zarah schreibt Autogramme für die deutschen Eroberer in Paris.«

Sie habe aber auch französischen Polizisten Autogramme gegeben, sagte Zarah Leander dazu. Es stimmt. Auch davon existieren Fotos. Zarah laviert. Bei diesem Besuch macht sie die umstrittene Äußerung: »Mein stärkster Eindruck in Paris war am Sonntag das Aufziehen der deutschen Ehrenwache am Arc de Triomphe. Es war erschütternd und ergreifend.« – Dieser Satz wird ihr in Schweden als entschiedene Parteinahme für die Deutschen angekreidet. Tatsächlich hat sie damit aber eine Formulierung gewählt, die in ihrer Mehrdeutigkeit einer Diplomatin würdig wäre. Die Emotion, von der sie spricht, könnte ebenso gut als Entsetzen interpretiert werden. Sie bemüht sich, es allen Seiten recht zu machen, und kann doch nicht verhindern, dass ihre Sätze gegen sie Verwendung finden. Aber erst nach ihrer Rückkehr aus Paris gerät sie in den eigentlichen Schlamassel.

DIE GROSSE LIEBE

Eine Komödie. – Gut! In den Kleidern von heute. – Besser! Mit Viktor Staal als Partner. – Noch besser! Und Liedern von Michael Jary zu Texten von Bruno Balz. – Großartig!

Nach ihrer Rückkehr aus Paris blättert Zarah Leander in einem Manuskript, das sie begutachten soll. Das tut sie jedes Mal, das Recht dazu hat sie sich vertraglich zusichern lassen. Niemals würde sie in einem Film mitspielen, dessen Inhalt sie nicht kennt. Die Mehrzahl ihrer Ufa-Filme waren ja Kostümfilme, Liebesdramen in opulenten Roben, die das Publikum ihre Sorgen vergessen machen sollten. Schon nach dem Maria-Stuart-Film »Das Herz der Königin« hat sie mit ihrem neuen Regisseur Rolf Hansen einen zeitnäheren Stoff erwogen. Sie sehnt sich danach, eine Frau von heute vorzustellen. Jetzt endlich bekommt sie Dialoge zu lesen, die etwas mit den Menschen um sie herum zu tun haben. Der Kriegsalltag macht sich auch bei den Dreharbeiten bemerkbar, die vielen Einberufungen machen die Arbeit schwierig, und die Sorge um Angehörige und Freunde an der Front ist häufiger Gesprächsstoff in Neu-Babelsberg. Aber bald wird er ja vorbei sein, der Krieg?

So sieht es aus, im Frühjahr 1941. Das Kriegsglück scheint dem Deutschen Reich günstig zu sein. Leichtfüßig und hell soll der neue Film werden. Eine Komödie um die Liebeswirrungen zwischen einer international bekannten Revuesängerin und einem feschen Fliegeroffizier. Am Ende landen beide glücklich im Hafen der Ehe. Das Drehbuch haben die Autoren Alexander Lernet-Holenia und Peter Groll geschrieben. Zarah Leander ist einverstanden. Allerdings gibt sie ihre Zustimmung zu einem Film, der so nicht realisiert wird.

Denn dann beginnt die »Operation Barbarossa«. Am 22. Juni 1941 lässt Goebbels Zarah Leander zu einer Besprechung kommen und hält später fest: »Kurz mit Frau Leander einen neuen modernen Kriegsfilm für sie besprochen.« Das ist der Tag, an dem der Krieg gegen die Sowjetunion beginnt. Damit verändert sich auch das Konzept des Films. Er darf nicht enden wie geplant.

Im September 1941 beginnen die Dreharbeiten in Italien. Im Dezember werden sie im Froelich-Studio in Berlin fortgesetzt und am 18. März 1942 abgeschlossen. Inzwischen hat Hitler den USA den Krieg erklärt. Der Regisseur Rolf Hansen ist immer wieder genötigt, in Handlung und Dialoge einzugreifen, so dass Alexander Lernet-Holenia sein Manuskript am Ende nicht wiedererkennt.

Nach der ersten Kalkulation soll der Film 1 513 000 Reichsmark kosten, schließlich wird er doppelt so teuer. Dokumentarisches Filmmaterial von verschiedenen Kampfschauplätzen wird auf höchsten Befehl hinein- und wieder herausgeschnitten. Logische Brüche und kaum nachvollziehbare Persönlichkeitsentwicklungen werden in Kauf genommen. Hanna und ihr Flieger treffen sich in Rom. Drei Wochen Fronturlaub! Aber schon nach ein paar Stunden endet das Glück.

»Ich habe hier einen Kameraden getroffen, einen Offizier vom Stab, der hat mir angedeutet, dass es richtiger wäre, wenn ich mich meiner Staffel wieder zur Verfügung stellen würde.«
»So, das hat er dir angedeutet. Und warum, wenn ich fragen darf?«
»Das hat er selbst mir nicht gesagt.«
»Er hat es dir nur so – angedeutet, ja?«
»Ja. Er hat mir auch einen Platz in der Kuriermaschine besorgt.«
»Und jetzt fährst du einfach, ohne Begründung, ohne Befehl, und ich habe mich mit der Tatsache abzufinden.«

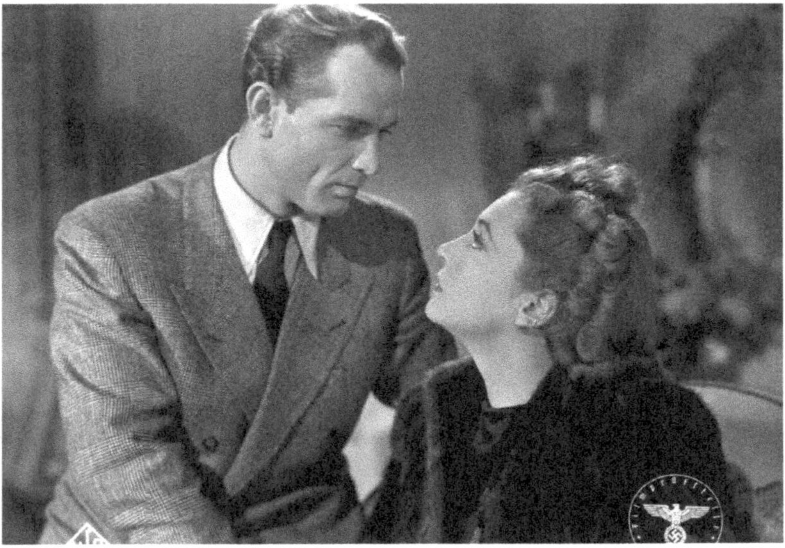

Die Liebe in den Zeiten des Krieges: Zarah Leander und Viktor Staal in dem Film »Die große Liebe«.

»Hanna! Für jede Stunde, die ich nicht bei meiner Staffel bin, muss ein Kamerad für mich einspringen. Und gerade jetzt. Hanna! Ich bitte dich, quäle mich doch nicht. Es fällt mir ja auch verdammt schwer, aber du musst doch einsehen ...«

»Nein, seh ich nicht ein! Ich kann es nicht mehr ertragen.«

»Was hast du denn schon ertragen! Dass ich immer nur wenig Zeit für dich habe? Dass unsere Hochzeit verschoben werden musste?«

»Und das ist nichts? Paul! Warte doch ab, bis man dich ruft. Du weißt doch gar nicht, ob man dich wirklich braucht.«

»Doch, das weiß ich. Ich will wieder weg, ich will zu meinen Kameraden.«

»Wenn du mich liebst ...«

»Ich bitte dich, mich nicht immer wieder von meinem Beschluss abzubringen, den ich für meine Pflicht halte.«

»Und ich bitte dich, wenigstens so lange zu bleiben, bis du den Befehl bekommst.«

»Ich dachte, du wüsstest, was es bedeutet, die Frau eines Offiziers zu werden.«

Die beiden scheiden unversöhnt. In Berlin erfährt sie, dass es Krieg mit Russland gibt, und jetzt versteht sie natürlich vollkommen. Die Schlussszene zeigt eine geläuterte, opferbereite Hanna an der Seite ihres verwundeten Offiziers. Aus einer Liebesromanze, die ganz fidel in einem Berliner Luftschutzkeller begann, ist eine peinliche Durchhaltenummer geworden.

Die propagandistische Absicht bleibt dem Ausland nicht verborgen. Ein Schweizer Filmkritiker schreibt:

Es war den Produzenten offenbar weniger darum zu tun, eine Liebesgeschichte zu vertiefen und den Liebenden im Publikum damit eine erzieherisch wertvolle Lehre zu geben als vielmehr darum, den Millionen von Bräuten und jungen Gattinnen im Hinterland, denen immer wieder der Bräutigam oder der Mann entrissen wird, ein Beispiel »heldenhafter Unterordnung des Persönlichen unter die allgemeine Forderung, wie sie unserem Geschlechte in diesem weltgestaltenden Kriege entspricht« (deutsche Pressestimmen), konkret vor Augen zu führen.

Aber in Deutschland wurde »Die große Liebe« der größte Kinoerfolg der Kriegsjahre. Der Film soll ca. 9 Millionen Reichsmark eingespielt haben. Knapp 28 Millionen Menschen haben ihn gesehen. Sie haben einen Film gesehen, der die täglichen Entbehrungen, die Verdunkelungen, die Nächte im Luftschutzkeller thematisiert und bagatellisiert.

Bombenalarm. »Wieder in den Keller, mit all den schrecklichen Leuten«, seufzt der Revuestar Hanna Holberg, und ihr Begleiter tadelt sie milde: »Na, na, na, sind die Leute denn wirklich so schrecklich?« Die Blockwartin sorgt dafür, dass alles geordnet vonstatten geht wie auf einem Schulausflug. Der Hund? Nein, er darf nicht mit, natürlich. »Tut mir leid, aber so sind die Vorschriften.« Der Hausmeister schäkert mit dem Dienstmädchen Käte. »Guten Abend, Fräulein Käte. Na, mal wieder zu dem gemütlichen Plauderstündchen ...« Hanna Holberg und der Unbekannte lassen sich Zeit. Bevor sie in den Keller gehen, öffnen sie ein Fenster und sehen in den Abendhimmel.

Donnerwetter! Schön, was?
Hmm. Wie im Märchen.
Nein, viel schöner. Wie die Wirklichkeit.
Und deswegen müssen wir jetzt in den Keller, denn in der Wirklichkeit gibt's Flaksplitter.
Und trotzdem ist die Wirklichkeit schön. Auch wenn's Gefahren gibt. Gerade weil es Gefahren gibt.

Wie raffiniert der Film Liebe und Krieg verknüpft, betonte der Filmhistoriker Leif Furhammer, als »Die große Liebe« 1980 vom Zweiten Programm des Schwedischen Fernsehens gesendet wurde. Der Krieg macht die romantische Liebe nicht nur möglich, er erscheint direkt als ihre Bedingung, und darum, so Furhammer, müsse der Film als Propagandastreifen eingeschätzt werden, den man nicht unkommentiert zeigen dürfe. Und dann auch noch diese Durchhaltelieder:

Davon geht die Welt nicht unter
Sieht man sie manchmal auch grau
Einmal wird sie wieder bunter
Einmal wird sie wieder himmelblau
Geht's mal drüber und mal drunter

Wenn uns der Schädel auch raucht
Davon geht die Welt nicht unter
Sie wird ja noch gebraucht.

»Ich weiß, es wird einmal ein Wunder gescheh'n« und »Davon geht die Welt nicht unter« wurden Gassenhauer, bevor der Film überhaupt in die Kinos kam. Durchhaltelieder? Ja, gewiss. Aber nicht nur für Täter und Mitläufer und ganz gewöhnliche Deutsche, die auf das Ende des Krieges hofften. Sondern auch für die Opfer. »Ich weiß, es wird einmal ein Wunder gescheh'n«: Der Textdichter Bruno Balz selbst hat es sich im Gestapo-Keller vorgesungen, als er, nach drei Wochen Einzelhaft, innerhalb von 24 Stunden zu liefern hatte. Balz, der wegen seiner Homosexualität unter den Nazis zweimal ins Gefängnis kam. »Dass er nicht wie seine Leidensgenossen in einem Konzentrationslager interniert wurde, verdankte er seinem Komponisten Michael Jary und Zarah Leander«, hat Balz' späterer Lebensgefährte Jürgen Draeger bezeugt. »Jary hatte die Machthaber beschworen, Balz freizulassen, da er ihn für den Zarah-Leander-Film »Die große Liebe« brauche.

Wenn ich ohne Hoffnung leben müsste,
wenn ich glauben müsste,
dass mich niemand liebt,
dass es nie für mich ein Glück mehr gibt,
ach, das wär' schwer ...
Wenn ich nicht in meinem Herzen wüsste,
dass du einmal zu mir sagst: Ich liebe dich!
Wär' das Leben ohne Sinn für mich,
doch ich weiß mehr ...

Auch in den Konzentrationslagern gaben Zarah Leanders Lieder Trost. Jorge Semprun hat es in seiner poetischen Autobiografie »Was für ein schöner Sonntag« erzählt. Buchenwald, im Jahr 1944. »Die Lautsprecher verbreiteten leise Musik. Der SS-Mann auf dem Wachturm musste eine Schwäche für die Lieder von Zarah Leander haben. Er spielte unentwegt Platten von ihr. (...) Alle Lautsprecher des Lagers verbreiteten die tiefe, zuweilen metallisch vibrierende Stimme, diese Stimme, die nur von Liebe spricht.« Zu dieser Stimme fallen dem Mitgefangenen Barizon Erinnerungen an eine Eskapade mit einer jungen Frau namens Juliette ein. Er schwelgt in seinen erotischen Erinnerungen, erzählt sie wieder und wieder in allen Details und teilt sie auf diese Weise, ein »Fetisch in einer Welt der erlebten Verzweiflung«. Die Mehrdeutigkeit, die in der Person Zarah Leanders wie in ihrer Stimme liegt, macht es unmöglich, sie für nur eine Seite zu reklamieren.

Bleibt ein kurioses Detail aus der Herstellungsgeschichte des Films »Die große Liebe« nachzutragen. Es geht um die Revueszene, in der Zarah Leander im Zentrum einer Pyramide weiß gekleideter Elfen »Ich weiß, es wird einmal ein Wunder gescheh'n« singt. »Das Problem war, für diese Szene Frauen zu finden, die genauso schön, genauso groß und möglichst genauso voluminös waren wie Zarah selbst, damit sie ein einheitliches ästhetisches Bild abgeben konnten, doch man fand sie nicht – also griff man kurzerhand auf SS-Leute der Leibstandarte Adolf Hitler zurück. Die hatten alle ein Gardemaß und waren alle gleich groß«, berichtete der Schauspieler Wolfgang Preiss in der ZDF-Dokumentation »Hitlers Frauen«. »Das war im Grunde eine ideale Lösung: Denn es war Krieg, die meisten Männer waren eingezogen, andere hätte man auf die Schnelle nicht gefunden. Die Leibstandarte brauchte man nur abzukommandieren – und man hatte auch noch Geld für die Statisten gespart. Daher kommt es, dass in dieser Einstellung nur eine Frau zu sehen ist, nämlich Zarah in der Mitte. Alle anderen waren verkleidete Männer. Erst für die Naheinstellungen nahm man wieder die Gesichter schöner Mädchen.«

Was fängt man mit dieser Geschichte an? Der Autor der Dokumentation, Guido Knopp, sieht sie als Symbol: Zarah Leander als künstlerischer Mittelpunkt des »Dritten Reichs«. Das ist eine mögliche Interpretation. Aber genauso gut kann die Antithese gelten: Zarah Leander, das »U-Boot«. Für einen kurzen Augenblick lang verwandelt sie einen Haufen gefährlicher Männer in Federboa-bewehrte Revuegirls. Wie förderlich war die Künstlerin, die Hitlers Privatarmee zur Travestie verleitete, der nationalsozialistischen Idee? Daran konnte man Zweifel haben.

Von der Premierenfeier am 12. Juni 1942 zu Hause bei Zarah Leander hat der Journalist Gunnar Pihl berichtet. Pihl, der jahrelang als schwedischer Korrespondent in Berlin arbeitete, gehörte mit seiner Frau Margareta zum näheren Bekanntenkreis Zarah Leanders. Unmittelbar nach seiner Heimkehr im August 1943 schrieb er ein Buch, *Tyskland går sista ronden* – »Deutschland geht in die letzte Runde«, das 1943 in den USA und in Schweden erschien. »Teils, weil es das Geschäft, teils die Repräsentation« erforderte, habe Zarah Leander den Chef des Reichsministeriums für Propaganda eingeladen, dazu den Reichsfilmintendanten Hippler sowie ein paar andere Filmgrößen und ihren Filmpartner Viktor Staal, der »ein einfacher und prima Kerl« sei.

> *Die Gesellschaft hatte sich vor dem Kamin versammelt, dessen Sims ein riesiger Rosenstrauß schmückte. Der Wein funkelte in den Gläsern. Produktionschef Walter Bolz war für die Grammofonmusik zuständig. Es ging äußerst »bürgerlich« zu. (...)*
>
> *Der Propagandaminister mit seiner spitzen Zunge und seiner jesuitischen Erziehung saß da in der Filmvilla in einem tiefen Sofa und machte mit Margareta Konversation, locker und weltmännisch, als ob er niemals irgendwelche Sorgen gehabt hätte. Unter Frauen ist er kein unangenehmer Patron, muss man wissen, er liefert sich gern Wortgefechte, aber mit einer gewissen Zurückhal-*

> *tung. Selbst Dr. Goebbels scheint etwas von dem unfreiwilligen Gefühl des Befreitseins zu spüren, das die Deutschen im Krieg packt, wenn sie mit Ausländern in Berührung kommen, die nicht zu den Verbündeten gehören. Das Wort Freiheit passt wohl nicht so recht auf ihn, aber sein dialektisches Talent wurde dadurch angeregt, dass er dieses Mal nicht auf den servilen Ton von Unterwerfung und Bewunderung stieß, auf den ein Nazi-Minister ständig trifft, wenn er sich unters Volk begibt. Er hat ja praktisch uneingeschränkte Macht. Gelingt es einem, sein Interesse zu wecken, dann kann man ein gemachter Mann sein. Gelingt es einem, seinen Unwillen hervorzurufen, dann kann die Zukunft düster aussehen. Als Deutscher kann man, kurz gesagt, nie wissen, und deshalb strengt man sich nach bestem Vermögen an. Ein Beispiel lieferte die Schauspielerin Grethe Weiser, die ihm gegenüber auf der anderen Seite des niedrigen Kacheltisches saß. Sie war äußerst exaltiert. Sie bemühte sich unglaublich zu gefallen und erzählte eine lustige, unpolitische Geschichte nach der anderen. Manchmal hörte der Minister zu und manchmal nicht. Die Deutschen um ihn herum machten ihm den Hof. Darum musste er sich nicht kümmern. Für ihn war es wichtiger, im Gespräch mit den Schweden seine Stellung zu behaupten.*

Goebbels als munterer Plauderer in fröhlicher Abendgesellschaft. Noch scheint die Stimmung zwischen ihm und der Gastgeberin ungetrübt.

ABSCHIED MIT DREI BOMBEN UND DÄNISCHER FLORA

Am 9. Juni 1942 schreibt Vidar Forsell einen Brief nach Berlin. Er schreibt ihn auf Lönö in der Gemeinde Östra Husby, dem Gut, das Zarah 1939 von ihren Schallplatteneinnahmen gekauft hat. Einsam und schön liegt das löwengelbe Herrenhaus oberhalb der Ostseebucht des Braviken. Der schwedische Sommer hat begonnen, die Tage sind lang und hell. Die ländliche Stille wird nur vom Gebrumm der Hummeln und dem regelmäßigen Ploppen der Bälle auf dem Tennisplatz gestört. Nach Berlin schreibt Vidar Forsell in seiner Eigenschaft als Manager seiner Frau. »Sehr geehrter Herr Direktor Jahn« – der Brief ist in perfektem Deutsch abgefasst und an die Ufa-Direktion gerichtet. Es geht um den neuen Vertrag. Die Ufa ist entschlossen, das »Devisenproblem« endlich zu lösen. Es ist ihr seit langem ein Dorn im Auge, dass Zarah Leander sich den größeren Anteil ihres ohnehin üppigen Honorars in Schweden-Kronen auszahlen lässt – nicht 70 Prozent, wie sie ursprünglich wollte und im ersten Abkommen vorgesehen war, aber immerhin 53 Prozent.

Die vertraglichen Bedingungen der Künstler sind sehr unterschiedlich. Unter den deutschen Filmstars ist sie mit ca. 150 000 Reichsmark jährlich der bestbezahlte, Hans Albers hat 120 000, Gustaf Gründgens ebenso wie Heinz Rühmann 80 000, Willy Birgel aber nur ein Drittel von dem, was seine Leinwandpartnerin Zarah Leander für sich ausgehandelt hat. Das schwedische Huhn soll weiter goldene Eier legen, aber bitte in den deutschen Stall.

Vidar Forsell bleibt höflich im Ton, aber hart in der Sache. Er weist auf die kriegsbedingt hohen Lebenshaltungskosten in Schweden hin. Die Kosten, die seine Frau »für das Gut und für ihr persönliches Leben verausgaben musste«, seien mit 320 000 Schweden-Kronen im letzten Jahr höher gewesen als ihre Deviseneinnahmen seit Kriegsbeginn – 304 000 Kronen. Im ersten Kriegsjahr habe sie ja freiwillig auf die Bezahlung in Schweden-Kronen verzichtet. Bei aller Dankbarkeit, die seine Frau der Ufa schulde – sie könne ja auch zu Hause bleiben und in Schweden Theater spielen ... Wäre da nicht »die Einsicht, dass der Einsatz eines jeden in Deutschland während des Krieges wichtig und notwendig ist an dem Platz, an dem er gebraucht wird.« Vidar Forsell unterschreibt *nicht* mit »Heil Hitler«.

In seiner Mischung aus geschickt vertretenem Eigeninteresse und Entgegenkommen gegenüber der deutschen Seite liegt dieser Brief ganz auf der Linie der schwedischen Regierung unter Ministerpräsident Per Albin Hansson. Im Frühjahr 1940 hatte die deutsche Wehrmacht Dänemark und Norwegen überfallen und besetzt, nicht zuletzt um die kriegswirtschaftlich wichtigen Eisenerzlieferungen aus Schweden abzusichern. Die »Operation Weserübung« ging nach norwegischer Lesart so: »Norwegen wurde in zwei Monaten, Dänemark über Nacht und Schweden per Telefon erobert.« Durch das neutrale Schweden gingen die Züge mit deutschen Soldaten auf dem Weg in das besetzte Norwegen und zurück. Deutsche Kriegsschiffe fuhren unter falscher Handelsflagge durch schwedische Gewässer. Deutsche Flugzeuge auf dem Weg an die sowjetische Front flogen durch schwedischen Luftraum. Schwedische Kommunisten wurden in Arbeitslagern interniert. Von Luleå aus wurden täglich 45 000 Tonnen Eisenerz für die deutsche Waffenindustrie verschifft.

Erst im Laufe des Jahres 1942 korrigierten die Schweden ihre Haltung. Noch am 28. Januar sah Goebbels allen Grund, mit ihnen zufrieden zu sein:

> *Ich lasse mir vom Auswärtigen Amt Bericht geben über unser Verhältnis zu Schweden. Schweden hat doch mehr für die deutsche Kriegsführung getan, als man gemeinhin annimmt. Es hat uns vor allem in unserem Krieg gegen die Sowjetunion wesentliche Unterstützung zuteil werden lassen. Es wahrt zwar seine Neutralität, aber doch sehr zu unseren Gunsten. Es besteht auch kein Zweifel, dass Schweden im Falle, dass wir es unter Druck setzen wollten, mit Waffengewalt seine Neutralität verteidigen würde. Professor Segerstedt als dem Herausgeber von* Göteborgs Handels- und Seefahrtszeitung *kann man in Schweden nicht recht zu Leibe rücken. Das Blatt ist der schwedischen Regierung denkbar unangenehm, aber man muss es weiter schreiben lassen, weil ein dahingehender englischer Druck vorliegt. Der König und der Kronprinz stehen zweifellos auf unserer Seite.*

Zarah Leander, die zum Ende des Sommers ein weiteres Mal nach Deutschland reist, um Geld zu verdienen, kann ihr eigenes Verhalten als durch den offiziellen Kurs gedeckt ansehen.

Am 17. August beginnen die Dreharbeiten zu ihrem letzten Ufa-Film »Damals« in Rom. Sie versucht sich zu amüsieren, trotz allem. Einer ihrer Filmpartner ist der schöne Italiener Rossano Brazzi. Eine Kussszene mit dem Dreiundzwanzigjährigen muss 72-mal wiederholt werden, weil immer irgendetwas schiefgeht. Am Abend klagt er über geschwollene Lippen.

Unterdessen hat die deutsche Offensive auf die Stadt Stalingrad, eines der wichtigsten sowjetischen Verkehrs- und Rüstungszentren, begonnen. Bis Mitte September gelingt es der 6. Armee unter General Paulus, den größten Teil der Stadt zu erobern. Aber die schon geschlagen geglaubte Rote Armee zieht ihre Kräfte westlich von Stalingrad zusammen und schließt die deutschen Truppen ein. Das Kriegsglück wendet sich.

Es ist Herbst, und die Dreharbeiten zu »Damals« werden in

Neu-Babelsberg fortgesetzt. In Berlin ist die Stimmung mies, es mangelt an Kartoffeln, Brot und Fleisch, und die Kaufhäuser sind leer. Als Zarah Leander vergeblich darauf warten muss, dass die anteilige Honorarsumme ihrem schwedischen Konto gutgeschrieben wird, geht sie in Streik. Erst als sie den Eingang der Summe bestätigt bekommt, können die Dreharbeiten weitergehen.

Goebbels möchte sie sehen. Er macht ihr ein – aus seiner Sicht großzügiges – Angebot: Deutsche soll sie werden, mitsamt ihren Kindern. Eine üppige jährliche Leibrente soll sie haben und ein Gut auf deutschem Boden. Dazu den Titel »Staatsschauspielerin«, den Hitler ihr so lange verwehrt hat.

Sie sagt Nein. Die Stimmung beim Abschied ist frostig. Zum ersten Mal in Deutschland hat Zarah Leander Angst. Letzter Drehtag ist der 8. November. Danach fährt sie, wie immer nach Abschluss eines Filmprojekts, nach Hause.

Im Dezember, als sich die Niederlage der Deutschen in Stalingrad schon abzeichnet, reflektiert Goebbels grimmig die gewandelte Position der Schweden.

> *Die Schweden sind überhaupt in letzter Zeit außerordentlich reserviert oder frech geworden. Wir haben ihnen gegenüber im Augenblick kein geeignetes Druckmittel in der Hand. Je fester wir uns an der Ostfront behaupten, desto unverschämter wird die schwedische Presse. Sie glaubt, im Augenblick keine Angst haben zu brauchen. Auch fühlt sie sich sicher im Schutze Englands. Die angelsächsischen Staaten brauchen nur geringwertige Siege zu erringen, dann sind die Schweden wieder obenauf.*

Zur Premiere von »Damals« am 3. März 1943 kehrt »die Leander« noch einmal zurück. Auch ihre Lieder aus dem Film will sie bei der Gelegenheit auf Platte aufnehmen. Noch einmal hat Ralph Benatzky, der beschäftigungslos im New Yorker Exil sitzt, auf ihr Drängen ein Lied für

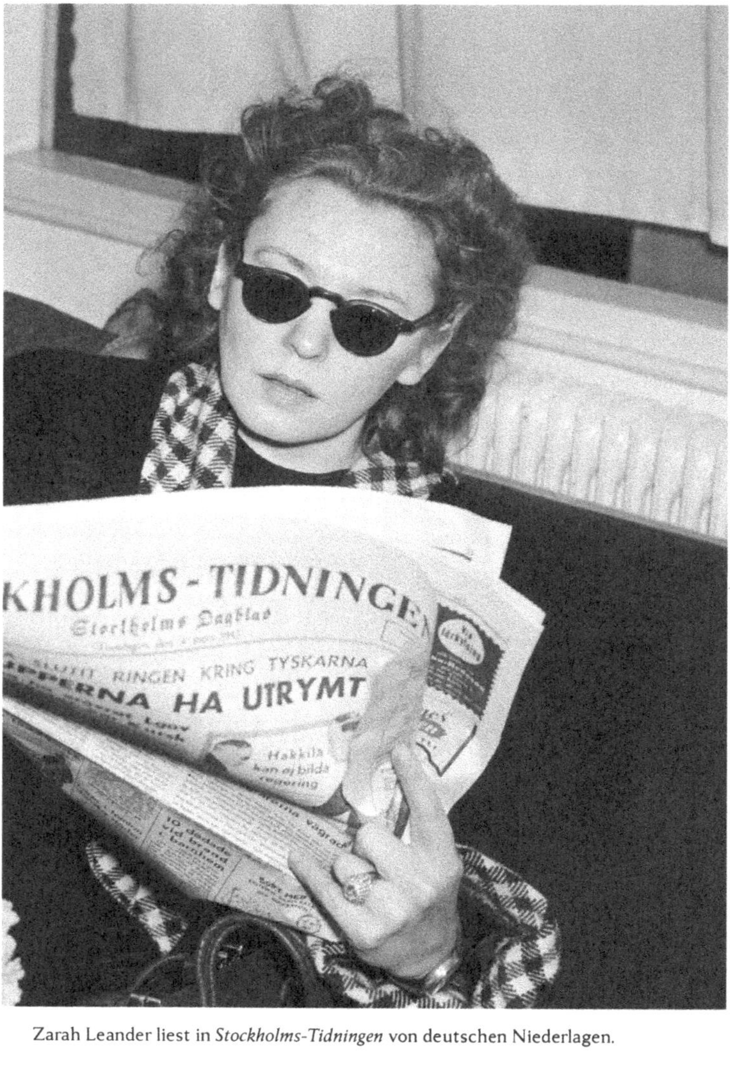

Zarah Leander liest in *Stockholms-Tidningen* von deutschen Niederlagen.

sie geschrieben: »Bitte an die Nacht«. Dass sein Name im Vorspann erscheinen kann, hat sie durchgesetzt. Ein anderes Lied heißt »Jede Nacht ein neues Glück« und schwelgt in verbotenen Jazzrhythmen. Zarah, die wie alle Bewohner Berlins unter den nächtlichen Bombardements leidet, bezieht den Titel mit Galgenhumor auf den Gang in den Luftschutzkeller.

Über den Abschied der Diva von Berlin ist viel erzählt, geschrieben und spekuliert worden. Kein Wunder, es war ein Abschied voller Dramatik.

> *Am 1. März kam der große Angriff, der ganze Stadtteile und Industrieviertel ausradierte, der aber nach deutscher Lesart gegen die Hedwigskirche gerichtet war. Zarah Leanders Dahlemer Villa, von der früher schon die Rede war mit Goebbels drin, wurde von einer Bombe getroffen. Zwei andere fielen vor und hinter das Haus. Sie kam knapp mit dem Leben davon und hat seitdem von ihren Ufa-Beziehungen Abstand genommen, die auch ohne Bomben schon lästig genug waren.*

Das schreibt der ehemalige Berlin-Korrespondent Gunnar Pihl. Seine knappe Zusammenfassung bestätigt ein ausführlicher Artikel vom 5. März 1943 im *Sydsvenska Dagbladet.* »›Ein Wunder, dass ich noch am Leben bin‹, sagte Zarah« lautet die Schlagzeile. Mit einer zehn Zentimeter langen ausgebrannten Brandbombe englischer Herkunft in der Handtasche ist sie auf dem Flughafen Bulltofta bei Malmö gelandet und hat, noch deutlich unter Schock stehend, dem nächstbesten Journalisten erzählt, was geschehen ist, detaillierter vielleicht, als ihr später lieb war:

> *Wir waren anfangs sieben Personen in der Villa. (…) Außer mir der Ufa-Direktor Schmidt, die junge Schwedin Christina Sorbon, die direkt nach dem Alarm mit dem Repräsentanten von Aerotrans-*

port, Bengt Frödin, zu Besuch kam, Fräulein Sorbon spielt in dem Film »Sophienlund« mit, der vor einer Weile fertig wurde, weiter mein Produktionschef Walter Boltz und meine Haushälterin Frau Berta Langula. Direkt nach dem Bombenalarm fuhr Herr Schmidt mit dem Auto nach Hause, die anderen blieben. Die Villa gehört mir nicht, ich habe sie von dem Architekten gemietet, Professor Bräuhaus, sie ist in U-Form gebaut und hat natürlich keinen richtigen Luftschutzkeller. Jedenfalls sind wir in den Keller gestiefelt, den es gibt. Der Alarm kam am Montagabend um halb zehn. Es war vielleicht keine Überraschung, dass die Briten angriffen, am Montag wurde nämlich der Tag der deutschen Luftwaffe gefeiert. (...)

Der Angriff dauerte nicht länger als eine halbe Stunde, aber es war eine halbe Stunde voller unbeschreiblicher Ereignisse, voller Schrecken und Gefahr. Die Artillerie schoss natürlich gewaltig. Der ganze Luftraum donnerte, und plötzlich kam die erste Bombe. Wir hörten das Heulen, und das Haus wurde vom Aufprall erschüttert. Die Bombe lag auf der Grenze zwischen Grundstück und Straße, (...) ungefähr dreißig Meter vom Haus entfernt. (...) Nach dieser Explosion kam eine zweite Bombe und landete auf der anderen Seite des Hauses, das bis zum Grund erschüttert wurde. Nach diesem zweiten großen Treffer, der uns immer noch den Atem nahm, gab es eine Pause, und wir verließen den Keller im Glauben, dass die britischen Bomber sich jetzt andere Teile der Stadt aussuchen würden. Da hörten wir über uns das Höllengeheul einer dritten Sprengbombe. »Lauft, lauft!«, rief ich, und wir hasteten Hals über Kopf in den kleinen Keller. Bevor wir richtig unten waren, schlug die Bombe in einer Ecke des Hauses ein.

Ein Wunder sei es, sagt Zarah wieder und wieder, dass alle am Leben geblieben seien, selbst Bengt Frödin, der auf dem Dach saß und versuchte, die Brandherde zu löschen, als die dritte Bombe traf.

Aber Berlin brannte, der Himmel war blutrot, und das Donnern der Bomber und Kanonen rollte weiter über die Stadt. Von einem Bein der U-förmigen Villa war nur noch die Ecke übrig geblieben. Der Rest brannte lichterloh. Die Garage und das Auto waren in kleine Teile zerschlagen. Die Möbel gehörten zum größten Teil meinem Vermieter, aber ich habe einige wertvolle Dinge verloren, nagelneue Pariser Toiletten, einige genauso neue aus Stockholm, eine große Brillantbrosche, einen neuen Pelz und anderes, um das es sich nicht lohnt zu reden.

In der Nachbarschaft, bei Viktor Staal, kommt Zarah unter. »Später in der Nacht« geht sie noch einmal los, steht vor der brennenden Villa und sieht zu, ob es irgendetwas zu retten gibt. Es ist aber »nicht der Rede wert«.

Zwei Tage später, am Mittwochnachmittag, findet die Premiere von »Damals« statt, als wäre nichts geschehen. Das große Capitol-Kino ist unzerstört geblieben. Die Leute kommen pünktlich zur Premiere, der Zuschauerraum ist bis auf den letzten Platz besetzt, die Berliner sind entzückt wie immer und huldigen ihrem Star – als wäre nichts geschehen. Zarah kann es nicht begreifen. Aber auch sie ist erschienen. Dann setzt sie sich ins Flugzeug und fliegt nach Schweden. Nur der goldene Zylinder der englischen Brandbombe in der Handtasche erinnert an das, was passiert ist.

Etwas hat sie retten können – außer ihrem Leben. Ein vollständiges »Flora Danica«-Service, eine handgemalte Kostbarkeit aus Dänemark und gerade erst erworben. Mit Bedacht hatte sie es in einen Korb gepackt und im Keller verstaut. Was die geplante Plattenaufnahme angeht, so muss sie nun in Stockholm stattfinden – am 14. April zusammen mit dem schwedischen Dirigenten Einar Groth.

ELISABETH RALF

Elisabeth Ralf provoziert für ihr Leben gern. Deshalb wird sie manchmal zu Talkshows im Fernsehen eingeladen. »Junge Leute *müssen* schön sein, sie sind ja ganz langweilig«, ruft sie dann etwa aus, um zu unterstreichen, was für ein Skandal es ist, dass alte Leute so selten auf dem Bildschirm auftauchen. »Die Jungen haben ja noch nichts erlebt!« – Sie sieht in die Runde, erwartungsvoll, ob der Stich auch sitzt. Dann lächelt sie triumphierend.

Jahrgang 1919 ist die Stockholmerin, und sie hat viel erlebt. Ein Großhandelsunternehmen hat sie gehabt, Schmuck für das berühmte Kaufhaus Nordiska Kompaniet hat sie entworfen, über Glanzbilder hat sie geforscht und publiziert. Dreimal war sie verheiratet. Jetzt, mit siebenundachtzig, stickt sie kleine expressionistische Bilder in Petit Point. Eine Zeit lang hat sie auch für den schwedischen Geheimdienst gearbeitet.

Bei meinem ersten Besuch bei ihr, es ist Zeit für ein zweites Frühstück, bringe ich Brezeln mit, von der deutschen Bäckerin auf Östermalm. »Die hab' ich gern«, sagt Elisabeth herzlich. Ihre Stimme ist überraschend tief für ihre Körpergröße. Noch überraschender ist ihr ausgezeichnetes Deutsch, das sie mit einem kleinen, gewinnenden Akzent spricht. Es sind diese Deutschkenntnisse, die sie damals für die Geheimdienstaufgabe qualifizierten.

Tore Forsberg hat mir geraten, sie zu besuchen. Jetzt ist er Rentner und beschneidet den Apfelbaum in seinem Garten in einem Stockholmer Vorort. Aber früher war er Spionageabwehrchef bei der schwedischen Sicherheitspolizei, kurz: SÄPO, und traf sich mit dem DDR-Kollegen Markus Wolf. Wer, wenn nicht er, kann mir sagen, ob Zarah Leander Spionin war oder nicht. »In meinen dreiunddreißig Jahren bei der SÄPO«, so hatte er ausgeholt, »habe ich niemals irgendwelche Akten gesehen, die beweisen konnten, dass Zarah Leander Spionin war.« Gerüchte habe es gegeben, das ja, aber die seien niemals bewiesen worden. Und er persönlich glaube überhaupt nicht, dass sie Spionin war – »aus dem einfachen Grund, weil sie niemals Zugang zu irgendwelchen geheimen Informationen hatte«. Solche Vorstellungen – der Star, der Goebbels aushorcht – gehörten ins Kino oder ins Reich der Phantasie. Milde und ein wenig herablassend hat er gelächelt. »Also vergessen Sie's «, hat er mir empfohlen. Wenn ich aber mit der Frau sprechen wolle, die eine echte, wirkliche Spionin, eine Deutsche in schwedischen Diensten, angeworben habe, dann ...

Aber dann sprechen wir doch nicht über die wirkliche Spionin, Elisabeth Ralf und ich. Immerhin hat doch gerade wieder einmal der schwedische Rundfunk in seinem Nachrichtenprogramm über eine neu entdeckte Quelle berichtet, die angeblich beweist, dass Zarah für die Sowjets spioniert hat. »Kann es wirklich sein, dass sie in Lönö einen geheimen U-Boot-Hafen gehabt hat?«, frage ich sie.

»Ha, fahren Sie mal dahin. Das Wasser ist viel zu flach. Ein U-Boot-Hafen muss doch irgendwelche Möglichkeiten für die U-Boote haben, nicht wahr?« In Kenntnis der Menschen und des Metiers hält auch sie es für ausgeschlossen, dass Zarah Leander spioniert hat, für wen auch immer. »Ihr Temperament war dafür nicht geeignet. Sie war doch ein Bühnenmensch, eine, die sich so ausbreitet für ihr Publikum. Es gibt natürlich Leute, die so doppelt sein können, aber sie nicht. Außerdem hat sie zu viel Branntwein eingenommen, und wenn man das tut, ist man kein guter Spion. Es ist möglich, dass sie irgendwelche Informationen weitergegeben hat, dann aber unbewusst.«

Sie war zwölf Jahre alt, als sie Zarah Leander auf der Bühne des Konzerthauses sah, an der Seite von Gösta Ekman. Und da, meint sie, habe man es gleich gesehen. »Sie war groß, sie war schön, und sie war einigermaßen unverschämt. Sie hatte diese Fähigkeit, das Zentrum zu werden. Es war ganz offensichtlich, dass sie ein Star war, ein Weltstar wie Greta Garbo. Schweden war zu klein für sie. Sie musste raus!«

Man sieht sie vor sich, die Stockholmer Göre von einst, die fachmännisch über Musikerkarrieren redet. Zwei ihrer Onkel waren als Tenöre an deutschen Bühnen engagiert. Auch ihr Vater als Kantor an einer Stockholmer Kirche und Leiter des Akademischen Chors hatte viele deutsche Freunde. Das war so selbstverständlich damals, sagt sie. Viele hatten Verbindungen nach Deutschland, Deutsch war ja die erste Fremdsprache bis 1941. Von Goethe und Thomas Mann bis zur Speisewagen-Lyrik kannte sie alles. »Schmutz auf Zucker wirkt oft peinlich, Mitropa-Würfel sind immer reinlich.« Wer weiß so etwas noch? Auch dass man in Schweden stolz auf Zarah Leander war, als sie nach Deutschland ging, weiß sie noch. »Alle Schweden, die in der Welt bekannt sind, findet man ja zu Hause großartig. Erst später, als man hörte, dass sie mit den führenden Nazis umging, hat man sie als Verräterin betrachtet. Als sie zurückkam, war sie ein Outcast. Unmöglich, sich vorzustellen, dass sie auf einer Bühne stünde.«

Mit siebzehn war Elisabeth Ralf mit dem Fahrrad unterwegs in Deutschland. Ihr Haar war lang und blond, aber die Nazis haben gedroht, es ihr abzuschneiden; weil sie laut gesagt hatte, der Begriff »arisch« bezeichne lediglich eine Sprachgruppe und keine Rasse. Der Jugendherbergsvater von Hameln hat ihre Haare gerettet. In einer anderen Jugendherberge bekam sie mit, dass ein Mädchen in ihrem Schlafsaal nachts nicht schlafen konnte. »Was ist los?«, hatte sie gefragt. »Ach, ich bin so unruhig. Mein Bruder schwimmt heute Nacht über den Rhein nach Frankreich. Er ist Kommunist.« Elisabeth Ralf hat nie erfahren, ob der Bruder des Mädchens es geschafft hat.

Dann das Jahr 1940. Am 9. April besetzten deutsche Truppen Dänemark und Norwegen. Da unterbrach sie ihr Kunstgeschichtsstudium und unternahm ihre Spezialaufgabe bei der SÄPO. Ihre Aufgabe war es, die Telefongespräche der deutschen Truppen, die in Narvik saßen, abzuhören. »Sie telefonierten über schwedische Leitungen, durch das neutrale Schweden. Man hatte sie an die Deutschen vermietet. Schweden war nie neutral, nie.

Man hat alles so gedreht, dass es so aussah, aber in Wirklichkeit haben wir alles gemacht, fast alles, damit keine schlimmen Bedrohungen kamen. Aber neutral waren wir nie, das ist eine Legende.«

Aber das durfte man lange Zeit nicht sagen. Elisabeth Ralf hat es trotzdem gesagt. Sie hat auch gesagt, dass nicht *alle* Deutschen Richter und Henker waren, als das sehr unpopulär war. »Ich hab ja die deutschen Truppen abgehört, ich wusste ja, die meisten waren wie alle anderen. Da hat man mich gefragt: ›Bist du Nazi?‹« Sie lacht verächtlich. – Und Zarah Leander?

»Wenn man einen Sündenbock finden kann, dann ist es ja schön, besonders wenn dieser Sündenbock groß und bekannt ist. Aber ich fand es eigentlich richtig, was Karl Gerhard gemacht hat. Sie war doch eine große Künstlerin. Und großen Künstlern muss man verzeihen.«

IM REGEN

Frühjahr 1943. Zarah ist in Sicherheit. Den Gefahren der Bombenangriffe und allen weiteren Zumutungen, die der Krieg mit sich bringt, möchte sie sich nicht länger aussetzen. Aber sie hat einen Vertrag mit der Ufa, immer noch. Erst vor einem halben Jahr, am 13. Oktober 1942, hat sie unterschrieben, dass sie für ein weiteres Filmprojekt zur Verfügung stehen wird. Am 1. April sollen die Dreharbeiten beginnen und vier Monate später beendet sein. Ein Honorar von 250 000 Reichsmark ist vereinbart, davon 75 000 auszuzahlen in Schweden-Kronen. Um was für einen Film es sich handelt, ist allerdings noch unklar, und da liegt ihre Chance. Wenn die Rolle ihr nicht passt, kann sie Nein sagen.

Anfang Mai kommen zwei Herren von der Ufa zu Besuch nach Lönö, der Regisseur Rolf Hansen und der Produktionsleiter Walter Bolz. Letzteren zählt Zarah Leander zu ihren persönlichen Freunden, einer, der den Film von der Pike auf gelernt hat, sich vom Laufjungen zum Lichttechniker, Bühnenarbeiter, Requisiteur und schließlich zum Produktionsleiter hochgedient hat. Alles Unbequeme, Bürokratische hat ihr Walter Bolz vom Hals gehalten, seitdem man ihr den Zweiundzwanzigjährigen als persönlichen Kontaktmann zur Ufa an die Seite gestellt hatte. Schenkt sie ihm jetzt reinen Wein ein?

Den vorgeschlagenen Stoff – »Metropol« hätte der Film heißen sollen oder auch »Ein schönes Paar« – lehnt sie jedenfalls ab und schlägt stattdessen vor, »Die lustige Witwe« zu verfilmen, eventuell mit einem späteren Drehbeginn. Diese Möglichkeit muss nun erst einmal geprüft werden und erweist sich als schwierig. Sie würde nach Berlin reisen, um weitere Stoffvorschläge zu besprechen, verspricht Zarah Leander, aber dazu kommt es nicht. Sie spielt auf Zeit. Am Telefon lässt sie sich verleugnen. Briefe gehen angeblich verloren. Neue Stoffideen, die ihr im August zugeschickt werden, verwirft sie. Am 2. September 1943 gibt sie in *Dagens Nyheter* bekannt, dass ihr Vertrag mit der Ufa abgelaufen sei.

Sie ist jetzt frei von Verpflichtungen, die ihr »auch ohne Bomben schon lästig genug waren«. Das weiß Gunnar Pihl, der darüber auch in seinem Deutschland-Buch schreibt:

> *Frau Leanders kolossaler Erfolg speziell beim deutschen Publikum hat mich zu mancherlei Spekulationen veranlasst, die aber nie zu einer befriedigenden Erklärung führten. Jedenfalls schlug sie ein wie eine Bombe und behauptete ihre Stellung mit fast schon unpassender Leichtigkeit trotz schlechter Filmmanuskripte, zahlreicher praktischer Widrigkeiten und einer oft unverständlich plumpen Regie.*
>
> *Ich schätze Zarah Leander als Landsmännin, sie ist schwedisch und patriotisch wie ihr Tennis spielender alter König, hat ein besseres Fotografiergesicht als er und verteidigt ständig mit Schlagfertigkeit und Geschick den schwedischen Standpunkt gegen deutsche Angriffe. Warum sie gerade in Deutschland Filme gemacht hat? Die Frage ist schon beantwortet mit dem Hinweis auf ihre Popularität. Sie hatte keinen Grund, auf die Millionen zu verzichten, die die Deutschen ihr anboten.*

Viele Schweden gibt es nicht, die – wie Gunnar Pihl – im Jahr 1943 öffentlich für Zarah Leander eintreten. Wie lange kann sie sich freuen, nach Jahren der Trennung Mann, Kinder und Familie endlich wieder in der Nähe zu haben? Wie lange kann sie es genießen, auf Lönö nicht länger nur eine Gastspielrolle zu geben? Wie lange dauert es, bis die

Erleichterung umschlägt in Erschrecken? Wer ist der Erste, der sie seine Verachtung spüren lässt, und auf welche Weise? Wann begreift sie, was sie von jetzt an ist – eine Fremde im eigenen Land, eine Ausgestoßene?

Sie habe wohl geahnt, dass man sie nicht mit offenen Armen empfangen würde, schreibt Zarah Leander in ihrem ersten Memoirenbuch, sie habe ja Zeitung gelesen. Aber *dieses* Ausmaß an Abneigung habe sie sich nicht vorstellen können. »Ein Schandfleck für Schweden« – dieses Etikett hat sie von ihrem einstmaligen Bewunderer Torgny Segerstedt verliehen bekommen. Ein paar Jahre zuvor, nämlich 1937, hatte man ihr schon nationale Bedeutung beigemessen, damals aber mit umgekehrtem Vorzeichen. »Mutter Svea kann stolz sein über eines ihrer Kinder«, hatte *Svensk Damtidning* geschrieben, nachdem Zarah in Berlin Wohnung genommen hatte.

Der Grundton schwärmerischen Interesses in den schwedischen Zeitungen hatte sich seit Kriegsbeginn deutlich gedämpft. Nun aber, nach ihrer öffentlich erklärten Heimkehr, häuften sich die negativen Artikel. Teils bezogen sie sich auf die vielen Millionen, die Zarah angeblich verdient hatte, teils auf die Qualität der Filme, die sie in Deutschland gemacht hatte. Am 26. September erscheint in der angesehenen Wochenzeitung *Vecko-Journalen* eine Kritik ihres letzten Films »Damals«, die wie eine Grabrede auf ihre künstlerische Laufbahn klingt. Der Autor, Carl Björkman, hatte sie noch wenige Jahre zuvor in den Himmel gehoben.

> *Zarah Leander ist nun ein für alle Mal nicht mein Typ. Ich mag nicht ihre majestätische Weiblichkeit, die so weit entfernt von allem ist, was natürliche Weichheit bedeutet, und noch viel weniger mag ich den Grabesernst, auf den ihre deutschen Regisseure sie festgelegt haben. (…) »Damals« ist ihre Dankes- und Abschiedsvorstellung. Wenn man diesem Film gegenüber zunächst etwas freundlicher eingestellt ist, dann hat das weniger damit zu tun,*

dass es das unwiderruflich letzte Mal ist. Es hat eher damit zu tun, dass Frau Leander selbst erklärt hat, dies sei eine Rolle, wie sie sie sich gewünscht habe. Das ist ein gruseliges Bekenntnis. Denn die Rolle ist genau das, was ein gebildetes Publikum nicht will, eine unangemessen melodramatische Rolle (...). Aber, bester Rezensent, warum so abweisend im Augenblick des Abschieds? Vielleicht reicht es anzumerken, dass diese auffallende Dame, eine furchtbar stattliche germanische Frau, ein knappes Jahrzehnt lang das absolute Weiblichkeitsideal eines fremden Volks repräsentiert hat.

Der 8. Oktober 1943 war laut Zarah Leander ihr »letzter Arbeitstag«. Drei Tage hat sie im Tonstudio verbracht, um zusammen mit Sune Waldimir vier Platten aufzunehmen. Nur zwei kamen in den Handel, aber davon wurde kein einziges Exemplar verkauft. Die beiden anderen wurden nicht mal gepresst, behauptet Zarah Leander, sie existierten nur in den Büchern der Grammofongesellschaft. »Die Titel sind erstaunlich ironisch, wenn man Sinn für Ironie hat.« »Friedenstaube«, »Heute Abend fällt ein Stern« und »So glücklich wie ich«. Selbstironie braucht man, um zu überleben, das erfährt sie bei dieser Gelegenheit.

Ein amtliches »Auftrittsverbot« für Zarah Leander gab es in Schweden nicht. Das war auch nicht nötig. Es wollte sie ganz einfach niemand hören oder sehen. Allerdings irrte Zarah, was den Beginn ihrer beschäftigungslosen Zeit angeht. Am 21. Oktober 1944 trat sie zum letzten Mal öffentlich auf, nämlich in Waldimirs »Samstagspotpourri«. Danach schlugen die Stockholmer Zeitungen Alarm: Der Radiodienst wage es, der öffentlichen Meinung zuwiderzuhandeln. Das habe sich nicht mal Karl Gerhard getraut. Erst danach gab es im schwedischen Radio, das damals *Radiotjänst* – »Radiodienst« hieß, die Übereinkunft, ihre Platten nicht zu spielen. Es heißt, dass sie im »Giftschrank« des Schallarchivs mit einem Totenkopf versehen wurden.

LUNCH AUF DEM KRÄHENSCHLOSS

Viele Tage und Nächte vergehen, ein langer schwedischer Winter, und auf keine Bühne wird sie gerufen. Wo doch einmal ein Engagement verabredet wird, scheinen sich geheime Widerstände aufzutun, die die Sache schließlich verhindern. Einmal nachts ruft Zarah Leander in ihrer Verzweiflung Karl Gerhard an, das Revue-Alter-Ego, den in Witz und Ironie, Schlagfertigkeit und Schnelligkeit des Denkens Verschwisterten. In der Auseinandersetzung, die sich gerade auf der weltgeschichtlichen Bühne abspielt, hat er anders Stellung bezogen, aber was macht das jetzt, in der Stunde der Not?

Nicht »die Leander« weint am anderen Telefonhörer, sondern eine gedemütigte, verzweifelte Zarah. Sie hat überhaupt viel Nähe und Wärme nötig, und wenn die menschliche Antwort darauf ausbleibt, dann gibt es ja immer noch den »auf Flaschen gezogenen Trost«. Aber dies ist eine außergewöhnliche Lage, und Karl Gerhard begreift es sofort. Die alte Freundschaft bewährt sich, wenn auch mit unerwartet kontraproduktiven Folgen.

Sie hätte im »Cirkus« Sommerrevue spielen sollen, bei Gustav Wally, aber in letzter Minute hat man ihr abgesagt. Warum darf Rosita Serrano dort an ihrer Stelle auftreten? Auch »die chilenische Nachtigall« hat doch zwischen 1937 und 1943 als Sängerin in Hitler-Deutschland große Erfolge gefeiert, hat Filme gemacht und ist beim »Wunschkonzert für die Wehrmacht« ständiger Gast gewesen. Und warum wird sie, Zarah, in der gleichen Revue, in der sie eigentlich hätte auftreten sollen, beschimpft und beleidigt? Sie hat die Vorstellung angesehen, jetzt ist sie am Boden zerstört. Karl Gerhard muss nicht lange nachdenken. Er beschließt, Zarah aus der Patsche zu helfen, und zweifelt nicht, dass es ihm gelingen wird: »›Wer Jude ist, bestimme ich‹, sagte Göring, und ich glaubte in meinem Hochmut, ich könnte Zarah von ihrem unkleidsamen ›Die‹ im Handstreich befreien.«

Karl Gerhard liebte es nicht nur, im Frack mit den Spitzen der schwedischen Gesellschaft zu dinieren, er war ein mutiger Mann mit klaren, gelegentlich unpopulären Ansichten. »Gefährlich mutig«, fanden manche Zeitgenossen. Sein Couplet vom »berüchtigten trojanischen Pferd« – *Den ökända hästen från Troja* – und die dazugehörige Inszenierung in der Revue »Goldregen« im Sommer 1940 brachten ihm diesen Ruf ein. Es bezog sich auf den homerschen Mythos – das nach Troja geschaffte Holzpferd, in dessen Bauch die griechischen Kämpfer hockten. Für Karl Gerhard war Troja die von den Deutschen besetzten Länder inklusive Schweden. Die Szene wurde beherrscht von einem riesigen, bunt bemalten Dalarnapferd, dem aktuellen Schwedensymbol auf der New Yorker Expo 1939. Aus dem Innern des Pferdes tanzten acht Ballettmädchen mit Tirolerhüten zu einer naiven Volksweise. Aber während des Tanzes ging die Melodie in einen bedrohlichen Marsch über. Die Ballettmädchen verwandelten sich in Soldaten, und aus einem zusätzlichen Bein des Pferdes, der »fünften Säule«, trat Karl Gerhard im Anzug und sang vom trojanischen Pferd, das seine fünfte Kolonne mobilisiert hat. Die Botschaft war klar, sie galt allen, die in den besetzten Ländern den deutschen Nazis das Geschäft erleichterten. Durch die folgenden Ereignisse wurde sie nur bestätigt.

Die deutsche Gesandtschaft protestierte, und sowohl der schwedische Außenminister Christian Günther als auch Staatsminister Per Albin Hansson schalteten sich ein, um die Angelegenheit zur Zufriedenheit der Deutschen zu bereinigen. Da Karl Gerhard sich »im Guten« nicht überzeugen ließ, wurde das »trojanische Pferd« mit Hilfe eines lange nicht angewendeten, verstaubten Paragrafen zum »öffentlichen Ärgernis« erklärt und unter Verbot gestellt, andernfalls wäre das »Folkan« geschlossen worden. Die Nummer blieb im Programm, wenn auch in abgewandelter Form. Karl Gerhard verpasste dem Pferd Maulkorb und Nachtmütze, und an Stelle des Couplets trug er nun den albernen Paragrafen im Wortlaut vor.

Allerdings machte er sich damit nicht beliebter. Seinen Kritikern kam sehr gelegen, dass er wenige Monate zuvor, im Frühjahr 1940, auf Einladung der sowjetischen Botschafterin in Stockholm, Alexandra Kollontaj, eine Reise nach Moskau unternommen hatte. Die Melodie zu *Den ökända hästen* hatte er von dort mitgebracht. Eine Artikelserie über seine Erlebnisse in der Sowjetunion in der Wochenzeitung *Vecko-Journalen* war ihm nach Ansicht der Leser zu einseitig positiv geraten. Das machte es seinen Gegnern – »erklärten Nazis sowie deren Mitläufern, traditionellen Deutschenfreunden und Gegnern der Demokratie«, so Karl Gerhard selbst – leicht, ihn als »Bolschewisten« abzustempeln. »Das so genannte bessere Publikum wendete mir und meinem Theater den Rücken zu«, schrieb er in seinen Memoiren. »Ein paar Getreue blieben, aber die vorsichtigen Krämerseelen gaben den Tempel am Östermalmstorg auf aus Angst, ihre deutschen Kunden zu brüskieren.« Ein neues, radikaleres Publikum stellte sich ein, weniger finanzkräftig, aber mit stärkeren Überzeugungen.

In dieser Lage befindet sich Karl Gerhard, als er beschließt, seine alte Freundin Zarah zu rehabilitieren. Sie soll wieder gemeinsam mit ihm auftreten, das ist seine Idee. Und noch einmal soll sie die Lysistrata spielen, die antike Agitatorin, die kraft der Sexualität die Männer dazu zwingt, Frieden zu schließen. Die Revue mit rotem Handlungsfaden soll »Noch leben die alten Griechen« heißen und im Dezember im »Cirkus« Premiere haben. Gibt es ein besseres Vorzeichen für Hitlers Niederlage, als wenn Zarah Leander die Seite wechselt? Im Juni erhält Zarah einen aufmunternden Brief:

Zarah, ich muss dir sagen, dass dieser Plan mich mit stillem Glück erfüllt! Denn es ist an der Zeit, dass sie in Stockholm eine ordentliche Revuevorstellung zu sehen kriegen. Außerdem kommt sie als Antwort auf das Verlangen der Steuerbehörde nach einer durchgeführten Handlung gerade recht. Viele Leute müssen mitmachen. Wer soll für das Ballett zuständig sein? Was hältst du von Georges Gé? Wenn ihm was einfällt, ist er immer noch der Beste.

Um für seinen Plan zu werben, lädt Karl Gerhard zum Mittagessen in sein »Krähenschloss« genanntes Zuhause im eleganten Saltsjöbaden außerhalb von Stockholm ein. Gebeten sind Presseleute sowie Schauspielerkollegen und -kolleginnen. Es ist der 14. Juli 1944. Niemand ist vorgewarnt, als Karl Gerhard die Bombe platzen lässt. Wie die Stimmung umgekippt ist bei diesem – mit Zarahs Worten – »Dauerlunch des Schreckens« dokumentiert eine Fotoserie.

Das erste Bild zeigt eine ausnahmsweise einmal nicht dekolletierte, lächelnde Zarah, der die Theaterchefin des Dramaten, Pauline Brunius, zur Begrüßung herzlich die Hand schüttelt. Schön ist sie, viel schlanker als in ihrem letzten Ufa-Film »Damals«, aber gekleidet in ihrem dunklen Büßerkostüm und dem Halbschleier vor dem Gesicht, als nähme sie an ihrer eigenen Beerdigung teil. Daneben steht, die Szene wohlwollend betrachtend, der Showman Kar de Mumma mit einem Glas in der Hand. Noch sieht alles günstig aus. Zweites Bild: Fünf Menschen sitzen bei Kaffee und Cognac an einer Tafel, im Mittelpunkt Zarah, der die Schauspielerin Tollie Zellman mütterlich den Rücken stärkt. Zarahs blonde, weiß gekleidete Tischnachbarin Gudrun Brost macht ein betretenes Gesicht, alle anderen lachen, aber sie sehen nicht so aus, als lachten sie miteinander. Das dritte Bild ist aufgenommen worden, während Karl Gerhard seine Erklärung abgab. Mehrere Männerrücken in der gespannten Haltung zorniger Aufmerksamkeit drängeln sich auf einer Treppe. Zwischen ihnen sitzt, zusammengesunken und mit erloschener, hoffnungsloser Miene, Zarah auf einer Treppenstufe. Das war kein »besonders geglückter Lunch« schrieb Karl Gerhard in ironischer Untertreibung.

Schon am nächsten Tag gingen die Protestbriefe im Krähenschloss ein. Nicht seine Feinde, die Freunde waren es, die ihn dazu brachten, von seinem Vorhaben Abstand zu nehmen. Ein besonders bedeutsamer Brief, datiert vom 15. Juli 1944, kam aus Göteborg von Torgny Segerstedt.

Lieber Freund,

es war nett von dir, dass du mich über deinen Standpunkt im Fall Zarah unterrichtet hast. Da der Vertrag schon unterzeichnet ist, dürfte an der Sache nicht mehr viel zu ändern sein. Ich fürchte, dass ihre Unbeliebtheit zur schweren Last für dich wird. Es wäre nicht lustig, wenn du mit Zarahs Leiche im Gepäck reisen müsstest. Es ist allerdings möglich, dass die Mehrheit des Publikums einen anderen Blick auf sie hat als ich. Als Primadonna ist sie wohl auch etwas zu alt. Schlimmer ist aber, dass sie nach Goebbels riecht, und das ist kein gutes Parfum.

Ich hoffe für dich, dass das Publikum anders reagiert, als ich denke.

Dein ergebener
Torgny Segerstedt

Es blieb nicht bei diesem Brief unter Freunden. In *Handelstidningen* verlangte Torgny Segerstedt, Zarah Leander möge sich still und leise auf ihr Schloss zurückziehen, »wie es einem toten Menschen ansteht«. Das war hart. In der kommunistischen Zeitung *Ny dag* erschien ein vergleichsweise wohlwollender Artikel mit der Überschrift: »Zarah Leander rudert zu Karl Gerhard herüber«.

Zarah Leanders Rückkehr zum schwedischen Theater zieht selbstverständlich das allergrößte Interesse auf sich. Man hat sie des Nationalsozialismus beschuldigt, und es wäre dumm zu verneinen, dass es eine recht starke Stimmung gegen sie gibt. Karl Gerhard will aber doch dafür geradestehen, dass sie nie Nazi war, und will nun das Eis brechen. Die Nachricht von der Wiedervereinigung hat starkes Aufsehen erweckt, sagt Karl Gerhard, und einige empörte Stimmen haben sein Engagement schon als eine Desavouierung seiner früheren Kulturleistungen bezeichnet, andere betrauern ihn schon wie einen toten Mann.

Das Interview mit Zarah Leander, das nun folgt, ist am Rande der katastrophalen Krähenschloss-Veranstaltung entstanden.

Stimmt es, dass Sie Nazi sind?
Ich war eine politische Idiotin. Ich weiß nicht, was Politik ist, und interessiere mich nicht dafür. Ich sage noch einmal mit Karl Gerhard: Kunst hat Adel, der sich über Zeit und Rasse erhebt, das war mein Leitstern. Er hat auch gesagt, dass man die Seite wählen muss, ich habe mich selbst und meine Familie gewählt, in der Hinsicht habe ich eine rein jüdische Einstellung. Die Familie kommt zuerst. Hier in Stockholm wird so viel über Politik geredet, ich interessiere mich stattdessen für meinen Gutshof, habe Pläne, eine Zentralheizung in die Arbeiterwohnungen einbauen zu lassen, und lasse die Malerarbeiten von dänischen Flüchtlingen machen. Es sind wunderbare Menschen, diese dänischen Flüchtlinge. Aber ständig wacht man über politischen Gedanken auf. Ich saß im Zug und las Stefan Zweig, da sagte ein Mann: »Ach, Frau Leander liest deutsche Bücher!«

Haben Sie in Deutschland viel Geld verdient?
Auf jeden Fall nicht mehr, als Gustaf II. Adolf geraubt hat. Meine

Grammofoneinspielungen sind außerdem seit 1942 in Deutschland verboten. Aber nehmen Sie doch die Haarlocke aus der Stirn, die erinnert mich an Adolf Hitler.

Werden Sie im Cirkus antinazistische Lieder singen?
Ich weiß noch nicht, ob ich dort auftreten werde. Aber für den Fall würde ich mich ganz auf Karl Gerhard verlassen. Im Übrigen: Entspricht es nicht den neuesten Gesetzen, dass man antinazistische Lieder schreiben soll?

Sind Sie nervös vor Ihrer Rückkehr zum schwedischen Publikum?
Ich freue mich sehr, dass ich zurückkehren darf, und fürchte nur Gott und den Teufel.

Später hat Zarah Leander bestritten, dass das Wort von der »politischen Idiotin« von ihr selbst sei. Andere hätten ihr das Etikett angehängt. Jedenfalls war es genau diese Formulierung, die den Chefredakteur der Zeitung *Se*, Carl-Adam Nykop, maßlos gegen sie aufbrachte. Ebenso wie Torgny Segerstedt in *Göteborgs Handels- und Seefahrtszeitung* und Ture Nerman in *Trots allt* gehörte Nykop zu den wenigen Journalisten, die es gewagt hatten, konsequent gegen die Deutschen zu schreiben. Was Zarah angeht, so bewirkte die ausgrenzende Terminologie seiner Artikel eine dauerhafte Stigmatisierung ihrer Person in Schweden.

Ein normaler schwedischer Mensch mit gesundem Empfinden kann nicht Jahr für Jahr seine Augen vor dem widerwärtigen Schauspiel verschließen, das die Nazis in Szene setzten. Ein normaler schwedischer Mensch verkehrt nicht Jahr für Jahr mit Doktor Goebbels, lässt sich nicht mit der Clique ein, die Schwedens Nachbarvölker auf die grausamste und rücksichtsloseste Art und Weise terrorisie-

> *ren, reist nicht in die besetzten Länder und lässt sich dort nicht von den Repräsentanten der Besatzer feiern. Ein schwedischer Mensch mit gesundem Empfinden schafft sich auch keine Häuser und Villen in den besetzten Ländern mit deutschem Geld an. Normales schwedisches Ehrgefühl verbietet es, auf diese Weise zu handeln. Nicht mal, wenn man in erster Linie darauf aus ist, Geld zu verdienen, und es im Zusammenhang damit praktisch findet, sich zur politischen Idiotin zu erklären. Das ist keine Entschuldigung.*

Nykop, der es besser hätte wissen können, erklärte damit Schweden zum Hort der Moral und eine einzige Person zur pathologischen Ausnahme. Ein Sündenbock mit großer Entlastungsfunktion war gefunden.

Andere hatten den Artikel in *Ny dag* auch gelesen. »Zarah Leander ein Freund der Juden« verbreitete das SS-Blatt *Der Stoßtrupp* am 20. Juli 1944.

> *Der früher in Deutschland bekannte schwedische Filmstar Zarah Leander wird im Herbst in einer Revue im Stockholmer Cirkus auftreten, die vom Deutschenhetzer Gerhard geleitet wird. Gerhard ist ein bekannter Salonbolschewist, der seine Wanderrevuen zu hemmungsloser politischer Agitation benutzt. Das Stockholmer Kommunistenorgan* Ny dag *veröffentlicht ein Interview mit Zarah Leander, worin diese sich als Freund der Juden bekennt und die Frage, ob sie antideutsche Couplets singen werde, vollkommen dem Revueveranstalter überlässt.*

Zwischen allen Fronten war Zarah nun gelandet. Es war nicht der einzige unfreundliche Nachruf aus Deutschland. Im *Beiblatt zum Politischen Dienst für SS und Polizei* erschien eine Auseinandersetzung mit der Diva, die bei aller Polemik die ideologischen Probleme offen aussprach, die man vorher versucht hatte zu verschleiern.

Wir sahen sie eine Zeit lang nicht, das Überweib Zarah Leander. Kaum wissen wir noch, wie das war, als sie zum ersten Mal im deutschen Film auftrat. Damals stand sie im Regen und wartete auf dich, d.h. eigentlich hat sie auf deine Neigung, deine Begeisterung gewartet, um auf diesem Wege berühmt zu werden. In ihrer dunklen Altstimme vibrierte eine starke erotische Spannung. Sie fand eine neuartige, aus dem Chanson entwickelte Methode, die Töne durch geheimnisvolle Vorgänge in der Nase in die Länge zu ziehen, um dann, wie von einer Sehne abgeschnellt, dir spitze und verlockende Laute der Liebe in die empfindsame Gegend des Magens zu schleudern. (…) Anfangs wussten wir nicht, ob sie eine Frau, eine mondäne Dame oder eine Meisterdirne sei. Sie schien jedenfalls eine europäische Neuauflage Greta Garbos darzustellen. Und so blieb der Erfolg nicht aus. (…) Erst hat sie eine mondäne Frau in Deutschland darstellen und dann fortschreitend die deutsche Frau verdrängen und ersetzen wollen. Wir haben sie dabei großgemacht. Ihre Bilder haben jeden Bunker geschmückt, und sie war für viele Landser der Inbegriff der Weiblichkeit geworden. Nun sitzt wohl der Iwan in den Bunkern und kann sich an ihrem polierten Lächeln ergötzen. Wir wünschen ihm gute Unterhaltung dabei.

Die glamouröse Diva, als die der Pressechef der Ufa sie lanciert hatte, stand quer zum Frauenbild der Nazis. So war es in Wirklichkeit von Anfang an gewesen. Ihr treues Publikum aber, das es in Deutschland auch und gerade deshalb noch gab, sah in ihrem Ausbleiben ein Menetekel, genau, wie Karl Gerhard es prophezeit hatte. »Im Gemunkel ›Zarah ist fort‹«, so schrieb Günter Rühle in seinem Nachruf auf die verehrte Diva, »steckte ein Gefühl von Verlassenwerden, von werdendem Untergang. Der üppigste, allgemeinste, illusionsstärkste Liebesgegenstand war in der beginnenden Kriegsermattung verloren.«

DIE LEANDER-DEBATTE

Die Wellen der Erregung schlagen hoch in diesem Herbst 1944, das zeigt ein Debattenbeitrag aus der Feder des Mannes, dem Zarah den Text zu ihrem großen schwedischen Hit, »Wollt ihr einen Star seh'n, seht mich an« – *Vill ni se en stjärna,* und viele andere witzige, intelligente Liedtexte zu verdanken hat. »Man muss zu Zarah eine Meinung haben, so viel habe ich verstanden«, schreibt Berco:

> *Der Freundeskreis wird zusammenschrumpfen, denn was auch immer man findet, immer ist da einer, der einem einen eiskalten Blick zuwirft, der das Blut in den Adern gefrieren lässt. Gestern machte ich einen Versuch. Erst traf ich einen Zarah-Anhänger, und als ich bloß meine gemischten Gefühle erwähnte, sagte er: »Aber was hat sie denn eigentlich gemacht?« Und da sagte ich: »Grässliche Filme« – ich kann manchmal meckerig sein – und daraufhin er: »Man muss tolerant sein!«, und der reine Fanatismus sprach aus ihm. Dann traf ich einen Mann, der schäumte vor heiligem Zorn darüber, dass Zarah herumläuft und ehrbare schwedische Luft einatmet, und als ich nicht einstimmte in seine blutdürstigen Ausrufe, sah er mich an wie eine Reichsüberobergruppenführerwitwe und rümpfte die Nase. Ich erinnere mich gut an den Mann. Es ist nicht viele Jahre her, als ich ihn eines Abends zufällig traf, er kam von einem Bankett der Schwedisch-Deutschen Vereinigung und gab furchtbar an, weil er dem Ehrengast Herrn Heß vorgestellt worden war. Er verbreitete sich über irgendetwas Geistreiches im Aufbau*

der deutschen Wirtschaft, was auch immer das war, duftete nach teuren Zigarren und berichtete von einem gewissen Schacht, der ein Genie war. Aber daran habe ich ihn nicht erinnert, er war nämlich stärker als ich.

Der aktuelle Anlass zu Bercos Artikel ist ein Beschluss, den der schwedische Theaterverband im Zusammenhang mit der Affäre Leander gefasst hatte: »Alle Kunst möge frei von Politik sein.« – Eine solche politisch neutrale Kunst könne es gar nicht geben, und gäbe es sie doch, dann wäre sie »tot wie ein geräucherter Hering«, hatte der spätere Literaturnobelpreisträger Eyvind Johnson daraufhin in *Dagens Nyheter* geschrieben und war zum Angriff auf Zarah Leander übergegangen. Er kritisierte ihren Besuch im besetzten Paris:

Im Sommer 1940 marschierten die Nazis nach Paris ein. Und im Tross der deutschen Armee folgte Frau Zarah Leander. Da schämten sich schwedische Männer und Frauen. Sie wussten ja, dass die berühmte Schauspielerin nach Paris gefahren war, um die deutschen Soldaten und Gestapo-Leute zu unterhalten und sie zu neuen Anstrengungen zu stimulieren.

Ein paar Tage später erschien in der gleichen Zeitung eine Gegendarstellung. Sie stammte von Anna Greta Pihl, der Ehefrau von Gunnar Pihl:

Als Ehefrau eines schwedischen Auslandskorrespondenten war ich seit 1938 in Berlin und hatte das Vergnügen, zu Frau Leanders engstem Kreis zu gehören. Frau Leander war seit 1939 jedes Jahr in Paris, mit Ausnahme von 1940, um ihre Filme ins Französische zu synchronisieren. Das passierte in französischen Studios und mit französischen Regisseuren. So auch im Mai 1941, als ich Frau Leander auf ihrer Reise nach Paris begleitete. Eyvind Johnsons

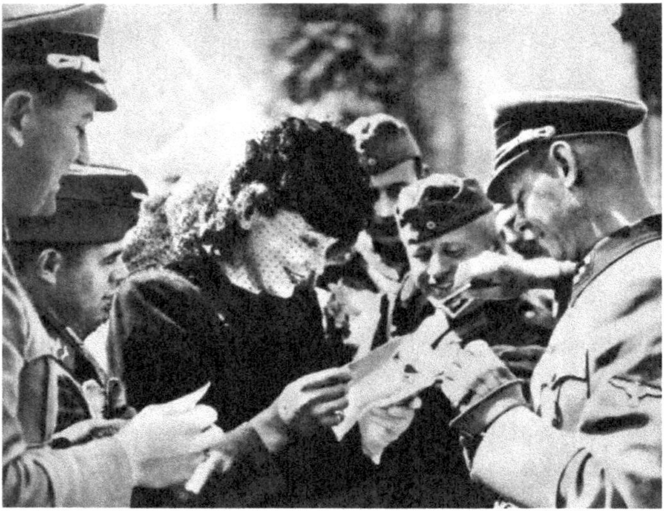

Paris im Mai 1941.

Behauptung, dass Frau Leander bei der Gelegenheit im Tross der deutschen Armee gewesen sei, um die deutschen Soldaten und Gestapo-Männer zu unterhalten, ist absolut unwahr.

In einem Punkt war Berco allerdings einverstanden mit Eyvind Johnson, nämlich in seiner Kritik des politikfernen Denkens. Eine solche Haltung sei ebenso wirklichkeitsfremd wie verbreitet in Schweden, betont Berco. Schon für das Wort Politik glaube ein Redner hierzulande sich schämen zu müssen. »Entschuldigen Sie, dass ich gezwungen bin, das zu sagen, auf Politik will ich nicht näher eingehen, aber ...« Nein, dabei darf es nicht bleiben!

> *Als die Nazis im letzten Winter einen berühmten Pianisten herschickten und es einen Streit um die Sache gab, setzte man sich auf Krämerweise eine Maske auf: Die Kunst steht außerhalb der Politik. Das ist absurd und im fraglichen Fall unmöglich, weil die nationalsozialistischen Auftraggeber des Pianisten selbst mit Hilfe äußerst drastischer Methoden Politik und Kunst zusammengespannt haben. Was Hitler so derb vereint hat, können wir Schweden nicht mit Hilfe einer erkünstelten Neutralität trennen. Im vitalen Interesse der Menschheit existiert keine politische Neutralität, politisches Interesse ist vielmehr ein gesundes Zeichen. Man muss für oder gegen etwas sein. Und in Schweden müssen wir zusehen, dass Politik aufhört, ein Schimpfwort zu sein.*

Damals war Zarah Leander nicht die einzige Schwedin, die es mit der politischen Abstinenz hielt. Das hat auch der norwegische Manager Hans Peter Dahl beobachtet, der während des Krieges in Schweden lebte: »Sämtliche Schweden, mit denen ich rede, erklären sich zu politischen Analphabeten.« Aber in der politisierten Atmosphäre von 1972, als sie ihre Memoiren schrieb, da war sie mit ihrem demonstrativen Desinteresse eine Ausnahmeerscheinung, und sie wusste es.

> *In meiner Jugend konnte man singen »Das ganze Leben ist eine fröhliche Operette«, und das ist es in Wirklichkeit nicht. Heute ist das ganze Leben Politik, und damit liegt man ebenso daneben. Natürlich kommt es darauf an, was man unter »Politik« versteht. Für mich ist Politik ein schmutziges Geschäft, vielleicht ein notwendiges, aber das macht es nicht besser. Man darf mich gerne altmodisch und reaktionär und schrullig nennen – das ist mir ganz egal. Ich interessiere mich nicht für Politik und gedenke auch nicht, mich dazu zu zwingen. Ich interessiere mich für Menschen und für das Leben.*

Aus dieser Perspektive hat sie ihre eigene Geschichte erzählt, inklusive der Ufa-Jahre. Wie war das mit Hitler? – Ein einziges Mal habe sie ihn getroffen, schreibt sie, im Jahr 1939. Bei der Feier zum Abschluss der Dreharbeiten vom »Lied der Wüste« sei er zufällig im gleichen Berliner Restaurant aufgetaucht und habe sie durch seinen Adjutanten an seinen Tisch gebeten. Und da habe sie ihn, nach einem unbehaglichen Moment der Stille, gefragt:

> *»Sagen Sie, Herr Reichskanzler, haben Sie niemals versucht, etwas aus Ihrer Frisur zu machen?«*
>
> *Hitler fährt zusammen und dreht sich blitzschnell zu mir. Als er sieht, wie freundlich und teilnehmend ich dreinblicke, lächelt er zaghaft zurück und greift das Thema mit bekümmerter Ernsthaftigkeit auf: »Sie ahnen ja nicht, was ich alles schon ausprobiert habe. Mit Öl habe ich's versucht, mit Pomade, Haarwachs und allem, was es sonst an wunderlichen Tinkturen gibt. Nichts hilft. Die Strähne fällt immer wieder ins Gesicht. Es ist einfach hoffnungslos!«*

Alsbald habe er bemerkt, dass sie gern rauchen wollte, und sie auf die Terrasse entlassen, und damit sei die Begegnung beendet gewesen.

Goebbels dagegen habe sie oft getroffen, unzählige Male, und beim ersten Mal sei folgender Dialog zustande gekommen:

> *»Ja, Ihr Name. Frau Leander – Zarah ... Ist das nicht ein jüdischer Name?«*
>
> *»Und Ihrer, Herr Minister? Was ist denn mit Joseph?«*

Eine missglückte Verführungsszene schildert sie, die Goebbels als notorischen, wenn auch erfolglosen Schürzenjäger dastehen lässt, während sie selbst sich elegant aus der Affäre gezogen habe. Aber sie besteht darauf, dass er ein »interessanter Mensch« mit großem Wissen in Filmangelegenheiten und »nicht ohne intellektuellen Charme« war.

Der guten Gesprächsbasis wegen, die sie miteinander hatten, sei sie von den Arbeitskollegen oft vorgeschickt worden. Erst zum Schluss habe sie seine unangenehme und bedrohliche Seite kennen gelernt.

Göring? Der habe mit ihr quer über den Tisch Schwedisch parliert, und für ihre Kinder habe er ihr Schokolade mitgegeben, die bayerische Nonnen eigens für ihn herstellten. – Und dann ist da noch die Geschichte von der Saufwette, die sie gegen Walther Funk gewonnen hat. Mit Sardinenöl hatte sie sich präpariert und den trinkfesten Wirtschaftsminister auf diese Weise unter den Tisch trinken können. So bekam sie mitten im Krieg die Ausfuhrgenehmigung für zwei Güterwagen voller Möbel, Bilder und Teppiche für die vielen leeren Zimmer auf Lönö.

In dieser Aneinanderreihung von Anekdoten gibt es nur eine einzige Heldin: die mutige, listenreiche und stets überlegene Zarah Leander. Auch ihr Sohn Göran hat bestätigt, dass sie auf Abstand zum Nazi-Regime bedacht war:

> *Vor der Villa, in der wir wohnten, lag ein großer Park mit Seen, Tennisplätzen und Reitschule. Sonntags sah ich öfter Gruppen von Jungen, die anscheinend viel Spaß miteinander hatten. Sie trugen geschnürte Schuhe, schwarze kurze Hosen und braune Hemden. Alle waren gleich angezogen, und sie sangen auch und gingen im gleichen Takt. Dann hatten sie auch interessante Taschenmesser. Ich sprang zu meiner Mutter und fragte, ob ich auch mit dabei sein dürfte. Meine Mutter sagte ganz streng und bestimmt: Nein! Sie versuchte mit Humor zu erklären, dass die Jungen auf idiotische Weise nur Befehle ausführen mussten. »Und dann müssen sie die Beine so weit heben, dass sie fast auf den Hintern fallen.« Da lachten wir alle über Mutters Erklärung. Dann marschierte sie um den Tisch und imitierte einen deutschen General. Es war also die Hitlerjugend, die ich bewundert hatte.*

Der aus Berlin stammende Sebastian Haffner hat in seiner brillanten autobiografischen »Geschichte eines Deutschen« beschrieben, welche inneren Strategien es im nationalsozialistischen Deutschland gab, zu den Nazis Abstand zu halten. Eine Variante ist die »Illusion der Überlegenheit«. Diese Leute posierten in der Haltung des amüsierten Besserwissens, klammerten sich an die lächerlichen Seiten der Nazis, an die Züge von Lächerlichkeit und Dilettantismus und ersparten sich damit die Wahrnehmung des Teuflischen. Damit ist Zarahs Leanders Haltung exakt getroffen. Darüber hinaus fand sie, dass sie als Schwedin mit den Angelegenheiten der Deutschen nichts zu schaffen habe. »Sie sah sich in der gleichen Lage wie die Korrespondenten schwedischer Zeitungen, die zu ihrem Berliner Freundeskreis gehörten«, so Harald Hultman.

Man kann ihr getrost glauben, dass sie »kein Nazi« war. Viele Gerüchte, hemmungslose Übertreibungen und ehrverletzende Unwahrheiten sind über sie verbreitet worden. Gegen diese Lügen hat sie sich verzweifelt und vergeblich zur Wehr gesetzt. Es lässt sich aber auch nicht leugnen, dass sie in ihren Ufa-Jahren dem nationalsozialistischen Deutschland als Aushängeschild und Devisenbringerin gute Dienste geleistet hat, dass sie es freiwillig getan hat und dass sie davon profitiert hat. Politisch abstinent zu sein bedeutet, sich gewisse Fragen nicht zu stellen. Zum Beispiel, wer die früheren Besitzer der Möbel, Teppiche und Bilder waren, die zwei Güterwaggons nach Schweden füllten. Dass Antiquitäten in Berlin ab 1933 zu »phantastisch niedrigen Preisen« zu haben waren, schrieb Gunnar Pihl in seinem Deutschland-Buch. Auch woher das Gold kam, mit dem das nationalsozialistische Deutschland einen Teil seiner Schulden während des Krieges beglich, wollten die schwedischen Handelspartner lieber nicht so genau wissen. Nach einer vorsichtigen Schätzung des jüdischen Weltkongresses wurde geplündertes Zahngold im Wert von mindestens 18,5 Millionen Dollar nach Schweden eingeführt.

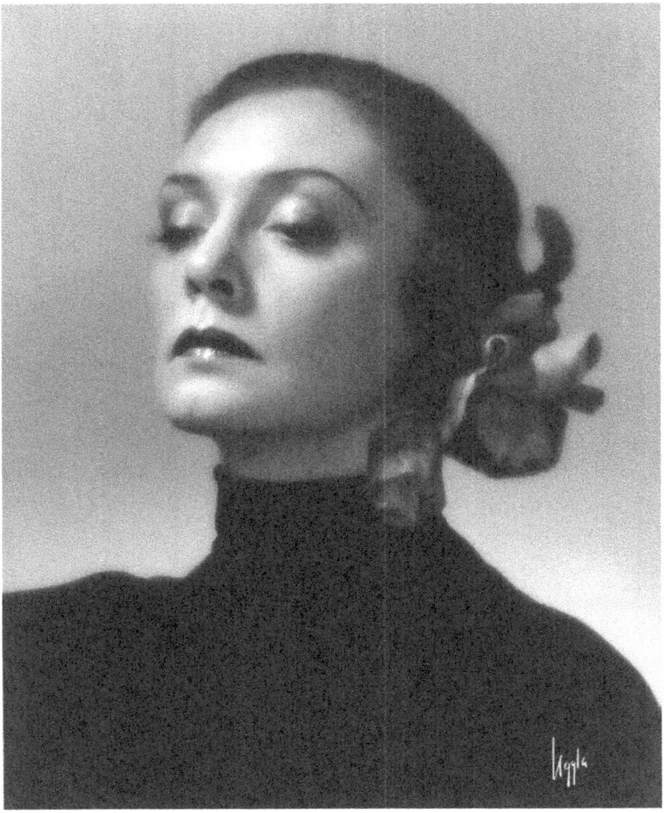

Bereut nichts: Zarah Leander 1947.

Die Empörung über Zarah Leander wuchs, je mehr man in Schweden über die von den Deutschen verübten Gräuel zu wissen bekam. Nur dass andere, die diese Empörung genauso verdient hätten, eben unbeschadet davonkamen.

Kriegsverbrecher aller Länder
baumeln heute am Galgen
aber hier zu Hause waschen sie ihre Hände in Unschuld:
Keiner hat mit den Nazis zu tun gehabt.
Man hat einen Sündenbock in seinem Revier gefangen.
Das ist die Herrin von Lönö, »die Leander«,
die sich fragt, wann sie freigesprochen wird.

Das singt Karl Gerhard nach Kriegsende, im Herbst 1945, in dem Couplet *Lilla jänta, du får vänta* – »Kleines Mädel, du musst warten«. »Wird schon kommen, kleine Zarah, wir haben ja neulich erst« – und nun nennt Karl Gerhard die schwedischen Herren Vougt, Torsten Kreuger und Wallenberg aus Politik, Presse und Hochfinanz beim Namen, denen neulich erst vergeben wurde. Aber wer verstand schon so genau, was deren Vergehen waren? Die Rolle einer bekannten Schauspielerin ist vergleichsweise leicht zu begreifen.

Den perfekten Sündenbock gab Zarah Leander, weil sie so laut, so unbescheiden, so uneinsichtig war. In der schwedischen Gesellschaft, viel stärker als in der deutschen, werden Menschen für ihr Verhalten öffentlich zur Rechenschaft gezogen. Dann muss man »den Pudel machen«, sich unterwerfen, sich erklären. Sodann kann dem reuigen schwarzen Schaf verziehen werden.

Gibt es denn einen Grund, sich zu entschuldigen, fragt sich Zarah Leander, die politische Analphabetin. Nein, sie hat nichts Böses getan, darauf besteht sie. Sie hat niemandem geschadet, niemanden verraten, nur in Liebesfilmen gespielt und Lieder von Liebe und Sehnsucht gesungen. Zarah Leander entschuldigt nichts, erklärt nichts, macht sich nicht kleiner, verhält sich nicht taktisch oder sozial angepasst. Ihre persönliche Tragödie liegt darin, dass es genau diese Eigenschaften waren, die eine große Künstlerin aus ihr machten.

SPIONAGEGERÜCHTE

Im Krieg überschreitet man Grenzen nicht ungestraft, das hatte schon die niederländische Tänzerin Mata Hari erfahren, die 1917 in Frankreich als vermeintliche Spionin für das Deutsche Reich hingerichtet wurde. Ihr Fall geisterte während des Zweiten Weltkriegs noch in den Köpfen.

Eine schöne Frau, distanziert, souverän und rätselhaft melancholisch. Sie befindet sich im Zug nach Schweden, im gleichmäßigen Takt rollt er über die Geleise. Ein unauffälliges Kostüm trägt sie, das rote Haar sorgfältig unter einem breitkrempigen Hut verborgen. Ein Herr im schwarzen Ledermantel kommt ihr im Gang entgegen. Sie streift ihn, spricht eine Entschuldigung aus, neigt sich ihm flüchtig zu: »Guten Tag, Towarisch. Kommen Sie um punkt halb zehn in mein Abteil, Wagen acht.« Es fällt nicht schwer, sich das Gesicht Zarah Leanders zu dieser Szene vorzustellen. Aber es ist eine Phantasie, nichts weiter.

Sowohl in ihrer Wirkung war Zarah Leander grenzüberschreitend als auch in ihren sozialen Gepflogenheiten. Ihr Umgang mit Schwulen und anderen Verfolgten des NS-Regimes war Goebbels ein Dorn im Auge. Dass sie aus ihrem guten Draht zu Goebbels wiederum keinen Hehl machte, machte sie in Schweden unmöglich. Dass Karl Gerhard, der »Bolschewist«, zu ihr hielt, als es sonst niemand tat, brachte sie zusätzlich in Verruf. Es gab gewissen Gerüchten Nahrung, die Rolle des Ufa-Stars sei nur Tarnung gewesen.

Zum ersten Mal wurde der Name Zarah Leander 1941 mit Spionagegerüchten in Zusammenhang gebracht. »Zarah Leander als Spionin erschossen«, hieß es damals in britischen Zeitungen. Die deutsche Presse beeilte sich, die »Gräuelmärchen« zu dementieren und mit einem aktuellen Foto unter Beweis zu stellen, dass sie noch am Leben war. Aber als sie nach der Premiere ihres letzten Ufa-Films im März 1943 verschwunden blieb, bekamen die Gerüchte neue Nahrung. Und dieses Mal gab es keine Dementis. Einiges spricht dafür, dass die Gestapo Zarah Leander tatsächlich verdächtigt hat.

Zu Hause in Schweden war sie nicht minder suspekt. Nun begann die Schwedische Sicherheitspolizei, SÄPO, sich für sie zu interessieren. Sie wurde bespitzelt, und ihr Telefon wurde abgehört. Und es wurde darüber geredet: Hatte sie nicht heimliche Sender im Kuhstall installiert? Diente ihr Gut Lönö nicht als Landehafen für deutsche U-Boote?

Parallel dazu gingen bei der SÄPO Hinweise der damaligen schwedischen kommunistischen Partei SKP ein, in denen es hieß, Zarah Leander sei eine »wahre Demokratin und in keiner Weise braun gefärbt«. Und das Objekt all diesen Geredes – wie ging sie selbst mit dem Thema um? – Sie konnte darüber Witze machen, erinnerte sich ihr Sohn Göran Forsell, à la: »Es würde mich nicht wundern, wenn jemand behauptete, ich arbeite als Spion auf Island im Auftrag des Vatikans.« Aber diese Distanz hatte sie nicht immer. Diese Art von Gerüchten war eine schlechte PR.

Richtig schlimm kam es 1947, als die französische Zeitung *France-Dimanche* sie »die größte Meisterspionin aller Zeiten« (im Dienst der Sowjetunion) nannte. Da hatte sie einen Nervenzusammenbruch. Sie befürchtete ein ernsthaftes Hindernis für ihr Comeback. Obwohl es niemals irgendwelche Beweise gab, wollten die Gerüchte nicht verstummen – bis heute nicht.

Im Sommer 2003 vertrat der russische Journalist und Schriftsteller Arkadij Waksberg in schwedischen und deutschen Medien die These, Zarah Leander habe unter dem Decknamen »Rosemarie« als

Agentin für die Sowjetunion und aktiv gegen die Nazis gearbeitet. Sie habe kein Geld dafür genommen, sondern – als heimliches Mitglied der kommunistischen Partei Schwedens – aus reiner Überzeugung gehandelt. Diesen Schluss hat Waksberg aus seinen Recherchen in den Archiven des Kreml gezogen. Seine Hauptquelle sind Tonbandprotokolle des sowjetischen Geheimdienstmannes Pavel Sudoplatow, der für das Außennetz des NKWD zuständig war. Als Kurier zwischen Berlin und Stockholm habe »Rosemarie« den Sowjets geholfen, sich ein Bild über die Situation im Norden und die unterschiedlichen Interessen der Deutschen und der Alliierten in der Region zu verschaffen.

Diese These hat der britische Historiker Antony Beevor ein Jahr später in sein Buch über Hitlers Lieblingsschauspielerin Olga Tschechowa und ihre Geheimdienstaktivitäten aufgenommen. Zunächst schreibt er noch: Zarah Leander sei »möglicherweise« eine aktivere Agentin als Olga Tschechowa gewesen. Einige Seiten später heißt es schon über die Rolle der Tschechowa: »Auf jeden Fall war sie keine reguläre Agentin wie Zarah Leander.«

Dabei sind Waksbergs Beweise nicht sehr überzeugend. Nirgendwo steht geschrieben, dass »Rosemarie« und Zarah Leander ein und dieselbe Person waren. Da hilft auch der Hinweis auf ihre Popularität in der Sowjetunion nicht weiter. Die verdankt sich wohl eher der Tatsache, dass ihre Filme nach dem Krieg als »Beutekunst« gezeigt wurden. Auf diese Weise war der Schriftsteller Joseph Brodsky mit ihr bekannt geworden.

> *Und hier möchte ich noch an eine Sache erinnern, die mich mit Adolf Hitler verbindet – die große Liebe meiner Jugend namens Zarah Leander. Ich habe sie nur ein einziges Mal in »Das Herz einer Königin« gesehen, der Film lief nur eine Woche, es ging um Maria Stuart. Ich erinnere mich an nichts mehr, außer an diese eine Szene, wo der junge Page seinen Kopf auf die wunderschönen*

Schenkel seiner verurteilten Königin legt. Nach meiner Meinung war sie die schönste Frau, die jemals auf der Leinwand zu sehen war.

Auch Zarah Leanders Lied »Die Rose von Nowgorod« erwähnt Brodsky. Ein Hit in der Sowjetunion! Soll man, so fragt Arkadij Waksberg, hinter diesen Versen eine verborgene Botschaft vermuten?

Es lebte einst in Nowgorod das schönste Kind der Welt
Da kam der Krieg nach Nowgorod, ihr Liebster zog ins Feld.
Eine Rose gab sie ihm, eine Rose rot wie Blut:
»Kehr bald zurück nach Nowgorod und bleib mir immer gut!«

Der Frühling kam nach Nowgorod, die Rosen blühten rot,
doch draußen weit vor Nowgorod, da war noch Krieg und Tod.
Jahre gingen übers Land, und ums Herz war ihr so schwer.
Sie wartete in Nowgorod, doch er kam nimmermehr.

1959 kam das Lied heraus. Aber da hatte Zarah Leander schon verkündet: »Das sage ich euch: Wer mir beweisen kann, dass ich für Deutsche, Russen, Amerikaner oder sonst wen spioniert habe, kriegt alles, was ich besitze: mein Gut, mein Geld, meine Pelze und meine Kinder!«

Sie hatte das Thema gründlich satt. Erst nach ihrem Tod brachte der verdiente schwedische Diplomat Gunnar Hägglöf eine neue Variante ins Spiel, diesmal zu ihrer Ehrenrettung. »Zarah war schwedische Spionin«, behauptete Hägglöf 1988, sie habe dem »legendären« schwedisch-amerikanischen »Meisterspion« Eric Erickson bei seinen Geheimaufträgen in Deutschland geholfen. Aber den Beweis bleibt auch er schuldig. Stattdessen argumentiert er ein weiteres Mal mit Karl Gerhards ungebrochener Freundschaft, die mehr als alles andere für Zarahs aktive Nazigegnerschaft spreche.

Damit sind wir wieder bei der SÄPO und dem Dossier, das unter dem Stichwort »Personalakte 43« über sie angelegt wurde. Als ein weiteres Verdachtsmoment gegen sie hatte man dort nämlich festgehalten, dass ein ostdeutscher Sender ihre Lieder unverdrossen spielte. Im Jahr 1947 hatte der russisch kontrollierte »Berliner Rundfunk« eine halbstündige Zarah-Leander-Sendung ausgestrahlt. Daraufhin hatte es von schwedischer Seite Proteste gegeben, und der Korrespondent von *Svenska Dagbladet* hatte bei dem Sender nachgefragt, ob man sich gut überlegt habe, wen man da spielt. Der Leiter der Musikprogrammabteilung antwortete, dass Zarah Leander niemals auf der Liste der gesperrten Künstler gestanden habe, dass man aber in ihrem Fall Zweifel gehabt habe. Das Publikum habe sie aber dringend hören wollen. Da einige Berliner Kinos begonnen hätten, Leander-Filme zu zeigen, habe man keinen Anlass mehr gesehen, ihre Lieder nicht zu spielen ...

Vielleicht war es einfach so, dass »diese Stimme, die nur von Liebe spricht«, die besiegten Deutschen und ihre sowjetischen Okkupationssoldaten gleichermaßen tröstete.

DER SÜNDENBOCK IN SEINEM REVIER GEFANGEN

Diese Beschimpfungen hält sie nicht aus. Nach dem Krähenschloss-Desaster und der Auflösung ihres Vertrags mit Karl Gerhard zieht sich Zarah Leander auf das Stück Erde zurück, das ihr gehört. Dorthin, wo es Ruhe gibt, körperliche Arbeit, eine Natur, deren herbe Schönheit nicht länger Ferienkulisse ist, sondern die Grundlage ihrer Existenz. Und Jahreszeiten, deren strenger Rhythmus das Leben stärker bestimmt, als sie es gewöhnt ist. Es kommt der Herbst mit seiner dynamisch ausgreifenden Dunkelheit. Es kommen die quälenden Gedanken, aus denen auch der Alkohol keine Flucht mehr schenkt. Sie ist jetzt 37 Jahre alt. Sie ist geliebt, gefeiert, verwöhnt und verehrt worden, und das ist nun vorbei. Was jetzt kommt, ist Verachtung und Gleichgültigkeit. Das Muster ihrer Filme, in dem die Heldin stets für ihr ungebundenes und freizügiges Leben bestraft wird, scheint sie in ihrem richtigen Leben eingeholt zu haben. Ein Stern ist vom Himmel gefallen. Tiefer geht es nicht mehr. Sie läuft den ganzen Tag in Morgenrock und Pantoffeln herum, wenn sie das Bett überhaupt verlässt.

Die Ehe mit Vidar Forsell hat nicht gehalten, was sie versprochen hat. Es gab andere Männer. Mit einem, Michael Jary, verband sie mehr als die künstlerische Symbiose. Aber er ist in Deutschland, und auf Deutschland fallen die Bomben. Die Kinder? Sie sind groß, Boel schon siebzehn und Göran fünfzehn. Wozu soll sie am Leben bleiben? Was hält sie noch? Sie hat Schlaftabletten gesammelt, für alle Fälle, die schluckt sie nun, spült sie herunter mit – Wodka? Hochprozentiges mochte sie immer am liebsten. Das war's, kleine Zarah. Sie schläft ein. Aber irgendjemand findet sie, das Haus ist ja voller Leute, und sie wird gerettet. Über den gescheiterten Selbstmordversuch berichtet sie in ihren Memoiren nur andeutungsweise. »Tiefer als auf den Boden seiner schwarzen Verzweiflung kann man nicht sinken.« Dann habe sie – sozusagen über Nacht – die Wut gepackt. Nach einem Akt des inneren und äußeren Großreinemachens habe sie beschlossen, »es ihnen zu zeigen«. – Was? »Dass ich lebte und bei guter Gesundheit war, natürlich!«

Es waren wohl die Gedanken an ihr großes und schönes Haus, die ihr wieder auf die Beine halfen. »Der Hof gab Eier und Milch und Butter und Fleisch und Heringe.« Und sie hatte Freunde in der Nachbarschaft, die konnte man einladen. Mit dem Kauf von Lönö 1939 hatte sie sich einen Kindheitstraum erfüllt. Der Wunsch, als Gutsherrin die eigene Scholle zu bewirtschaften, gehörte ebenso zu Zarah Stina Hedberg wie das Bedürfnis, auf einer Bühne zu stehen. Eine Weile lang schienen diese Vorstellungen unvereinbar. Als sie 1927 den mittellosen Schauspieler Nils Leander heiratete, war die Gutsherrin passé. Sie hatte ihre Wahl getroffen und den Vater brüskiert, dessen geistige Verfassung kein großzügiges Urteil mehr zuließ. Man könnte darüber spekulieren, warum sie mit der intensiven Suche nach einem Gut begann, als die Dreharbeiten zu »Heimat« abgeschlossen waren, dessen Thema die Versöhnung der verlorenen Tochter mit dem Vater ist.

Im Herbst 1938 berichteten schwedische Zeitungen, dass Zarah Leander kurz davor sei, das Gut Samsvik bei Västervik zu kaufen. »Ich brauche einen Zufluchtsort hier zu Hause«, hatte sie in *Stockholms-Tidningen* erklärt. Und es sollte ein großes Gut am Meer sein. Aber Vidar Forsell riet ihr von Samsvik ab, man hätte zu viel investieren müssen. Ein halbes Jahr später war Lönö gefunden. Zarah Leander erzählt in ihren Memoiren, wie aus einem Brief des Maklers Fotos herausfielen, die ihren Blick magisch anzogen. »Löwengelb« stand in der Beschreibung. 39 Zimmer und 48 Kühe, dazu 350 Hektar Land. Die

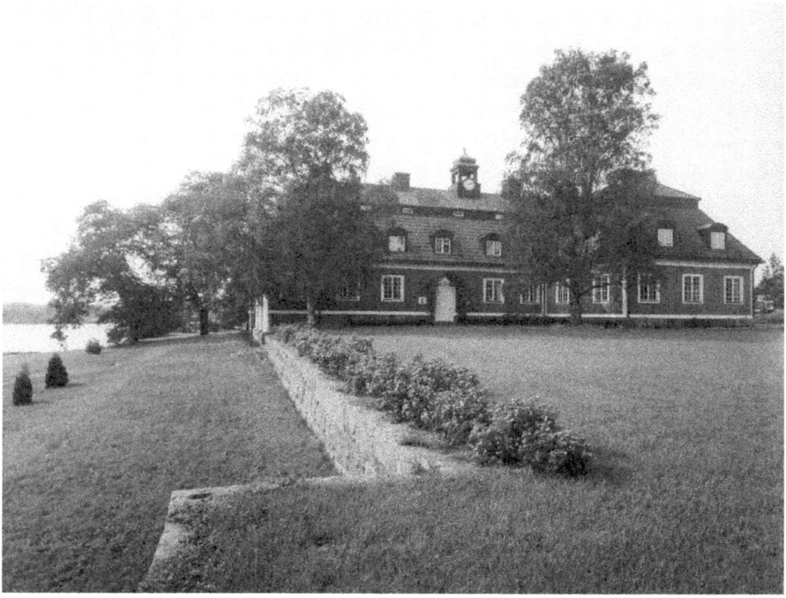

Löwengelb am Ufer des Braviken liegt Zarah Leanders Lönö.

Gelegenheit war günstig. »Vidar, flieg augenblicklich nach Stockholm und schlag zu. Bezahl zehntausend mehr als alle anderen Bieter. Denn das hier ist unser Haus, das fühle ich.« Zu ihrem 32. Geburtstag kam der Anruf, dass Lönö für 235 000 Kronen in bar ihr gehörte.

Indem Zarah Gutsherrin wurde, veredelte sie ihre – aus familiärer Perspektive »unsolide« – Bühnenexistenz und fädelte sich wieder ein in die bodenständige Tradition der Hedbergs. Und sie hatte sie alle übertroffen, die wärmländischen Gutsverwalter und Zollinspektoren, die ihre Vorfahren waren. Dass sie sich damit zum Lieblingsobjekt für den »sprichwörtlichen schwedischen Neid« machte, schrieb Karl Gerhard mit kritischem Blick auf seine Landsleute. »Eine bewundernswerte Leistung bleibt es doch. Wenn jemand in unserem Land ein Schloss erbt, findet niemand etwas dabei. Aber ist es nicht bedeutend ehrenvoller, sich selber eins zu verdienen?«

Man mochte Lönö ein »Schloss« nennen, aber es war eines ohne Elektrizität und nur auf dem Wasserweg zu erreichen. Zarah Leanders Sohn Göran Forsell hat beschrieben, wie sie Ostern 1939 aus Berlin kamen und dann das Boot nahmen, um Lönö zum ersten Mal zu sehen. »Als das wunderschöne Haus vor uns lag, umarmte uns Mutter und sagte auf Deutsch: ›Potz Donnerwetter, habe ich das alles getan?‹« Sie habe dann all ihre Kraft und Freizeit darangesetzt, um das Haus zu elektrifizieren und einen befahrbaren Weg zu schaffen.

Sie hatte wohl nicht erwartet, dass sie so bald Gelegenheit haben würde, sich der Rolle als Gutsherrin ganz zu widmen. Solange sie nur in den Ferien da war, hatten Mutter Mathilda und Vidar Forsell gemeinsam Lönö gesteuert. Es ist anzunehmen, dass das »Großreinemachen« nach der überwundenen Depression auch eine Neuordnung der Herrschaftsverhältnisse auf Lönö bedeutete. Sie würde »es ihnen zeigen«.

Mit der ihr eigenen Energie wirft sich Zarah Leander auf die neue Aufgabe. Zu tun gibt es genug. Ein Zufluchtsort ist Lönö in diesen Jahren nicht nur für die Gutsherrin, sondern auch für Flüchtlinge, die in offenen Booten über die Ostsee gerudert kamen, baltische Flüchtlinge. »Sie kamen zu Hunderttausenden aus den baltischen Ländern, alle getrieben von der Angst vor den Russen, eine Seuche, die die Ostsee seit siebenhundert Jahren vergiftet.«

Schreibt so eine Agentin im Dienst der Sowjets? Nein, eher eine schwedische Patriotin, die Russland als den »Erbfeind« betrachtet.

Nach Braviken und Lönö kamen solche, die der Wind und die Strömung nördlich von Gotland abgetrieben hatte. So viele waren es nicht, sie blieben eine kurze Zeit, zusammen mit Finnen, Nor-

wegern und Dänen. (...) In den letzten Kriegsjahren war Lönö ein Ort, an dem es vor Leuten nur so wimmelte. Zu Spitzenzeiten lebten unter meinem Dach sicherlich achtzig Männer, Frauen und Kinder. Man muss wissen, dass Lönö damals einer der größten landwirtschaftlichen Betriebe der Gegend war mit einem der reichsten Heringsvorkommen der Ostküste. Man muss auch wissen, dass das vor der großen Mechanisierung der Landwirtschaft war, im Übrigen hätten die Maschinen auch nichts genützt, da Öl nur teelöffelweise ausgeteilt wurde. Auf einem großen Gut, zumal in diesen Absperrungszeiten, da alles mit der Hand gemacht werden musste, kann man jede Menge Arbeitskräfte gebrauchen. Im Wald, auf den Feldern, in den Ställen, auf See – überall gab es etwas zu tun. Auch im Haus konnte ich viele Hilfskräfte beiderlei Geschlechts beschäftigen. Wir waren Selbstversorger, ungefähr so wie in meiner Kindheit. Wir zogen Vieh auf und schlachteten. Wir backten unser Brot aus eigenem Getreide. Wir bauten Beeren und Gemüse an und ernteten und kochten ein. Wir wuschen mit Seife und spülten mit der Hand. Es gab 39 Räume sauber zu halten, so manches Hotel ist kleiner!

Dass Mutter Mathilda sie zu diversen Hauswirtschaftslehrgängen gezwungen hat, nützt Zarah jetzt. Und was hat das Landleben sonst noch zu bieten? Ein bisschen lustig möchte sie es schon haben in dieser harten Zeit. Also lädt sie sich Gäste ein. »Manches Mal kamen alle ihre Brüder mit Familien zu wochenlangem Besuch angereist«, so Göran Forsell. Speziell seine Erinnerungen an die Weihnachtsfeste »in den schneereichen und kalten Wintern der vierziger Jahre« lesen sich wie ein perfektes schwedisches Idyll.

Gäste wurden vom Bahnhof in Norrköping abgeholt und den 45 Kilometer langen Weg nach Lönö gefahren. Mama bereitete so lange den Empfang vor. Überall wurden die Lampen angemacht (...), und vor der Eingangstreppe wurden Fackeln angezündet. Im Haus selbst standen überall Kerzen, und das Feuer im Kamin strahlte eine behagliche Wärme aus. (...) Mama gab allen Gästen verschiedene Aufträge, und die fanden es lustig. Einer holte Holz aus dem Keller, der andere half mit in der Küche, andere schmückten den Weihnachtsbaum unter Aufsicht der Gastgeberin. Dann halfen alle mit bei der traditionellen Paketbeschriftung, und auf jedem Etikett war ein kleines Gedicht, jeder musste etwas erfinden. Dann gingen alle zu Bett, nur nicht die Mama. Sie machte alle Blumendekorationen und stellte die Krippe auf, und diese Krippe folgte meiner ganzen Jugendzeit. Und dann am Weihnachtsmorgen fuhren die Männer auf den See, um den traditionellen Weihnachtshecht zu fangen. Und zur Freude meiner Mutter gelang das meistens, sie liebte nämlich Fisch sehr. Dann mittags um 13 Uhr war alles in der Küche bereitgestellt, was zu einem traditionellen Smörgåsbord gehört. Und das meiste kam vom Gut selbst, worauf meine Mutter sehr stolz war, und sie erhielt sogar eine Medaille bei der Landwirtschaftskonferenz 1942 in Norrköping. (...)

Am Weihnachtstag gingen die Kinder mit gefüllten Körben mit allerhand Leckereien zu den Familien, die zum Gut gehörten, und wünschten frohe Weihnachten im Auftrage meiner Mutter. Auch die Junggesellen, die auf dem Gut arbeiteten, wurden eingeladen, und Mama hatte Spaß daran, wenn sie ihnen das beste Essen und einen Schnaps oder mehrere anbieten konnte. (...) Ehe dann endlich am Weihnachtstag die Geschenke verteilt wurden, besuchten alle erst den Stall mit Pferden und Kühen und die Jagdhunde, die auch Süßigkeiten bekamen. (...) Dann sahen wir Kinder im Keller, wo ein kleineres Kino vorhanden war, Filme mit Donald Duck, die gemietet wurden. So vergingen die Stunden, bis Mama auf den Gong in der Halle schlug, und alle hielten sich an den Händen und tanzten durch das Haus, von der Bibliothek durch den Salon und eine Treppe herauf durch die anderen Zimmer und

> *dann zurück in die Bibliothek. Dort stärkten sich die Erwachsenen mit Kaffee und die Kinder mit Saft. Wir Kinder hatten alle Geschenke in Waschkörben, die Mama dann persönlich verteilte, wobei sie die gedichteten Verse auf den Paketen vorlas. (…) Und am Abend sprachen Mama und ihre vier Brüder dann plötzlich Wärmländisch miteinander, und sie waren in ihrem Element. Und Mama war eine stolze Wärmländerin. Und die Geschwister sangen im Chor, und uns kamen Tränen der Rührung. Und als Abschluss wurde »Ach, Wärmeland, du schönes gesegnetes Land« gesungen.*

Wie bei allen schwedischen Idyllen seit Strindberg und Ingmar Bergman gehört das Brodeln im Untergrund dazu. Landfrau, Gutsherrin und Gastgeberin ist Zarah Leander nur mit einem Teil ihrer Seele. Der andere Teil sehnt sich unbändig danach, wieder auf einer Bühne stehen zu dürfen. Die durch eheliche Routine, jahrelange Trennung und die schwierigen Jahre in Lönö belastete Gemeinschaft mit Vidar Forsell endet, als Zarahs Wunsch nach einem Comeback immer offensichtlicher wird.

HARALD HULTMAN

Am Anfang meiner Recherchen hatte ich mit Rudi Polt E-Mails gewechselt, Rudi Polt auf Hawaii. Da lebt er seit vielen Jahren, aber ursprünglich kommt er aus Wien. Sein Haus in Honolulu hat er »Villa Zarah« genannt, er ist ein Fan und ein Sammler. Jeden Sommer geht er auf Beutezug nach Europa und durchkämmt die Antiquariate. Auf meine Frage nach Zarahs angeblicher Spionagetätigkeit hatte er mir geantwortet: »Rede mit Harald Hultman. Er ist die Nummer eins und ein bekannter Schriftsteller.« Zu meinem Glück habe ich seinen Rat befolgt. Es war auch nahe liegender als Honolulu, denn Harald Hultman lebt in Stockholm. Was das Spionagethema angeht, musste er nicht lange überlegen. »Das sind alles Gerüchte«, begann er.

Harald Hultmans eigene Geschichte mit Zarah Leander umweht ein Hauch von nordischem Familiendrama, denn alles fing mit einem Geheimnis an. Er war 15 Jahre alt, als er die Stimme seiner Landsmännin zum ersten Mal hörte. Das war 1947, und sie sang im Schweizer Rundfunk. »Aber das ist doch ... Zarah Leander!«, sagte die Mutter. »Sie singt französisch«, gab der Vater zu bedenken. – »Das hat sie schon vor dem Krieg gemacht – die Leander.« Diese dunkle Stimme und dazu das deutsche »die Leander«! Der Junge war neugierig geworden. Auf dem Dachboden, versprachen die Eltern, würde er einen Stapel schwedischer und deutscher Platten von ihr finden. 1939 waren sie dorthin gewandert, erfuhr er, zusammen mit den Büsten von Schiller und Goethe im Überschwang der ersten Reaktion auf den Kriegsbeginn. Bei einer amtlich verordneten Dachbodenentrümpelung etwas später hatten Schiller und Goethe wieder ihren alten Platz in der Bibliothek bekommen, aber Zarahs Platten waren geblieben, wo sie waren. Harald Hultman erzählt mir diese Geschichte in einem leicht wienerisch eingefärbten Deutsch, was noch aus seiner Zeit als Zeitungskorrespondent Mitte der siebziger Jahre herrührt. Sonst reden wir meistens Schwedisch. Lieber als Deutsch spricht er Englisch oder Französisch.

In Harald Hultmans Stockholmer Wohnung hängen viele Bilder an der Wand, eines zeigt eine schöne rotblonde Dame, aber das ist nicht Zarah Leander, sondern seine Mutter. Nein, er ist erklärtermaßen »kein Fan« der Diva, eher ein Wegbegleiter aus einer gewissen chevaleresken Distanz und auch so etwas wie ein Freund.

Zusammen mit seiner Schwester ging er 1949 zu Zarah Leanders Stockholmer Comeback-Konzert und hörte, wie sie sang: »Voilà, hier bin ich, berühmt und berüchtigt, Yes, Sir!« 1952, als junger Journalist, machte er sein erstes Interview mit ihr. Es erschien damals in einer Reihe von Provinzzeitungen. Das war nach ihrer Südamerikatournee. Er war zwanzig, sie fünfundvierzig, und er fand sie »sehr sympathisch«. »Ein merkwürdiges Kleid hatte sie an, ein richtiges Divenkleid, gelb und tief dekolletiert. Und sie war etwas füllig.« Er korrigiert sich: »Nein, üppig ist das bessere Wort.« Frech, wie sie war, machte sie eine Anspielung auf seine Wikingertolle: »Es ist bestimmt nicht leicht, das Haar so hinzukriegen, Herr Redakteur?« – »Oh, das ist gar nicht schwer«, beeilte sich der Zwanzigjährige zu erwidern und wurde zum kleinen Jungen wie einst Hitler vor Zarah – »ich kämme es so – und so …« Er machte es ihr vor. »Aber nun muss ich mich um *meine* Frisur kümmern«, sagte Zarah sanft und schob ihn aus der Tür.

Er bewunderte sie für ihre Sprachgewandtheit. Eine Zeitung schrieb boshaft: Sie sang nicht nur »in ihrer Muttersprache« – das stand da auf Deutsch –, sondern auch auf Schwedisch, Englisch und Französisch. So war die Stimmung, 1952. Dabei … Harald Hultman reicht mir eine Liste. Darauf steht, welche schwedischen Gesangsstars 1942 in Deutschland gastierten: Jussi Björling, Set Svanholm, Joel Berglund, Sven-Olof Sandberg … Er macht mich auch darauf aufmerksam, dass der regelmäßige sportliche Austausch zwischen Schweden und Deutschland im Krieg munter weiterging, bis 1943. Als Deutschlands Fußballnationalmannschaft am 5. Oktober 1941 gegen Schweden verlor, war der schwedische König Zuschauer.

»Was ist eigentlich mit dem Interview?«, frage ich. Ich würde es zu gern lesen.

»Es war ziemlich naiv«, sagt Harald Hultman wegwerfend. Immerhin habe es aber bewirkt, dass sich seine Großmutter zu Zarahs nächstem Konzert mit dem Taxi die sechzig Kilometer von Norrtälje nach Stockhom chauffieren ließ, um diese interessante Dame nun einmal selbst zu besichtigen.

Es folgt, über die Jahre und Jahrzehnte, eine Reihe weiterer Interviews. Angetrieben von seinem kritischen Verstand und der Neugier, die aus dem Geheimnis des Anfangs kommt, hat Harald Hultman der Diva Fragen gestellt. Es gibt so viele Gerüchte. Wie war das mit dem jüdischen Jungen, der ihr in Berlin vor das Auto lief und den sie als ihren eigenen Sohn aus dem Land geschmuggelt haben soll? – Die Geschichte ist nicht wahr, hat Zarah gesagt. Er hat auch mit dem Mann gesprochen, der dieser Junge gewesen sein will – »er war nicht glaubwürdig«. Anderes wiederum stimmt. Dass unter den Flüchtlingen auf Lönö auch Juden waren. Dass sie dafür gesorgt hat, dass jüdische Schauspieler Filmrollen bekamen, in Szenen, die hinterher wieder herausgeschnitten werden konnten. Aber die Gage bekamen sie immerhin. Das sei Zarahs Idee gewesen, hat der Regisseur Rolf Hansen Harald Hultman erzählt.

Besser, als es Journalisten normalerweise vergönnt ist, hat er Zarah Leander kennen gelernt, als sie beide zur gleichen Zeit in Wien waren. Das war 1975, Zarah Leander trat in dem Musical »Lächeln einer Sommernacht« nach dem Ingmar-Bergman-Film im Theater an der Wien auf, und er war Korrespondent für die schwedische Nachrichtenagentur SNB. Da erlebte er ihre Vorliebe für spontane Einfälle. »Jetzt wird Harald Hultman eine Rede halten, in Versen«, verkündete sie zu seiner Überraschung auf einem Fest. Solche Herausforderungen sind nicht jedermanns Sache. Er hat die Probe bestanden. Er war auch einer der letzten Gäste auf Lönö, im August 1980, zum Krebsessen im kleinen Kreis. Zarah trank sehr vorsichtig, erinnert er sich. Die Bühne war nicht mehr wichtig für sie. Sie war die Gutsbesitzerin von Lönö.

DAS COMEBACK

Am 15. März 1947 wird sie vierzig. Das könnte eine Hürde sein. Oder auch ein Anstoß. Die Künstlerin Zarah Leander ist immer noch in Quarantäne. Aber soll das ewig so bleiben? Wie war das damals, an ihrem zwanzigsten Geburtstag? Im dritten Monat schwanger war sie, von Nils Leander, diesem Tunichtgut. Wer ihr damals erzählt hätte, dass sie bald, sehr bald, ein gefeierter Star sein würde … »Ich weiß, es wird einmal ein Wunder gescheh'n, und dann werden alle Märchen wahr.« Es stimmte: Wunder passieren. Warum nicht noch einmal? Der vierzigste Geburtstag – »nicht soo lustig, aber auch nicht besonders schrecklich«, erinnerte sie sich später.

Wunder muss man gut vorbereiten. Die ersten zwei Jahre nach dem Krähenschloss-Desaster hatte sie sich nicht einmal nach Stockholm getraut, geschweige denn auf eine Bühne. Dann hatte sie sich von ihrem alten Freund Jules Berman, damals PR-Mann für Gustav Wally am Oscarstheater, dazu überreden lassen, bei einer Premiere dabei zu sein. Zarah beschreibt Jules Berman als einen Freund aus alten Tagen, der ihr schon in der Zeit ihrer Bühnenanfänge mit Butterbroten und einer Flasche »Villa Franca« zur Seite gestanden habe. »Ich vergesse nie die Nächte in den dreißiger Jahren, in denen Jules und ich zu Bebs, die jetzt seine Frau ist, nach Hause rannten«, wo sie bis zum Morgengrauen redeten. Diese Freundschaft hat gehalten, im Krieg war er einer der wenigen, die sagten: »Zarah hat nichts getan, wofür sie sich schämen muss«, schrieb sie in ihrer ersten Autobiografie.

Eigentlich, schreibt Zarah, hatte sie keine Lust, aber Jules hatte sie so bekniet, dass sie nicht das Herz hatte, Nein zu sagen. Außerdem habe er ihr zugeflüstert, dass die Leute in der Stadt von ihr schon glaubten, sie sei alt und unansehnlich geworden und traue sich deshalb nicht unter die Leute. Das konnte sie natürlich nicht auf sich sitzen lassen.

Jules Berman hatte ihren Auftritt generalstabsmäßig geplant. Er hatte eine Reihe bekannter Namen aus der zeitgenössischen Modeszene bemüht, um sie entsprechend auszustaffieren: mit einer extravaganten schwarzen Robe, einem bodenlangen Hermelinmantel, Frisur und Make-up – alles war genau durchdacht. Schließlich ihre Begleitung: Ein Fliegergeneral sollte es sein, der Fliegergeneral Schyberg wurde zu ihrem Schutz und Schild ausersehen. Sämtliche Pressefotografen hatte Jules organisiert, und so stand sie nun da im Blitzlichtgewitter, lächelte, und es gab keine Buhs, keine Schimpf- und Schmährufe. Aber von Singen war nicht die Rede.

Das war also gutgegangen, ein erster Schritt heraus aus dem Lönöer Schneckenhaus. Weitere folgten, aber es wurde nicht leicht. Sollte sie an ihrem vierzigsten Geburtstag vorsichtig optimistisch gestimmt gewesen sein, so musste sie kurz darauf erfahren, dass es auch im Ausland Ressentiments gegen sie gab. Im Mai 1947 reist sie nach Kopenhagen. Anders als Schweden war Dänemark ein von den Deutschen besetztes Land gewesen. Ein Hotel nach dem anderen weist sie ab, und sie muss schließlich bei Freunden absteigen. Aber damit nicht genug. In deutschen Zeitungen wird, Fluch der Berühmtheit, über die Episode berichtet. Die *Neue Zeitung* schreibt am 12. Mai 1947:

> *Kopenhagen (AP). Die deutsch-schwedische Filmschauspielerin Zarah Leander wurde von den Kopenhagener Hotels abgewiesen, als sie dort Unterkunft nehmen wollte. Sie gilt in Dänemark als unerwünscht. Zarah Leander verließ Deutschland im Jahre 1943 und ging in ihre schwedische Heimat, durfte aber wegen ihrer Zusam-*

> *menarbeit mit dem Reichspropagandaministerium weder auf der Bühne noch im Film erscheinen. Österreich hat jedoch nichts gegen die Schauspielerin einzuwenden. Sie wird dort, wie die* Neue Zeitung *am 18. April berichtete, in zwei neuen Filmen mitwirken.*

Auch in anderen deutschen Zeitungen ist von dem Wiener Filmprojekt die Rede, aber dann meldet die *Neue Zeitung* im Juni:

> *Wie die Wiener Blätter melden, hat die Österreichische Gesellschaft in Stockholm bei der dortigen österreichischen Gesandtschaft dagegen protestiert, dass die schwedische Filmschauspielerin Zarah Leander in diesem Herbst in Wien filmen soll. In dem Protest wird auf die engen Beziehungen Zarah Leanders zu dem einstigen Reichspropagandaministerium hingewiesen. Bei ihrer Rückkehr nach Schweden im Jahr 1943 erhielt sie Auftrittsverbot, ebenso wurde die Aufführung ihrer Filme in Schweden verboten.*

Wahr oder nicht wahr? Nicht wahr ist beispielsweise der letzte Satz. Ein offizielles Auftrittsverbot für Zarah Leander in Schweden, davon war schon die Rede, hat es nicht gegeben. Gegenüber allem, was in diesen Jahren über sie in europäischen Zeitungen steht, ist noch größere Vorsicht geboten als gegenüber Prominentenberichterstattung generell. Da ist, neben den diversen Spionagegerüchten, von ihrer intimen Beziehung zu Hitler die Rede, dann soll sie im U-Boot nach Südamerika geflüchtet sein, und über ihre Karriereanfänge wird behauptet, sie habe in einem Wiener Nachtlokal einen Schönheitswettbewerb zur Ermittlung der schönsten Brust gewonnen. Was aber die Kopenhagener Hotelaffäre angeht, so ist sie mit Fotos belegt.

Aus dem Jahr 1947 stammt auch jenes Bild, das eine charmant lächelnde Zarah Leander, umgeben von Journalisten, im Grand Hotel in Rom zeigt – die erste Pressekonferenz nach dem Krieg. Die Botschaft ist deutlich: Sie bekommt sie noch, die selbstverständliche Aufmerksamkeit, die ihr immer zuteil geworden ist, egal, wo sie erscheint. Aber der Anlass, warum sie nach Rom gekommen ist, ist weniger glamourös. Für *Die Welt* berichtet Percy Eckstein:

> *Das Teatro Bernini ist zwar nur wenige Schritte vom Corso entfernt, aber doch nichts weiter als ein Kino mittleren Ranges. Gleich vielen Häusern seiner Art lässt es dem Film ein Varietéprogramm vorausgehen. Der Saal ist so voll, dass viele Nachzügler stehen müssen. Nach römischer Kino-Unsitte kommen und gehen die Zuschauer, wenn es ihnen gerade passt. Zigarettenrauch steigt auf. Eben öffnet sich der Vorhang. Auf der Bühne wirft ein Akrobaten-Elternpaar seine halbwüchsigen Kinder in hohem Bogen durch die Luft, wirbeln Tänzer und Tänzerinnen die üblichen Pirouetten. Schließlich tritt ein Herr im Smoking vor den Vorhang und leitet die nächste Nummer ein: Zarah Leander, der berühmte schwedische Filmstar. Gleich darauf steht die Stimme wieder im Raum, so tief und düster, dass eine Welle befremdeter Verwunderung den Saal durchläuft. Fast wird das Staunen zur Heiterkeit, doch da hebt die Frau, die bisher regungslos vor dem Mikrofon stand, die Arme zu einer Geste von so starkem Ausdruck, dass das Chanson die Hörer packt. Nichtsdestoweniger ist der Applaus am Ende nur schwach. Es folgt eine weitere französische Nummer, eine dritte, und zuletzt ein schwedisches Lied, das man einst von derselben Stimme mit deutschen Worten gehört hat. – Einmal gibt es einen peinlichen kleinen Zwischenfall: Rüder Lärm bricht im Zuschauerraum aus, eben da Zarah Leander zu den ersten Takten eines ganz leise anhebenden Liedes angesetzt hat. Keine böse Absicht ist dabei, es haben nur ein paar Flegel gerade diesen Moment für ihren geräuschvollen Aufbruch gewählt. Die herrliche rote Limousine vor dem Bühneneingang des Teatro Bernini zeugt davon, dass ihre Besitzerin einmal mehr gewesen ist als eine Nummer in einem Kino-Vorprogramm.*

Vergleichbare Auftritte in Mailand und Turin waren vorausgegangen. Dass sie mit Rossano Brazzi, dem gefeierten Star des italienischen Kinos, gefilmt hatte, mag die Veranstalter für sie eingenommen haben. Wie desparat sie sich nach der Bühne gesehnt haben muss, dass sie solche Konditionen akzeptiert. Nach jedem Strohhalm greift sie, der sich ihr bietet.

Eine schlechte Presse ist besser für die Publicity als gar keine. Eine gute Presse ist noch besser. Im August 1947 schmückt die Titelseite der bürgerlich-konservativen Zeitschrift *OBS* – das heißt »Aufgepasst!« – ein gemaltes Porträt von Zarah Leander mit feuerroten Haaren, die gefangen ist in einem Heringsnetz. Soll man sie der Heringsfischerei überlassen? Auf keinen Fall, findet der Autor des Artikels über »Eine Frau, die weiß, was sie will«. Zarah soll wieder in Schweden auftreten, verlangt ihr derzeitiger Liebhaber Gunnar Unger, der unter dem Pseudonym »Spectacle« schreibt.

> *Es ist jetzt ein Jahrzehnt her, dass Zarah Leander auf einer schwedischen Bühne stand, und wir vergessen leicht. Es ist deshalb nicht abwegig, daran zu erinnern, was für einen enormen Gewinn unser schwedisches Theaterleben durch sie hatte, und zu fragen, wie lange dieses Potenzial ungenutzt brachliegen soll. Niemand hat es geschafft, die Lücke nach ihr zu füllen. (…) Sie einem ebenso heimtückischen wie simplen Ausschlag des sprichwörtlichen schwedischen Neides zum Opfer fallen zu lassen wäre nicht nur eine Ungerechtigkeit, sondern auch eine unzulässige Vergeudung.*

Im Herbst des Jahres reist Zarah in die Schweiz, um einen Musikverleger zu treffen. Außerdem, was wichtiger ist, trifft sie Ralph Benatzky. Das Wunder geschieht. Wer, wenn nicht Benatzky, könnte verstehen, was es bedeutet, seinen Beruf nicht ausüben zu können. Nach fünf schweren Exiljahren war er Ende 1946 als amerikanischer Staatsbürger nach Europa zurückgekehrt und hatte sein geliebtes Haus am

Thuner See wieder bezogen. Dort sah alles noch so aus wie vorher. Aber die Welt, die die Grundlage für Benatzkys musikalisches Schaffen gebildet hatte, existierte nicht mehr. Er fand, schreibt die Herausgeberin seiner Tagebücher, Inge Jens, »allen späten Erfolgen zum Trotz nicht mehr zu sich selbst« und versank mehr und mehr in Depressionen. Sich selber konnte er nicht helfen, anderen schon.

»Wo singst du jetzt?«, habe er Zarah Leander »nichtsahnend« gefragt. – »Nirgendwo.« – »Komm, wir machen eine Radiosendung.« Die so entstandenen Live-Aufnahmen beim Genfer Rundfunk vom 24. Oktober 1947 sind teilweise erhalten, *J'écoute mon cœur*, *Mon rêve* und Gershwins *The man I love*. Zarah Leander singt weniger routiniert als früher, nicht ganz tonrein, aber mit großer Intensität. »Es war, als habe jemand ein Loch in eine vereiste Fensterscheibe gehaucht«, schrieb sie rückblickend. Und niemals werde sie es Ralph Benatzky vergessen, dass er ihr nach den Jahren der Stille als Erster die Hand gereicht habe.

Ihre Aktien steigen wieder. Nur vier Monate später, auf einer Tournee durch die Schweiz, füllt sie wieder die Zürcher »Tonhalle« und den Großen Musiksaal in Basel. Und die Kritiker sind freundlich gestimmt:

> *Aber kaum, dass das Lied vom Regen, in welchem Zarah wartend steht, verklungen ist und die Künstlerin in ihrem eleganten schwarzen Kleid die Hüften zum scherzhaften »Yes, Sir!« zu wiegen beginnt, ist die Atmosphäre des Einvernehmens hergestellt, und die schöne Frau aus Schweden schreitet nun mit einem sicheren Lächeln von Triumph zu Triumph, bis schließlich die Begeisterung all jene erfasst hat, die sich nicht zufälligerweise mit steifen Gesichtern an diesem Abend in den Tonhalle-Saal verirrten und genauso schockierte Gesichter machten wie weiland die alten Damen in »Heimat«, wenn Zarah Leander mit verführerischem Blinzeln sang »Eine Frau wird erst schön durch die Liebe«.*

»Darum sehnt sie sich stets nach der Liebe, voll Verlangen nach der Liebe. Und sie wünscht, dass es ewig so bliebe, denn die Liebe macht so schön«, singt sie, und es geschieht Wunder Nummer zwei: Michael Jary, der sich zu Schallplattenaufnahmen in der Schweiz aufhält, hat die Kritik gelesen. Aus den beiden wird wieder ein Paar, auch musikalisch.

Dass die Zürcher Presse – wie im zitierten Fall *Die Tat* – so positiv reagiert hat, wird auch in Schweden bemerkt. Die habe sich nämlich als Sprachrohr antideutscher und antinazistischer Haltungen besonders hervorgetan, schreibt *Svenska Dagbladet* am 12. März 1948. Nach dem Tonhallenkonzert sei sie aber »eitel Sonnenschein« gewesen. Mit ihrer »gepflegten Kunst und ihrem einnehmenden Auftreten« habe Zarah Leander die Zuhörer erobert. Weiter wird berichtet, dass die Künstlerin demnächst in Mailand auftreten werde und dass sie jede Menge Angebote habe aus »Holland und Belgien, der amerikanischen Zone Deutschlands, aus Spanien, Argentinien, ja sogar der Türkei und Ägypten. Mit anderen Worten, die ganze Welt steht ihr offen – nur nicht Schweden!«

Sie habe nicht ein, sondern ungefähr ein Dutzend Comebacks gehabt, schrieb Zarah Leander. Zu den entscheidenden Etappen rechnete sie das erste Nachkriegskonzert in Deutschland, am 13. November 1948 im französisch besetzten Saarbrücken. Dass Michael Jary, der im Jahr davor das Saar-Radio-Tanzorchester in Saarbrücken gegründet hatte, als Kapellmeister mit von der Partie war, dürfte dabei ebenso Türen geöffnet haben wie die französischen Lieder, die sie im Repertoire hatte. Aber auch das klappte nicht auf Anhieb. »Ich freue mich auf Deutschland«, hatte sie vorher in Zürich verkündet. »Wo sollte ich lieber singen als in dem Land, aus dem meine Lieder kommen, das mich zu dem machte, was ich geworden bin? Leider verzögert sich meine Reise, und meine Ungeduld wächst. Ich lebe mit meinen Liedern, sie bedeuten mir alles. Wenn man mir daraus einen politischen Vorwurf machen will, wie das hier und da geschieht, das verstehe ich nicht. Da ich Deutschland liebte, dort filmte und sang, war Deutschland für mich immer eine zweite Heimat.«

Dass sie sich auf Schritt und Tritt rechtfertigen muss, geht ihr auf die Nerven. Da ist einerseits die immer wiederkehrende Frage, wie sie's denn gehalten habe mit den Machthabern des Nationalsozialismus, andererseits der Spionagevorbehalt. Frau Leander habe sich zu einer Pressekonferenz bereit erklärt, schreiben die Zeitungen. Ob sich diese Pressekonferenz während ihrer ersten Nachkriegstournee in Deutschland tatsächlich so abgespielt hat wie in ihrer Erinnerung? Als sie bei der Zwischenlandung »irgendwo« in die Transithalle gegangen sei, um etwas zu essen zu kaufen, seien die Organisatoren dieser Tournee auf sie zugestürzt gekommen und hätten sie mit »sanfter Gewalt« in ein Auto verfrachtet. Regelrecht entführt sei sie worden. Das Auto habe dann vor einer ausgebombten Restaurantecke gehalten.

»Was in Herrgotts Namen soll ich hier?«
»Pressekonferenz. Die gesamte deutsche Presse wartet.«
»Aber ich bin gar nicht vorbereitet.«
»Ach, bloß ein paar der üblichen Fragen. Kommen Sie doch, in fünf Minuten ist das erledigt.«

In dem Restaurant, schreibt Zarah Leander weiter, hätten ungefähr fünfzig Journalisten aus Ost- und Westdeutschland gewartet und sie einem regelrechten Verhör unterzogen.

»Sie müssen doch wohl zugeben, dass Sie im Krieg Spionin waren.«
»Muss ich? Und wessen Spionin?«
»Was weiß ich, aber alle wissen ja, dass Sie Spionin waren.«
Wenn man zu mir in dem Ton spricht, werde ich sauer. Ich stand auf, zitternd vor Wut, und fauchte: »Habt ihr alle gehört, was die kleine Ratte gesagt hat?«
»Jawohl!«

Und nun kommt der schon zitierte Satz:

> *»Da sage ich euch, dass der, der mir beweisen kann, dass ich für Deutsche, Russen, Amerikaner oder wen auch immer spioniert habe, alles kriegt, was ich besitze: mein Gut, mein Geld, meine Pelze und meine Kinder!«*

Falls sie das genau so gesagt hat, muss man sich wundern, dass dieser starke Satz in der Presse kein Echo gefunden hat. An der Wut, die sie empfunden hat, braucht man hingegen nicht zu zweifeln. Wird ihr all dieses nun immer und immer wieder aufgetischt werden? Es wird.

Nach Saarbrücken sang sie auch in Kaiserslautern, Heidelberg und Frankfurt, »und wo sie sich zeigt, brausen ihr Stürme des Beifalls entgegen, müssen Polizisten ihr den Weg durch die Massen ihrer Bewunderer bahnen«, berichtet die *Schwäbische Illustrierte Presse.*

Auch die britischen Behörden zögern, Zarah Leander auftreten zu lassen, und äußern »Sicherheitsbedenken«. Sie lassen sie dann aber doch nach Hamburg, wo Josef Marein sie in der Musikhalle hört und sich von ihrer Stimme, »diesem Erotikon allerersten Grades«, verzaubern lässt. Hinterher schreibt er in der *Zeit,* »dass es mutig und charmant von ihr ist, die Deutschen jetzt zu besuchen, wo wir so gar keine Beliebtheit und kein Ansehen genießen, und uns ein paar Lieder vorzusingen, wenn es auch meist sentimentale Lieder sind, die uns erinnern, aber nicht trösten«.

So haben sie einander wieder, Zarah und ihr deutsches Publikum. Aber noch fehlt etwas zu ihrem Glück. Wie »durch und durch schwedisch« sie ist, hat sie immer wieder betont. Und wenn ihr die ganze Welt zu Füßen liegt – die Diva wird keine Ruhe haben, solange sie sich in ihrem eigenen Land ungeliebt fühlt. Es muss sein. Wenn es irgendjemanden gibt, der ihr Comeback in Schweden organisieren kann, dann ist es Nils Berman, behaupten ihre Freunde. »Wenn du das hinkriegst, dann bist du geschickter als Goebbels«, habe Zarah ihm hingeworfen, erinnerte sich Berman, der jüngere Bruder des getreuen Jules.

Aber als es dann so weit ist, da zögert sie. Soll sie auf das Angebot der schonisch-südschwedischen Presse eingehen, auf einem Wohltätigkeitskonzert in Malmö zu singen? In ihr streiten sich die Angst vor einem neuen Skandal, Vorfreude, Bitterkeit und der Wunsch nach Versöhnung. Die Voraussetzungen sind allerdings verführerisch günstig. Geschickter hätte es Nils Berman nicht einfädeln können. Das Malmöer Stadttheater umfasst 1600 Plätze, der Erlös soll hilfsbedürftigen Journalisten und Musikern zugute kommen, und Zarah Leanders Comeback, das wissen alle, verspricht eine Attraktion zu werden. Es winken also volle Kassen. Dafür müssen die Veranstalter das Wohlwollen der Presse im Voraus garantieren! Sie tun es. Auf den »historischen Vertrag«, den Nils Berman ausgehandelt hatte, war Zarah Leander so stolz, dass sie ihn in ihrem Erinnerungsbuch abdruckte.

Dennoch, so Berman, hatte er Angst, dass Zarah die Nerven durchgehen würden. »Das taten sie manchmal auch, aber ich beschaffte beruhigende Mittel.« Um ihr wirksamstes Beruhigungsmittel kümmerte sie sich selbst, das war Michael Jary, der kurz vor dem Konzert am 5. August 1949 in Malmö auftauchte – zum Ärger der schwedischen Veranstalter. Die musikalische Leitung sollte der bewährte Sune Waldimir übernehmen – nun sprang Jary auf die Bühne und mischte sich ein. »Was will der Affe da? Nehmt ihn weg!« – Auf dieses Protestgemurmel stellte Zarah klar – laut und »zur Sicherheit auf Deutsch«: »Wer hier stehen soll, bestimme ich.«

Das Konzert vor ausverkauftem Haus wurde ein donnernder Erfolg. Natürlich, so war es ja verabredet. Aber irgendetwas muss doch passiert sein, was mit bestelltem Applaus nichts zu tun hat. Mit Gösta Rybrandts (unvollkommen übersetzten) Versen zu Ralph Benatzkys altem Hit hatte Zarah losgelegt und alsbald ihre große Nervosität überwunden.

Voilà, hier bin ich, berühmt und berüchtigt, Yes, Sir!
Die Karrier' hat am Ende sich doch nicht verflüchtigt, No, Sir!
Meine Haare, die wusch ich in dunklem Burgunder.
Nun steh ich vor euch und wart' auf ein Wunder,
Yes, Sir!

Als eine glückliche Zarah am Ende Cole Porters »Wunderbar« sang, da, so heißt es in der *Welt*, die ebenfalls dem schwedischen Ereignis beiwohnte, sollen die Gemüter »bis zu den Schuhsohlen aufgerührt« gewesen sein. Der Thron, auf den sie am Ende von Kapellmeister Waldimir gesetzt wurde, war von Blumen umkränzt. *Äntligen* – »Endlich« stand darauf. Das Publikum ließ sie hochleben und Zarah weinte Freudentränen.

Nun noch Stockholm, aber ohne Netz und doppelten Boden. Zarah hat keine Lust, die alten Wunden schmerzen noch. Allerdings weiß sie: »Bevor man nicht die Hauptstadt eingenommen hat, ist das Reich nicht erobert, das ist eine uralte Weisheit, die auch 1949 noch galt.« Sie soll im Konzerthaus auftreten, bestimmen ihre Freunde, da, wo sie 1931 mit Gösta Ekman auf der Bühne stand. Drei Wochen nach dem Malmöer Tauwetter findet das Konzert statt, trotz Morddrohungen. Zarah selbst fürchtet eher Tomaten und faule Eier. Ihre Sorge ist unnötig, auch dies wird ein Erfolg, ein Riesenerfolg. Die Stockholmer Zeitungen bestätigen ihn ihr.

Sie dirigierte ihr Publikum, genau wie sie wollte, mit ihrer tiefen, aufreizenden Stimme, den gewagten Ausbrüchen. Das war großes Künstlertum, und ihr Sieg war verdient. Als sie im zweiten Teil in dem phantastischen Abendmantel hereinschwebte, den sie neulich zur Hochzeit ihrer Tochter trug, hatte sie die Ausstrahlung einer griechischen Tragödin, als sie in »Valse de souvenir« die Worte »C'est fini« ausstieß.

Dann ist der offizielle Teil des Abends vorbei, und Zarah ist keine griechische Tragödin mehr, sie benimmt sich nun eher wie ein Schulmädchen, küsst ihren langen Sohn Göran, posiert willig für die Fotografen auf der Bühne und erklärt wieder und wieder: »Ich bin so glücklich.«

MAGO

Seine erste Begegnung mit Zarah Leander stand unter keinem glücklichen Stern, erzählt mir der Kostümbildner Mago. Es war Anfang der fünfziger Jahre, und er sollte sich, im Auftrag von Karl Gerhard, um ihre Bühnengarderobe kümmern. »›Sie hat diesen schlechten deutschen Geschmack‹, sagte er zu mir, ohne daran zu denken, dass ich ja auch aus Deutschland war. So traf ich die Leander. Eigentlich wollte sie nett sein, als sie davon sprach, wie gern sie Berlin hatte. Sie sagte: ›Als ich das erste Mal nach dem Kriege wieder in Berlin war, da habe ich geweint, so zerstört war die Stadt.‹« Und da habe er geantwortet, ziemlich schroff: »Als wir aus Berlin wegmussten, da haben wir auch geweint.« Es fällt ihm nicht leicht, diese Geschichte zu erzählen.

Der Künstlername Mago setzt sich aus der jeweils ersten Silbe seines Vor- und Nachnamens Max Goldstein zusammen. Sein Vater war ein jüdischer Kinderarzt. Die Familie ging ziemlich spät aus Deutschland weg, 1939, da war der Junge mit der frühen »Schwäche für fatale Damen« zwölf Jahre alt. Unter den Dingen, die an Berlin erinnern, ist der zierliche vergoldete Stuhl aus dem Salon seiner Großmutter. Er steht in Magos überaus charmanter Wohnung in der Stockholmer Altstadt, gleich neben dem Schloss. Eine steile, gewendelte Treppe führt hinauf zu ihm, die konnte »die Leander« am Schluss nicht mehr steigen, so schwerfällig war sie geworden, bemerkt Mago leicht maliziös. Schließlich hatten die beiden doch noch einen guten Kontakt bekommen, und er musste beinahe widerwillig feststellen, was für eine »nette und natürliche Dame« sie doch eigentlich war. Das kam, weil sie auf einer Wohltätigkeitsveranstaltung im Oscarstheater irgendwann in den siebziger Jahren vor ihrem Auftritt so nervös war, dass Harriet Andersson – jawohl, Harriet Andersson, die man aus den Ingmar-Bergman-Filmen kennt, und auch Mago ist ja nicht irgendein schwedischer Kostümbildner, sondern *der* Kostümbildner von Ingmar Bergman – dass also Harriet Andersson fand, man müsste Zarah in ihrer Not beistehen. Das gelang auch. Irgendjemand hat mal gesagt, erzählt Mago, »dass ich wie Milch bin für aufgeregte Diven«. Aber selbst in dieser Situation wusste Zarah, was zwischen ihnen stand, und sie sagte etwas wie: »Sie sind doch der Herr, der mich nicht leiden kann.«

Ich kann verstehen, warum die halbe Filmwelt in Mago verliebt war. Wenn man dasitzt in seinen weichen Kissen und seinem freundlich-spöttischen Alt-Berlinerisch zuhört, dann ist das wie eine Zeitreise in ein Deutschland, das es längst nicht mehr gibt, das Deutschland Kurt Tucholskys und Elisabeth Bergners und Alfred Kerrs. Und man wünscht sich, dass er bloß nicht aufhört zu reden. Er spricht immer von »der Leander«, so wie er auch von »der Dietrich« spricht, aber manchmal sagt er auch »Marlene«. Marlene Dietrich hatte Mago kennen gelernt, als sie nach ihrer umstrittenen Berlin-Reise nach Stockholm kam, um im »Berns« aufzutreten. »Seitdem waren wir Kumpel – Kumpel, das ist so ein Wort, das Marlene gern benutzte. Und ich war oft bei ihr in Paris.«

Seltsamerweise hat er beide »Dies« für ihre jeweils letzte Rolle ausstaffiert, Marlene Dietrich in dem David-Bowie-Film *Just a gigolo* und Zarah Leander in »Das Lächeln einer Sommernacht«, dem Musical nach Ingmar Bergmans Film. Wie sah sie aus, Zarah Leander als Madame Armfeldt? – »Wie eine alte Dame der Jahrhundertwende. Das Kostüm war hell, cremefarbig und mit Silberfäden bestickt«, erklärt mir Mago. »Dazu gab es Stiefel, die wurden ausgetauscht, weil die Leander sie zu unbequem fand, und dann bekam sie – wie heißt das auf Deutsch? – Gamaschen über Pumps, das sah genauso aus.«

Haben die beiden sich jemals kennen gelernt, Marlene und Zarah? – Nein, nie, antwortet Mago bestimmt. Aber er erinnert sich, wie jemand mal eine Platte von der Leander auflegte, und Marlene fragte: »Wer ist denn der Herr, der da singt?«

Dann reden wir darüber, wie unterschiedlich die beiden Diven waren. Marlene: »eine elegante, forsche Dame, die sich nicht erlaubte zu altern.« Dagegen Zarah: »die sich auslieferte, bis zum Lächerlichen, und manchmal in einem Zustand auftrat, der nicht geheuer war. Sie sang sogar auf Kaffeefahrten. Ham Se noch nie was von Kaffeefahrten gehört?«

Doch, habe ich, aber das sage ich nicht, denn ich möchte, dass Mago es mir erklärt, und er tut es mit boshafter Grazie. Zarah Leander brauchte ihr Publikum, darin sind wir uns einig, und wenn sie es in Warenhäusern fand, zwischen Heizdecken und sonstigen Ladenhütern.

REISEN UND REPRISEN

42 Jahre alt ist Zarah Leander bei ihrem Stockholmer Comeback-Konzert 1949, und der größere Teil ihres Berufslebens liegt noch vor ihr. Noch fast dreißig weitere Jahre wird sie auf allen möglichen Bühnen stehen. Sie wird wieder Filme machen, sie wird wieder zusammen mit Karl Gerhard auftreten. Sie wird um den Globus reisen und das Publikum behexen und Blumen entgegennehmen und Autogramme geben und Journalisten Rede und Antwort stehen. Und sie wird ihre Paraderolle geben, die der Zarah Leander. Zarah, die Schöne. Zarah, die Immer-noch-Schöne. Zarah, die früher mal Schöne. Mit fünfzig singt sie: »Schönheit vergeht, Elisabeth Arden besteht«. »Von einer Frau, die mit dreißig angefangen hat, wissenschaftlich zu arbeiten, verlangt man auch nicht, dass sie mit sechzig aufhören soll«, sagt sie, wenn man ihr das Beispiel von Greta Garbo vorhält, die sich frühzeitig aus dem Filmgeschäft zurückzog. Ihre Lieder werden von Schlagern zu Evergreens. »Gott gebe, dass die Stimme und die Haare halten«, hat sie einmal gebetet. Die Frisur lässt sich durch eine Perücke ersetzen. Auf ihre Stimme kann sie sich verlassen, bis zum Schluss.

Vad skönt, att man inte är ung heißt einer ihrer schwedischen Erfolgstitel – »Es tut gut, nicht mehr jung zu sein«. Eine derart entspannte Einstellung zum Älterwerden bekommt man nicht geschenkt. Die fünfziger Jahre sind eine Phase der Neuorientierung, nachdem sie geglaubt hatte, da wieder anknüpfen zu können, wo sie aufgehört hatte.

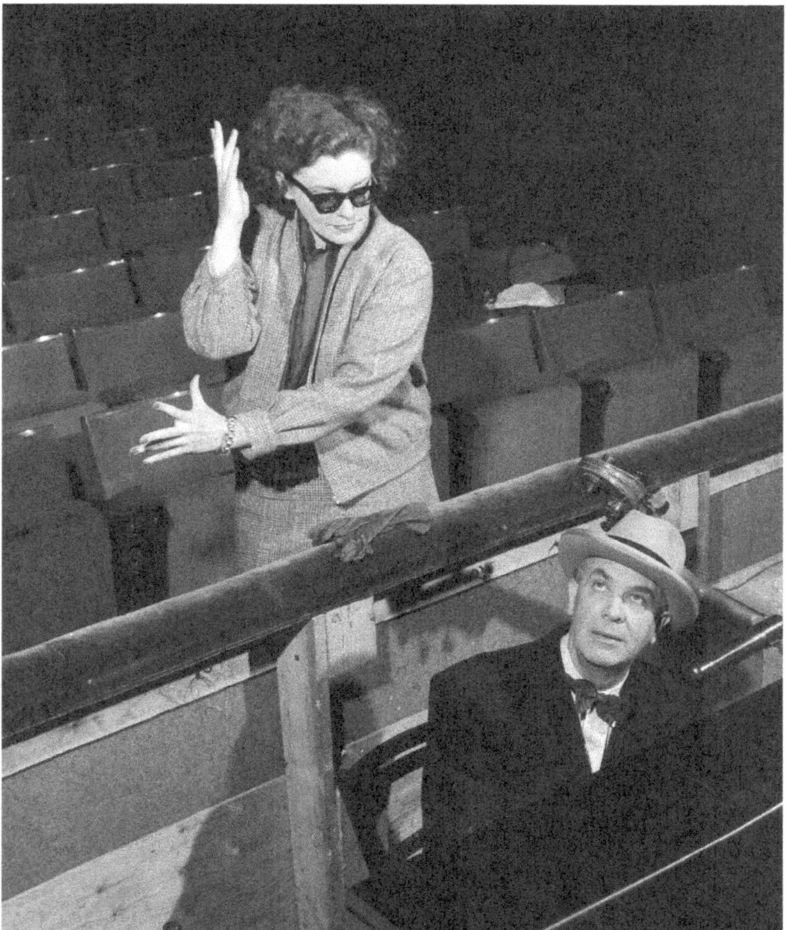

Traten wieder zusammen auf: Zarah Leander und Karl Gerhard.

1950 steht Zarah Leander wieder in Deutschland vor der Filmkamera, diesmal in Hamburg bei der »Real-Film«. Die Dreharbeiten im zerbombten Nachkriegsdeutschland finden in einer ehemaligen Kaserne statt. Aber sonst scheint alles beim Alten. Regisseur und Drehbuchautor in einem ist der Ungar Géza von Cziffra, der auch das Drehbuch zu »Es war eine rauschende Ballnacht« geschrieben hatte. Die Musik ist von Michael Jary, an Zarahs Seite spielt Grethe Weiser, und die Story ist bewährt. Eine Mutter kämpft um ihr Kind. Zarah Leander ist der Typ, auf den die Ufa sie festgelegt hat. Sie ist Diva, Mutter, Liebende, selbständige Frau und Märtyrerin und manchmal sogar gleichzeitig.

> *Eine Welt des Glanzes, der strahlenden Erfolge – das ist das glitzernde Traumbild des Lebens einer gefeierten Künstlerin, so wie es in der Vorstellung des Publikums lebt. Dass sich hinter dieser faszinierenden Fassade oft genug ein Schicksal verbirgt, mit dem ein Mensch mit allen Sorgen und Nöten, Liebe und Hass, Angst und Leidenschaft ringt – das ahnen nur wenige ... Zarah Leander gestaltet in der Rolle der Sängerin Gabriela das zwielichthafte Leben einer Frau, die vor die Entscheidung gestellt wird, zwischen Konvention, Künstlerruhm, Leidenschaft und Mutterliebe zu wählen.*

Was in dem aufwändig gestalteten Begleitbuch zu »Gabriela« steht, beschreibt im Wesentlichen die Zutaten auch der weiteren vier Filme, die mit Zarah Leander bis 1959 gedreht wurden. – »Die Zarah verkoof ick doch mit zujebundenen Oogen«, hatte ein Verleihagent vorausgesagt, und ein Publikumserfolg wurde »Gabriela« tatsächlich. In der Kinobilanz des Jahres 1950 kam er an dritter Stelle nach »Schwarzwaldmädel« und »Der dritte Mann«. Aber die Kritiker machten ihre Augen nicht zu und sahen, dass Zarah Leander älter geworden war. Ihre Stimme hatte nichts von ihrer Ausdruckskraft verloren, aber was sang sie da?

Es gibt keine Frau, die nicht lügt,
Und wenn auch der Schein manchmal trügt.
Sie lügt, weil sie niemals ganz vergisst,
Dass sie von Natur die Schwäch're ist.
Es gibt keine Frau, die nicht lügt,
Weil Wahrheit allein fast nie genügt.
Selbst wenn ihr ein Mann das Glück der Welt verspricht,
Nur wenn sie ihn liebt – dann lügt sie nicht.

Wo war er, der frivole Leander-Ton? Gegen Texte wie diese im biederen Zeitgeist der fünfziger Jahre kann selbst ihre Stimme nichts ausrichten. Zarah Leander war alles andere als eine bewusste Feministin, dafür spielten Männer – als Väter, Brüder, Liebhaber, Kollegen, Freunde, Förderer und Fans – in ihrem persönlichen Kosmos eine viel zu große Rolle. Aber faktisch war sie eine emanzipierte Frau – ein Leben lang berufstätig, finanziell unabhängig und sexuell selbstbestimmt.

Wann wirst du mich fragen,
wann darf ich es sagen,
wird dieses Glück einmal wahr für mich.
Du weißt, ich liebe dich.
Wann wirst du mich fragen,
wann darf ich es sagen,
wird dieser Traum einmal Wirklichkeit,
mein Herz ist längst bereit.

Ein langsamer Walzer, die Musik hat Michael Jary geschrieben. Ein Starfoto aus »Gabriela« widmet Zarah ihm – »meinem unvergleichlichen Meister«. Aber er fragt nicht sie, sondern eine viel jüngere Frau. Was für ein Schlag für Zarah Leander! Viele, die sie näher kannten, glaubten zu wissen, dass es Michael Jary war, den sie am meisten geliebt hat. Der Mann, der sie nun auf ihren Konzerttourneen um die

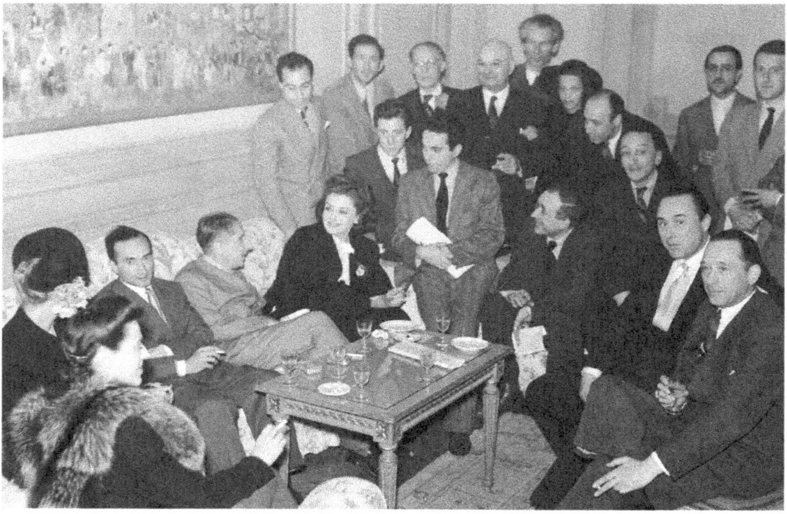

Pressekonferenz in Rom.

Welt begleitet, heißt Harry Heidemann und ist ihr Manager. 1951 fährt sie nach Griechenland, Ägypten und in die Türkei, und auch in Wien tritt sie wieder auf, das erste Mal nach dem Krieg. Im gleichen Jahr unternimmt sie eine große Südamerika-Tournee. Nach Argentinien, Chile, Uruguay und Brasilien sieht man sie im Sommer 1952 wieder im Stockholmer »Cirkus«. »Herrlich, wieder hier zu sein«, sagt Zarah. – »Bedeutet das, dass Sie uns hier zu Hause eine Weile treu sein werden?«, fragt der zwanzigjährige Journalist Harald Hultman in seinem ersten Interview mit der Diva. – »Ich werd's versuchen«, antwortet sie, »schon im nächsten Jahr bin ich wieder hier.« Sie berichtet von ihrem vollen Terminkalender, von dem nächsten Film, von Plattenaufnahmen, von Reisen nach Kanada und Südafrika. – »Aber Ihr Gut, Lönö, verwaltet sich das denn von alleine?«, insistiert der junge Journalist. –

»Manchmal nachts fahre ich hin«, antwortet Zarah lachend. – »Aber müssen Sie sich nicht mal ausruhen?« – »Ausruhen! Was für ein schreckliches Wort. Als ob ich mich in den vierziger Jahren nicht genug ausgeruht hätte!«

Von einem Auftritt zum nächsten hetzt sie, und nicht anders will sie es haben. Der Applaus von gestern wärmt am nächsten Tag nicht mehr. Sie sieht sich keine alten Fotoalben an. Das Leben ist heute. Ein bequemes Leben ist es nicht.

Einem anderen Journalisten erzählt Zarah Leander von ihrer »kommunistischen Köchin«, die auf das faule Leben der Herrschaft neidisch war. Sie habe sie mitgenommen auf eine Konzerttournee, und was sei passiert? Nach wenigen Wochen habe die Frau sie ganz entkräftet gebeten, an ihre Kochtöpfe zurückkehren zu dürfen.

Ihr nächster Film heißt »Cuba Cabana« und kommt Ende 1952 in die Kinos. Der Schauplatz ist eine südamerikanische Hafenstadt. »Im schwülen Klima rund um Puerto Antonio wuchern die Leidenschaften und der Revolutionsgeist, und im interessantesten Nachtlokal der Stadt, das der schönen Sängerin Arabella gehört, fand schon so manches Schicksal seine Erfüllung. Geliebt wurde hier, gelacht, geweint und geschossen, und die oft sich überschlagenden Wogen des Tumults glätteten sich nur, wenn Arabella mit ihrer dunklen, schmelzenden Stimme ihre sehnsuchtsvollen, von Liebesglut erfüllten Lieder sang«, schreibt *Mein Film* und kündigt die neue Produktion als bemerkenswerte Ausnahme in einer Serie von »derzeit in Deutschland entstehenden Wald- und Wiesenfilmen« an. Zarah Leanders Partner ist der sechs Jahre jüngere O. W. Fischer. Als draufgängerischer Reporter und Revolutionär darf er Arabellas »lange schon kaltes Herz« noch einmal rühren. Aber am Ende – wie heißt es noch in dem Schlager »Nur nicht aus Liebe weinen«? – »Am Ende ist immer Verzicht.«

Die reale Zarah hingegen hat nicht verzichtet – jedenfalls nicht auf die Leckereien der spanischen Küche, die ihr während der Dreharbeiten in Malaga und Madrid reichlich geboten wurden.

O. W. Fischer berichtete von gemeinsamen Pradobesuchen mit Zarah Leander, vor allem aber von Ensaimadas zum Frühstück, Paella zum Mittagessen und zehngängigen Gelagen zum Abschluss des Arbeitstages.

Für die nächste Filmarbeit muss sie sich einer Abmagerungskur mit anschließendem Facelifting unterziehen. Die Nachtclubsängerin, die sie in »Ave Maria« spielt, heißt Karin Twerdy, und sie singt auch mal in der Kirche wie schon die Magda aus »Heimat«. Sie ist eine »Frau mit Vergangenheit« – ebenso wie Julia Martens, Zarah Leanders letzte Hauptrolle in »Der blaue Nachfalter« (1959). Von Beruf ist auch sie Nachtclubsängerin. Aber mit den Rezepten von früher schreibt man keine Filmgeschichte mehr. Das Filmen, das einmal Zarah Leanders Hauptbeschäftigung war, ist zur Nebensache geworden, zu einer Option unter anderen. 1966 übernimmt sie noch einmal eine kleine Rolle in dem Film »Das gewisse Etwas der Frauen«. Schließlich lässt sie es ganz.

HÜLPHERS!

Es ist nicht leicht, für eine »One-Woman-Show« den rechten Begleiter zu finden. Der Pianist ist es jedenfalls nicht, der Anfang des Jahres 1954 per Telefon in Zarah Leanders oberbayerisches Refugium in Bad Wiessee platzt, um überzogene Gagenansprüche zu stellen. Zarah, die als Privatperson unvernünftig großzügig sein konnte, bleibt ihrem Ruf als knallharte Geschäftsfrau treu. Der Mann ist gefeuert, aber woher nimmt sie nun einen Pianisten für die geplanten Volkspark-Konzerte im Sommer?

Da meldet sich ein alter Bekannter. »Hier ist Arne Hülphers. Ich habe gehört, dass Madamchen in der Klemme sitzt. Wollte mal hören, ob ich irgendwie behilflich sein könnte.« – »Wie, mit was?« – »Ich habe gehört, dass dein Pianist sich schlecht benommen hat. Wenn du willst, kann ich im Sommer einspringen.« – »Ja, kannst du das denn?« – »Das würde ich wohl hinkriegen«, sagte, laut Zarah Leander, »dieser große, friedliche Finne«, und sie hatte hinterher das Gefühl, etwas Dummes gesagt zu haben.

Sie kannten sich aus dem Tonstudio. Im Sommer 1952 hatte sie mit dem Orchester Arne Hülphers' ein Potpourri aus den alten Hits der dreißiger Jahre aufgenommen. Gesehen hatten sie sich aber schon viel früher – das heißt: Zarah hatte den rotblonden Jazzpianisten und Frauenliebling, Jahrgang 1904 und Pfarrerssohn wie Nils Leander, von ferne betrachtet und beschlossen: Der ist nichts für mich. Später, in Berlin, war es Hülphers, der Zarah betrachtete, bei der Premiere zu ihrem ersten Ufa-Film »Zu neuen Ufern« nämlich. Nun fand er sie

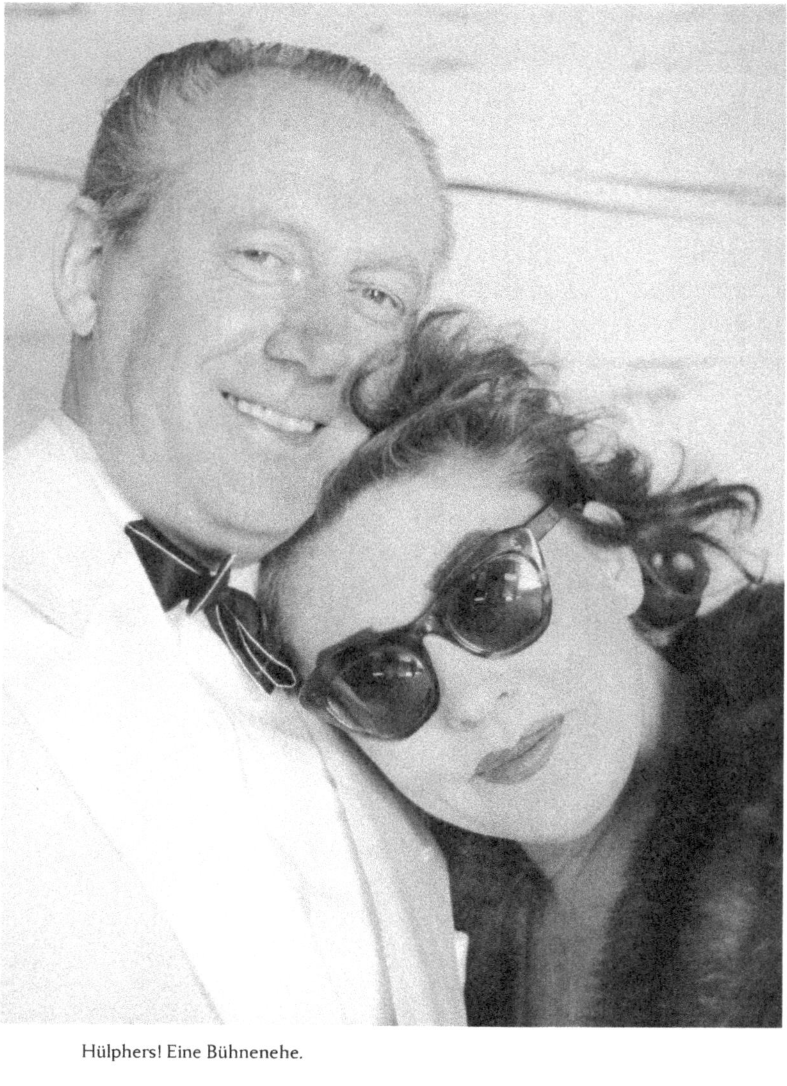

Hülphers! Eine Bühnenehe.

»verdammt hübsch«, auch wenn er sich das Lachen nicht verkneifen konnte über die »grässliche Schnulze«, in der sie spielte. Dass auch er nicht zum Privatvergnügen in Berlin war, sondern eines Engagements wegen, hat die beiden vermutlich später verbunden. Im Europahaus spielte Arne Hülphers mit seinem Orchester den gezähmten Swing, der von den Nazis gerade noch toleriert wurde.

Der Sommer 1954 begründete, nach dieser Serie von Beinahe-Begegnungen, die Bühnenehe, die bis zu Arne Hülphers' Tod am 24. Juli 1978 dauern sollte. Hülphers! rief Zarah ihren Pianisten ebenso knapp wie herrisch, und das zum Amüsement von ganz Schweden. Den Ehemann beim Nachnamen anzusprechen wirkte in der schwedischen Vornamensgesellschaft besonders kurios. Das zunächst versuchsweise Zusammenspiel der beiden fand beim schwedischen Publikum so viel Anklang, dass sie das Experiment im darauf folgenden Sommer fortsetzten. Was für ein herrlicher Sommer das war, mit vielen Zwischenstopps in Lönö! Zarah Leander hat in ihren Memoiren beschrieben, dass sie danach die Initiative ergriff: »In einem Flugzeug irgendwo in Europa an irgendeinem Tag im Jahr 1955 fragte ich Hülphers: Arne, willst du mich heiraten? Vielleicht weiß man auch, was der verrückte Kerl antwortete: Auf die Frage warte ich seit Jahren!«

Jede Ehe braucht ihre Mythen. Die Hochzeit im Januar 1956 hatte laut Zarah »etwas von einem Sportereignis, einem Titelkampf in fünfzehn Runden« und war so kräftezehrend, dass der glückliche Bräutigam anschließend mit einem Schwächeanfall ins Krankenhaus eingeliefert werden musste. Daraufhin hätten beide einander versprochen, derartige Strapazen in Zukunft zu vermeiden: »Wir haben fertiggeheiratet.« Dabei blieb es.

Die Darstellung ihrer Verbindung als »unsere glückliche Ehe« wurde zum Projekt. »Ohne Illusionen« hätten sie geheiratet, erklärten Zarah und Hülphers in einem Interview mit *Svensk damtidning* aus dem Jahr 1965. Schließlich war es bei beiden nicht die erste Ehe. Arne Hülphers hatte sich erst 1955 von seiner langjährigen Ehefrau, der

Sängerin Greta Wassberg, scheiden lassen. »Ich lebe jetzt in einer realistischen Traumwelt, wenn man das so sagen kann«, erklärte Zarah. »Ich habe jetzt alles, was ich will, früher habe ich nur davon geträumt.« Was meinte sie damit? Nicht zuletzt die materielle Seite des Lebens. »Heutzutage glaube ich absolut, dass es einen Zusammenhang zwischen Glück und hohen Einkünften gibt.«

Dann die gelungene Verbindung von Beruf und Privatleben. »Wir haben ähnliche Berufe, stehen beide auf der Bühne. Aber ich singe, und mein Mann spielt, wir können nicht auf die Erfolge des anderen eifersüchtig werden.« Und schließlich weiß Hülphers seine Frau zu nehmen. Jeden Tag bekommt sie von ihm ein kleines Geschenk: Blumen, Schmuck oder etwas Prosaisches wie ein Paar Strümpfe. »Jeder Mensch hat gute und schlechte Seiten«, sagt er. »Zarahs schlechte Seite zeigt sich zwei Stunden vor jedem Auftritt. Da ist sie nicht sie selbst. In diesen zwei Stunden pflege ich zu verschwinden.« Aber an erster Stelle nennen sie übereinstimmend als Erfolgsgeheimnis ihrer Ehe: Gelogen wird nicht.

»Warum soll eine Frau kein Verhältnis haben?« Das Chanson aus Oscar Straus' Operette »Eine Frau, die weiß, was sie will« singt Zarah immer wieder gern. Arne Hülphers soll es nicht gemocht haben. Erotisch, sagen Eingeweihte, soll der Mann eine Enttäuschung gewesen sein. Wahrscheinlich ist nicht alles wahr, was über Zarah Leanders Liebesleben erzählt wird. Aber manches. Sie selber hat sich öffentlich darüber kaum geäußert. In ihrer Autobiografie schreibt sie darüber nur den einen Satz: »Die Tatsache, dass ich mit Männern aufgewachsen bin, hat mir den erotischen Appetit nicht verdorben, im Gegenteil! Ich begreife allerdings, dass es die Hölle sein muss, mit einer wie mir verheiratet zu sein.«

Wie auch immer die Übereinkunft zwischen dem Ehepaar Leander-Hülphers ausgesehen haben mag, funktioniert hat es. Ein ruhiges Alter war Arne Hülphers an der Seite von Madamchen aber nicht vergönnt. »Was sollen wir hier auf Lönö?«, erklärt sie einmal.

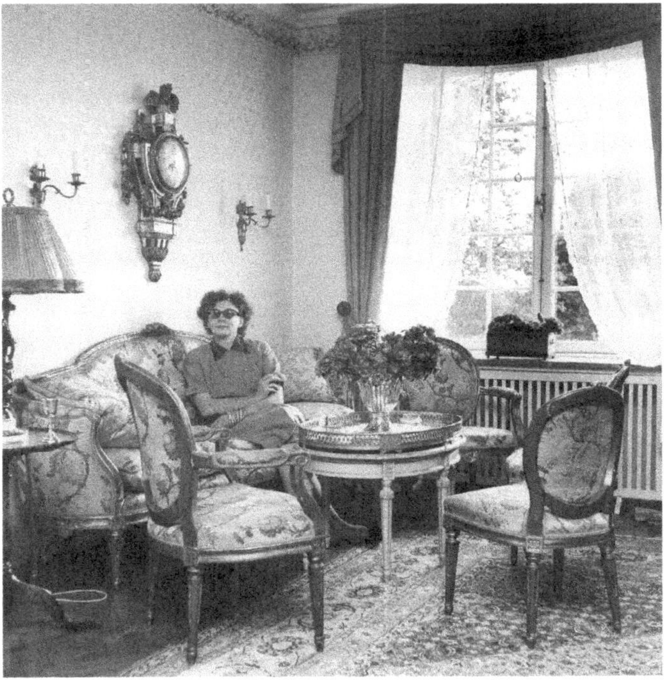

Die Möbel stammen aus ihrem Elternhaus. Zarah Leander auf Lönö.

»Hier ist es scheißvornehm. Arne und ich sind Künstler. Wir müssen hinaus in die Welt!«

Der Alkohol ist ein gemeinsames Laster. Beide trinken zu viel, werden dick und behäbig und brauchen sich, wie sie sind. Arne Hülphers stirbt wie ein alter Soldat auf dem Felde. Nach einem letzten gemeinsamen Konzert in dem Stockholmer Vergnügungspark Gröna-lund erleidet er einen Herzinfarkt. Zarah kann nicht ohne ihn. Wenige Monate später trifft sie der Schlaganfall, der ihre Karriere beendet.

TORSTEN FÖLLINGER

Im Eingang zu Torsten Föllingers Wohnung im Stockholmer Szeneviertel Södermalm hängt das Porträt eines wunderschönen blonden Jünglings. Ob er das ist, frage ich ihn. »Ja. Und der da« – er zeigt auf das Bild eines alten Mannes mit tief eingegrabenen Falten und gelichtetem grauem Haar – »bin ich auch. Findest du nicht, dass ich mich ganz gut entwickelt habe?«

So ist seine Art, mit Leuten umzugehen, geradeaus und mit Humor. Auf die Art und Weise hat er Zarahs Freundschaft gewonnen. Es war in den fünfziger Jahren in Wien. Torsten Föllinger studierte dort Gesang, und nebenbei fabrizierte er mit Schere und schwarzem Papier seine ganz private Scherenschnittwelt. Sie war mit vielen filigranen Tieren und manchen Menschen bevölkert. Zarah, die als »Madame Scandaleuse« im Raimundtheater auftrat, bekam ein Bild geschickt, das ihre gewaltig langen Stimmbänder vor einer Landkarte ihrer Lebensstationen zeigte – von Schweden nach Wien und Berlin und zurück. Madame war hocherfreut und lud den jungen Mann zum Frühstück ein.

»Es war neun Uhr morgens, und Zarah sagte: ›Arne, unser Gast möchte ein Glas Rotwein.‹ ›So früh trinke ich keinen Rotwein‹, wollte ich mich wehren. – ›Doch, du möchtest!‹ Als Arne den Wein gebracht hatte, sagte sie: ›Und jetzt möchte ich rauchen. Holst du mir meine Zigaretten, Arne?‹ Er ging, um sie zu suchen. Zarah ergriff das Glas, leerte es und stellte es vor mich hin. – ›Siehst du, Arne, unser Gast ist immer noch durstig!‹«

Mit Zarah teilte er die Schwäche für gut aussehende Männer. Aber die eigentliche Basis ihrer Freundschaft war die gemeinsame Lust am Klingenkreuzen. Zarah liebte die Provokation. Einmal erzählte sie ihm, wie sie als Kind in der Gegenwart ihrer Mutter ein schmutziges kleines Lied gesungen habe, das sie irgendwo aufgeschnappt hatte. »Hast du dir keine Ohrfeige eingefangen?« – »Nur eine? Aber das war es wert!« Sie war glücklich, wenn man ihr Paroli bot. »Das taten allerdings nur wenige. Viele hatten Angst vor ihr.« Torsten nicht, deswegen wurde er manchmal von Arne Hülphers als Dompteur nach Lönö gerufen, wenn Zarah es zu bunt trieb: Nein, Angst hatte er nicht, er bewunderte ihre Kraft. »Sie war nicht eine Frau, sie war vierzig Frauen!«

Der Wohnraum seiner Dachgeschosswohnung wird beherrscht von einem großen Flügel. Torsten Föllinger ist jetzt vierundachtzig, und bis vor kurzem hat er noch regelmäßig Meisterklassenkurse geleitet, auch in Deutschland. 1959 erkrankte er an Paratyphus. Das hat ihn um seine Karriere als Wagner-Sänger gebracht. Stattdessen wurde aus ihm der Nestor der schwedischen Gesangspädagogik. Generationen von Sängern und Schauspielern hat er ein Verhältnis zu ihrer Stimme eingegeben. Einmal kam eine junge Frau zu ihm, die in ihrer Kirchengemeinde zur Solistin auserkoren war. Ihre Stimme klang – er führt vor, wie sie klang, nämlich dünn und irgendwie abgeschnitten, und er fragte sie: »Hat Gott nicht den ganzen Körper erschaffen?« Sie bestätigte das. »Dann darfst du auch in der Kirche mit dem ganzen Körper singen. Auch mit dem Geschlechtsorgan!« Sie war schockiert. »Komm wieder, wenn du das akzeptieren kannst.« Nach drei Wochen kam sie wieder und klang nun wie eine richtige Frau.

Man muss hören, wie er von seiner alten Freundin Zarah spricht, der Interpret von Brecht- und Tucholsky-Liedern. Mit einem kleinen, dahingeknurrten Satz lässt er ein Bild von ihr entstehen. Nun sieht man sie am Tisch sitzen, prächtig und zerfurcht in späten Jahren, und beim Anblick der schönen Männer ringsum ihm zuraunen: »Schade, dass man schon so alt ist!«

Schließlich erzählt Torsten Föllinger noch, wie das Ehepaar Hülphers einmal mit einem neuen Auto nach Deutschland fahren wollte. Das Auto musste aber registriert werden, und so begab sich Arne nach Norrköping, um die Angelegenheit zu regeln. Er kam unverrichteter Dinge zurück. Drei Wochen werde es dauern, hatte man ihm gesagt. »Jaha, mit wem hast du gesprochen?« – »Der Mann hieß Ribbing.« Nun ergriff Zarah den Telefonhörer. »Hier ist Frau Zarah Leander. Mein Mann hat mir gesagt, es gibt einen kleinen Kummer mit meinem Auto.« – »Alles war meins«, grinst Torsten, »der Mann, das Auto, alles.« – »Wenn ich mich jetzt schön mache, dann werde ich dazu etwa eine halbe Stunde brauchen, eine weitere halbe Stunde dauert die Fahrt. In einer Stunde kann ich also bei Ihnen sein. Bis dahin wird sich mein kleiner Kummer doch erledigt haben, Herr Ribbing, nicht wahr?«

Körper altern, aber der Charme bleibt. Das galt für Zarah wie für ihren Freund Torsten.

DES GANZEN VOLKES ZARAH

1958 wird das Jahr des Rückblicks. Im letzten Jahr hat Zarah Leander im Stockholmer »Berns« ihren fünfzigsten Geburtstag gefeiert. Sie ist mehrfache Großmutter. Es wird Zeit, aufzuschreiben, was sie erlebt hat. Sie zieht die Kappe vom Füllfederhalter und beginnt so:

> *Diven gibt es nicht mehr. Nicht die Diven, von denen wir in unserer Kindheit hörten, die wir auf der Bühne und im Film anbeteten. Nicht die blumenüberschütteten Diven, die handküssenden Kavalieren mit Brillanten geschmückte Hände entgegenstreckten, nicht die Diven, die von jubelnden Studenten aus dem Theater davongetragen wurden, nicht die Diven, die auf den Boulevards flanierten, eskortiert von verliebten Bewunderern und einem Gespann Windhunde. Wie starb die gefeierte Diva? Na ja, das kam ganz plötzlich. Eines schicksalsschwangeren Tages ging die Diva selbst runter zur Milchbude und kaufte ihre Frühstücksbrötchen – an dem Tag starb sie, um niemals wieder aufzuerstehen.*
>
> *Einmal wollte ich selbst Primadonna werden. Ja, ich war absolut sicher, dass ich es werden würde. Und so kam es auch. Die graue Unauffälligkeit, die ich hasste, wurde fortgeblasen wie ein Nebel und einige phantastische Jahre lang wurde ich auf Händen durchs Leben getragen.*

Wie hat sich die Welt verändert! Wie hat sich das Publikum verändert! Nostalgische Gefühle erlaubt sich nicht nur Zarah. Auch Hasse Ekmans (Göstas Sohn) Film *Jazzgossen* aus dem gleichen Jahr spielt in der guten alten Zeit, als die Revue noch ganz groß war. Sigge Fürst ist Ernst Rolf, Karl Gerhard tritt in eigener Person auf, Zarah ist zu hören, aber nicht zu sehen. *Hela livet är en glad operett* – »Das ganze Leben ist eine fröhliche Operette«, hört man sie singen, und ein eleganter Herr im Publikum empfängt ein Telegramm. Er liest, dass er ruiniert ist, steht auf und geht. Die Weltwirtschaftskrise bringt auch den reichen Erben und Theaterunternehmer um sein Geld, der der Held des Films ist. Der Bogen der Geschichte spannt sich von den champagnerseligen Festen der zwanziger bis zu den Feldlagern der vierziger Jahre, in denen schwedische Soldaten im Krieg die Stellung halten. Karl Gerhard tritt nun zu ihrer Unterhaltung auf – alle sagen »du« zueinander, und die sozialen Unterschiede sind weggefegt.

Es galt also, sich einzustellen auf die neue Zeit im Volksheim – oder umgekehrt. Zarah Leander gelang das Kunststück, die Rolle der Diva mit ihren Juwelen und großen Gesten einem neuen Publikum schmackhaft zu machen und auf Dauer zu konservieren. Ab 1952 konnte man sie Sommer für Sommer auf den Bühnen der schwedischen Volksparks erleben. Als sie zum ersten Mal nach ihrer Deutschlandzeit in einem schwedischen Park auftritt, da sieht sie durch die Kulissen eine große Menschenmenge warten. Sie erkennt »die Rocker« unter ihnen mit ihren Lederjacken. Sie ahnt, wie sich die Münder zu Buhs formen. Sie findet sich dennoch auf der Bühne wieder, beginnt zu singen und sieht eine »Mauer aus Eis« vor sich. Aber nach ein paar Nummern schmilzt das Eis, und die Rocker beginnen zu jubeln: »Klasse, Zarah. Gib Gas!« So gewinnt sie ein Volksparkpublikum nach dem anderen. Sie sind eine durch und durch sozialdemokratische Errungenschaft, diese Volksparks. 1889 wurde die sozialdemokratische Arbeiterpartei gegründet. Der erste Volkspark wurde 1893 in Malmö eröffnet – teils als Versammlungsplatz für die politische Agi-

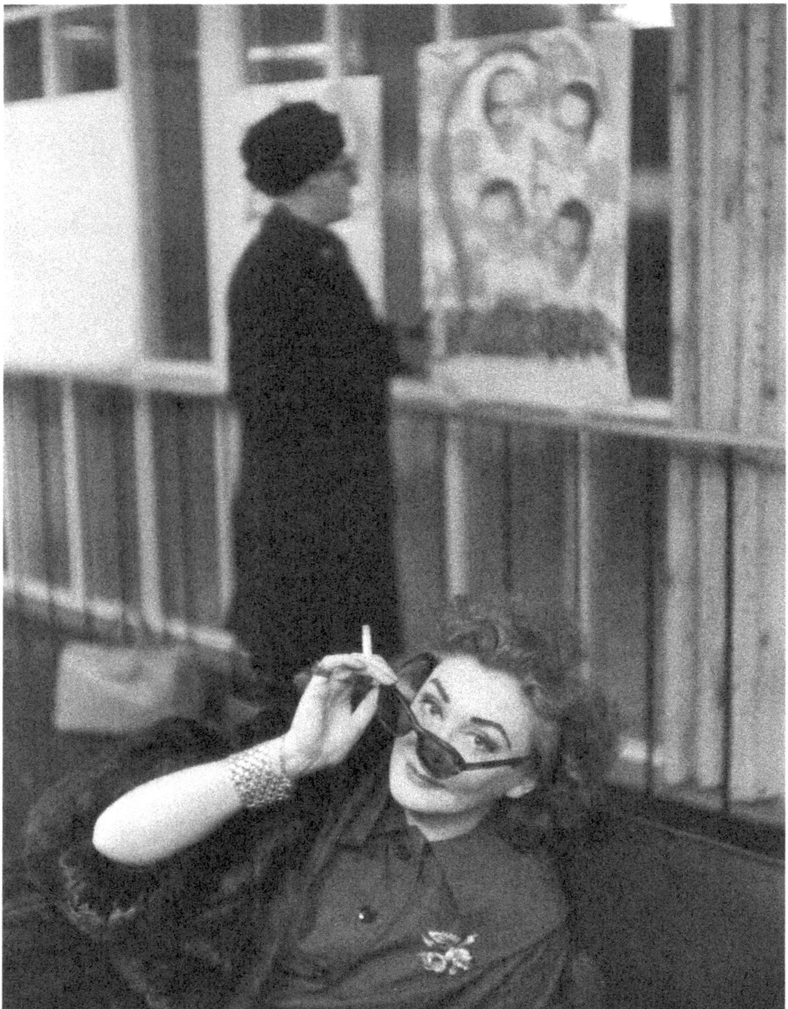

Diva des schwedischen Volksparks.

tation, teils als Erholungsort für die minderbemittelten Schichten der Industriegesellschaft. Billig sollte er sein und leicht zu erreichen. Kaum hatten die Malmöer ihren Sozenpark bekommen, da brach ein regelrechtes Fieber aus, und innerhalb nur eines Jahrzehnts war jede Gemeinde, die etwas auf sich hielt, dem südschwedischen Vorbild gefolgt. Zuerst spielte auch der Volksbildungsgedanke eine Rolle. Man führte Strindberg und anderes erzieherisch Wertvolle auf. Aber das legte sich. Kommerzielle Gesichtspunkte begannen auch die Volksparkimpresari mehr und mehr zu interessieren. »Der Volkspark nach 1920 ist im Großen und Ganzen ein traditioneller Vergnügungspark. Leichtere Unterhaltung, Karussells, Tanzböden – Schritt für Schritt verschmolz die Volksparkkultur mit den allgemeinen Kulturmustern, die außerhalb des Geländes galten«, schreiben die Volksparkchronisten Staffan Bengtsson und Göran Willis. Der Volkspark als Metapher für ganz Schweden – funktioniert das?

Mitten im schwedischen Sommer in einem Volkspark.
Da macht das Pilsner den Angsthasen groß und stark.
Da wird der Traurige lustig, der Zornige zahm –
Es ist Sommer für alle – ob ein- oder zweisam.

Den Reim hat sich der Schriftsteller-Schauspieler Beppe Wolgers auf die Sache gemacht, in Deutschland bekannt als Darsteller von Pippi Langstrumpfs Vater Käpt'n Efraim Langstrumpf. Die Volksparkkonzerte waren enorm populär. Zarah Leander zog mit ihren Auftritten in den fünfziger Jahren phantastisch große Menschenmengen an: über 4000 Personen in Karlstads Volkspark und ebenso viele in Norrköping. In Sikfors in Norrland lockte sie 15 000 und in Furuvik sogar 20 000 Zuhörer. Allerdings kamen sie nicht nur ihretwegen. Manche kamen für das Pilsner und den Autoscooter und das Konzert obendrauf. Schweden in den fünfziger Jahren, das war »eine Amüsierwüste«, schreibt Ove Hahn in seinem Gröna-Lund-Buch. In Kneipen zu gehen war nicht üblich, Restaurants gab es nur wenige, Diskotheken gar keine, und in den wenigen Tanzsalons durfte kein Alkohol ausgeschenkt werden. Das Radio sendete bis 1961 auf nur einem Kanal, das Fernsehen, eine Geburt der späten fünfziger Jahre, ebenfalls.

Erik Järnklev, der künstlerische Leiter der Volksparks, ernennt Zarah 1955 zu »des ganzen Volkes Zarah«. Das Zitat stammt aus einem Artikel, der von einem Fan ausgeschnitten und in ein Album geklebt wurde, ohne bibliografische Angabe.

> *Dass sie, egal was sie singt oder macht, unsere größte Primadonna aller Zeiten ist, das ist ja wohl klar. Sie ist auch unsere höchst bezahlte Künstlerin, und nur die südländische Nachtigall Rosita Serrano hat zu ihrer Glanzzeit die gleichen hohen Gagen bekommen. Wie das schwedische Volk reagierte, bei ihrem Comeback vor drei Jahren? Das ging erstaunlich schmerzfrei. Ich hatte das Gefühl, dass das Radio darauf wartete, dass Zarah zuerst in den Volksparks auftreten sollte, und wir unsererseits warteten auf ihre Rückkehr im Radio. Schließlich taten wir beide den beherzten Schritt, und ich denke, keiner hat es bereut. Zarah hatte phantastischen Erfolg, und sie hatte nichts von ihrer alten Popularität verloren. (…)*
>
> *Ich glaube, ihr selbst gefällt es sehr gut in den Volksparks. Da kommt sie ja in direkten Kontakt mit dem ganzen schwedischen Volk. Persönlich bewundere ich ihre gerade und lebensnahe Art. Mit Zarah Leander sich zu einigen ist nie schwer. Sie ist eine Frau, die weiß, was sie will, aber sie hat keine Schwierigkeiten, sich den Sachzwängen anzupassen. Geh zu Zarah und sag ihr direkt, was Sache ist, und sie nimmt es nicht krumm. Wie alle großen Stars hat auch Zarah Leander ihre Fehler, aber in ihrem Fall überwiegen die positiven Seiten. Sie ist ohne Zweifel unsere größte Primadonna – im besten Sinne des Wortes.*

Zarahs Gage betrug zwischen 3000 und 5000 Kronen, das Publikum bezahlte zwischen 1,50 und 2 Kronen. Viel übrig blieb also nicht für die Veranstalter, aber als gute Reklame war es die Sache wert. Das Publikum bekommt viel Zarah für wenig Geld und applaudiert, auch wenn die schwedischen Kritiker nicht nur Nettigkeiten schreiben – wie dieser Mitte der sechziger Jahre:

> *Sie hat flammendrotes Haar, grüne Augendeckel und einen Mund, der jeder Beschreibung spottet. Ihre Stimme schlägt denen, die nahe sitzen, ein Loch ins Trommelfell und wird in ganz Djurgården gehört. Der Hintergrund ist ein strahlend blauer Julihimmel. In Grönalund haben sich viele, viele Getreue gesammelt, um Zarah Leander zuzuhören. Das Publikum enttäuscht nicht nach so vielen Jahren – sie ist eine Institution geworden wie Taube. Und sie enttäuscht das Publikum nicht. Getreulich singt sie die alten Nummern, auf die gleiche ehrliche alte Weise, so wie das Volk es will. Und man glaubt, dass es ihr gefällt. Die einzige Neuheit des Jahres ist ein deutsches Lied aus der »Lady aus Paris«, das sie im Wiener Raimundtheater gesungen hat. (...) Als sie singt: »Ich kann den Zikadengesang nicht mehr hören«, breitet Nostalgie sich aus.*
>
> *Will man die Augen einen Moment ausruhen, so kann man der Bühne den Rücken kehren und sieht dann, wie das Publikum, das am Anfang unkonzentriert und in Bewegung war, still geworden ist. Die Menschen starren sie mit unverwandtem Blick an und genießen nur. Mit unfassbar vulgärer Bravour singt sie über Lysistratas Macht über den männlichen Trieb und schließt dann mit dem Vilja-Lied ab. Sie vermittelt nicht ein einziges echtes Gefühl, aber das Volk hört ihr andächtig zu.*

Die Andacht des Publikums ist teuer erkauft. Zarahs Fehler, von denen Järnklev sprach – damit ist vielleicht ihr Alkoholkonsum gemeint oder das Lampenfieber, mit dem sie sich und andere vor ihren Auftritten terrorisiert, oder beides zusammen. Das eine hat jedenfalls mit dem anderen zu tun. »Zarah war keine Alkoholikerin«, glaubt Ove Hahn, Grönalunds künstlerischer Leiter von 1961: »Ehrlicherweise muss man sagen, dass sie nicht ins Glas spuckte. Und sie war keine Dame, die auf der Sofakante an ihrem Portwein nippte. Es musste Schnaps sein, am liebsten Wodka.« Zu Hause auf Lönö habe sie aber wochenlang keinen Tropfen angerührt. Einmal betrank sich Zarah, nachdem die Publikumslieblinge Evert und Sven-Bertil Taube zwei Wochen lang mit großem Erfolg in Grönalund aufgetreten waren. Direkt danach war sie an der Reihe, schon am nächsten Tag, und sie hatte eine Höllenangst, jammerte über ihr ungerechtes Schicksal und trank Wodka in solchen Mengen, dass es ausgeschlossen schien, dass sie am nächsten Tag auftreten könnte. Der Abend kam, Zarah kam und betrat die Bühne in aller Eleganz und Selbstverständlichkeit, nervös wie immer, aber ihre Hausaufgaben hatte sie gemacht. Und der Sieg war vollständig.

Zarah, so Ove Hahn, brauchte den Alkohol, um ihr Lampenfieber zu bekämpfen. Und dieses Lampenfieber »war einfach nicht von dieser Welt. (...) Zarah war eher bereit, in den Tod zu gehen als auf die Bühne. Wenn sie die Alternative gehabt hätte, sich von einem Zug überfahren zu lassen, hätte sie die gewählt. Ich war bei ihr auf der Bühnentoilette und versuchte ihr zu helfen, während sie sich aus purer Angst übergab. Und bevor es dann so weit war, dass sie auf die Bühne musste, standen wir hinter dem Bühnenausgang und hielten uns aneinander fest, ganz, ganz fest. ›Das wird schiefgehen, Ove!‹ – ›Das wird es verflixt noch mal nicht. Du weißt, dass es gut gehen wird, Zarah!‹ – ›Und du verflixter Kerl stehst auch noch da und lügst.‹ – ›Ich lüge nicht. Ich weiß, dass du es schaffst. Und Hülphers ist doch dabei.‹ – ›Wenn man so verdammt alt ist wie ich, dann kommt der Tag, an dem es schiefgehen wird. Und heute ist es so weit! Lieber Gott, hilf mir heraus!‹«

Das Lampenfieber vor jedem Auftritt, schreibt Zarah 1971 in

ihren Memoiren, sei die »Tragödie ihres Lebens«. Mit den Jahren wurde es nicht besser, sondern schlimmer.

> *Ein Künstler muss auf die Sekunde genau siegen, oder er erleidet eine Niederlage ... Ein Lied, ein Revuecouplet oder ein Chanson dauert nur einige wenige Minuten und darf auch gar nicht länger sein. Sobald du den Mund öffnest, musst du den Publikumsgeschmack auf der Zunge spüren! Schluck ihn rasch hinunter, hier geht es um fressen oder gefressen werden, um das Publikum oder dich! (...) Niemand soll uns bemitleiden, denn wir haben uns freiwillig auf dieses blutige Spiel eingelassen. Nichts anderes als unsere eigenen Triebe haben uns gezwungen, zur Bühne zu gehen. Nichts anderes als unser Exhibitionismus, unsere Lust zu gefallen und zu verführen, unsere Lust am Singen, Tanzen und Spielen. Wir hätten ja im Büro sitzen und ein ruhiges Leben führen können.*

Die Erfindung des Fernsehens fügt der »Tragödie ihres Lebens« noch einen weiteren Akt hinzu. Diven darf es nicht mehr geben. Sie sprengen die Dimensionen des kleinen, viereckigen Kastens. Am 17. November 1957 flimmert Zarah Leander zum ersten Mal über schwedische Bildschirme. Die Sendung heißt »Eigner Herd ist Goldes wert«. Sie geht mit dem neuen Medium so aufgeschlossen um wie vorher mit Zeitungen und Radio. Aber glücklich wird sie nicht damit. »Die schwedischen Zuschauer hassen mich!« Das glaubte sie sicher zu wissen. Und hier hat sie keine Möglichkeit, wie auf der Bühne Stimmungen aufzunehmen und zu beeinflussen. Deswegen braucht sie, zumal vor Live-Auftritten, einen Beruhigungsschluck zur Bekämpfung ihrer Nervosität. »Das Konzertpublikum zahlt, um mich zu sehen. Die Fernsehzuschauer nicht«, erklärte sie Harald Hultman. Sie fühlte sich wie ein ungebetener Gast. Die Zeit des Rundfunkboykotts war nicht spurlos an ihr vorübergegangen. Die Eintrittskarten sind ein Liebesbeweis. Und Liebe brauchte sie.

DIVENGLÜCK

Diven gibt es nicht mehr: Den Satz, mit dem Zarah ihre Erinnerungen begonnen hat, muss sie nach den Erfahrungen des Jahres 1958 revidieren. Schweden ist nicht überall. Es gibt noch Inseln des Divenglücks. So eine Insel ist Wien. Am 5. September 1958 hat Peter Kreuders und Ernst Nephuts Operette »Madame Scandaleuse« am Wiener Raimundtheater Premiere. Zarah in der Rolle der abenteuerlustigen Hélène wird so gefeiert, wie sie es zu ihren besten Ufa-Zeiten kaum erlebt hat. 36 Mal geht der Vorhang auf und nieder. Blumenkörbe in solchen Mengen werden hereingetragen, dass das Ensemble ein paar Meter zurücktreten muss. »Und da stand die Diva und murmelte vor sich hin: Das ist doch nicht möglich ...«

Das Raimundtheater, 1893 gegründet, war als eine Bühne für »die Gesamtheit der städtischen Bevölkerung« gedacht. Gelegen in der Wallgasse, im Bezirk Mariahilf und »im Zentralpunkt des emsigen Gewerbelebens«, steckte schon in der Wahl des Standorts das Programm. Der Architekt verzichtete auf Logen, und »volkstümlich« sollten auch Spielplan, Publikum und Eintrittspreise sein. So wurde daraus ein Operettenhaus. Mit einer Operette wurde das Raimundtheater als erstes Theater in Wien nach dem Krieg wiedereröffnet. Einen Tag nach der Gründung der Zweiten Österreichischen Republik, am 28. April 1945, ging in dem Haus in der Wallgasse der Vorhang wieder auf. Gegeben wurde in Anwesenheit hoher Offiziere der sowjetischen Besatzungsmacht Heinrich Bertés »Das Dreimäderlhaus«. Trotz wachsender Konkurrenz von Film, Rundfunk und Fernsehen gelang es der Intendanz, das Raimundtheater über verschiedene finanzielle Krisen hinwegzuretten. Operetten wie Lehárs »Zarewitsch«, Benatzkys »Im weißen Rössl« und Kalmans »Czardasfürstin« wurden im Raimundtheater gespielt. Finanziell waren sie immer dann besonders erfolgreich, wenn Stargäste mit von der Partie waren: Marika Rökk, Johannes Heesters – und eben Zarah Leander. Ins Raimundtheater ging das Publikum, um seine Lieblinge zu sehen.

Madame Scandaleuse
Ist Ihnen nicht bös
Wenn Sie von ihr berichten
Tausend herrliche Geschichten (…)
Sie ist unmöglich
Aber deliziös

sang Zarah im Kostüm des frühen 20. Jahrhunderts. Die Handlung war inspiriert von George Bernard Shaws Stück »Frau Warrens Gewerbe«, »nur dass dessen gesellschaftskritischer Anspruch entfallen ist«, wie ein Kritiker bemerkte. Hélène ist nicht mehr jung, aber attraktiv, sie hat eine Villa an der Riviera, Verehrer aus Diplomatenkreisen, eine Tochter im heiratsfähigen Alter und Verbindungen nach Mittelamerika, wo sie angeblich eine Silbermine besitzt. Der Skandal ist perfekt, als herauskommt, was die wahre Quelle ihres Reichtums ist: das berüchtigte Etablissement »El Paraiso«, dessen temporär abwesende Chefin »Madame Roja« niemand anders ist als Hélène.

Man muss für alles bezahlen
Für jede Minute Glück
Und oft bekommt man die Rechnung
Im schönsten Augenblick.
Es wird keine Stunde vergessen,
Liegt sie auch weit zurück.

Man muss für alles bezahlen
Im schönsten Augenblick.

In der Gefühlslage kennt Zarah sich aus. Überhaupt verkörperte sie die Rolle der Madame Scandaleuse so überzeugend, dass aller Ruhm auf sie herabregnete und Peter Kreuder, heißt es, sich schlecht behandelt fühlte. Bei der Premiere war die Welt aber noch in Ordnung. Der Komponist selbst hatte dirigiert, und auf Fotos sieht man die beiden strahlend und Hand in Hand den Beifall des Publikums entgegennehmen.

Sie waren alte Bekannte aus der Ufa-Zeit, und ihre Wege hatten sich immer wieder gekreuzt. 1939 ging der 1905 in Aachen geborene Kreuder nach Schweden in die Emigration. Es gelang ihm, seine Oper »Lips« in Stockholm uraufführen zu lassen, und einmal war er bei Zarah zu Gast. Das nächste Treffen fand 1951 in Argentinien statt, wo Kreuder seit 1947 lebte und arbeitete. Er habe es vorausgesehen, dieses Treffen, schreibt Zarah 1971 in ihren Memoiren, und zwar an einem Mittsommerabend auf Lönö: »In zehn Jahren werden du und ich uns auf der anderen Seite des Ozeans wiederbegegnen«, habe er verkündet, »in einer der großen Städte dort, in welcher, weiß ich noch nicht.« Es wurde Buenos Aires. Zarah schreibt anerkennend, fast liebevoll über Kreuder, aber nicht ohne kritische Zwischentöne. Sie lobt sein Erzähltalent und den Reichtum seiner Erfindungsgabe und lässt damit vorsichtig durchblicken, dass man ihm nicht alles glauben darf. Sie rühmt seine Fähigkeiten als Komponist und relativiert seine Bedeutung: »Er gehört sicher nicht zu den geraden, stolzen Fichten im Wald, sondern ist eher im Unterholz zu Hause, wo das Heidekraut zäh und trotzig überlebt. Aber wie schön es blüht, das Heidekraut!« Schlager wie »Ich brauche keine Millionen«, »Sag beim Abschied leise Servus« und »Schön war die Zeit« sind solche kreuderschen Heidekrautblüten. Aus »Madame Scandaleuse« allerdings sind keine Stücke hervorgegangen, die sich mit den Ohrwürmern aus Ralph Benatzkys oder Michael Jarys Werkstatt vergleichen ließen. Das Publikum störte sich nicht daran.

116 Aufführungen von »Madame Scandaleuse« erleben die Wiener in dieser Spielzeit 1958/59. Den Journalisten fällt auf, dass es ausgerechnet die Teenager sind, die Zarah Leander fanatisch zujubeln und die jeden Abend ihr Auto umlagern. Als sie mit dem Zug die Stadt verlässt, veranstalten die Fans einen großen Bahnhof für sie und lassen die Lokomotiven »Ich steh' im Regen« pfeifen. Sie selbst betrachtete »Madame Scandaleuse« als »Krönung« ihrer Nachkriegskarriere. Alles, was danach kam, habe irgendwie nach Wiederholung geschmeckt.

Eine Wiederholung war für sie Oscar Strauss' »Eine Frau, die weiß, was sie will« in der Spielzeit 1960/61 am Raimundtheater. Goutiert wurde das von Karl Farkas sachte bearbeitete Stück »aus der Zeit der eisernen Operette« von Kritikern und Publikum gleichermaßen und Zarah Leander in der erprobten Rolle der Manon Falconetti erst recht. *Der Kurier* schrieb:

> *Summa summarum eine Bombenrolle, der Leander fast auf den Leib geschrieben, zumindest auf beachtliche Teile davon. Das kokette Spiel mit der Verruchtheit, sei's mit Augenzwinkern, sei's mit Stimmbandsex, war seit je die Domäne Zarah Leanders, und die Zeit, da zum Star des heiteren Genres, ja zur Welt der Bühne überhaupt auch ganz privat ein erotisches Fluidum von solchen Graden gehörte, das die Verfechter der bürgerlichen Moral auf den Plan rief, war nicht vorbei, als die Schwedin ihre Karriere begann. Sie ist es freilich heute. Unleugbar vorhanden hingegen ist die Persönlichkeit der Leander, die sich singend und sprechend und in stummen Szenen äußert, die das Dekorative und Pathetische liebt, es aber auch gern mit Ironie würzt. Sie hat Herz und Humor, diese Frau, sie kann eine Unmenge, was die Diven von heute, die weniger attraktiv sind, nicht können, und noch weit mehr als das: Sie hat Vergnü-*

gen, sich zu parodieren, und Sinn für Komik und gebietet stets souverän über die Mittel und über die Situation, in der sie sie anwendet.

Mit der »Lady aus Paris« verfuhr man 1964 noch einmal nach dem bewährten Rezept von »Madame Scandaleuse«: Man nahm eine literarische Vorlage, nämlich Oscar Wildes Komödie »Lady Windermeres Fächer«, schnitt sie auf Zarah Leander zu und ließ Peter Kreuder die Musik schreiben. Wieder das alte Bild: »Die Kassen des Raimundtheaters wurden gestürmt, die Bühne mit Blumen beworfen, der Künstlerausgang belagert.«

»In Wien stürmen die Teenager die Bühne«, rapportierte *Expressen* nach Schweden mit der Schlagzeile: »Die Leander, yeah, yeah, yeah. Sie ist der weltälteste Beatle.«

Das ist einer von Zarahs größten Erfolgen. Es sind nicht nur die Wiener ihrer Vor- und Nachkriegserfolge, die zu Tausenden in das Raimundtheater strömen. Nein, es sind massenweise Teenager, die (...) Abend für Abend im Theater sitzen und einen Beifall spenden, der sonst nur Popmusikern vergönnt ist. Der Erfolg spiegelt sich vielleicht am besten in der Zahl von Zwischenrufen. Nach der Premiere ging der Vorhang 103 Mal herauf. Das war absolut Wiener, wenn nicht Weltrekord. Der österreichische Präsident Adolf Schärf blieb bei den ersten sechzig sitzen.

Dieses Mal findet die Wiener Presse allerdings in schöner Einigkeit, dass »eine große Chance verkreudert« wurde. Zarah großartig in einem Musical ohne Musik, das ist Konsens. In Berlin, wo »Die Lady aus Paris« im Theater des Westens gezeigt wird, sind die Verrisse eindeutiger, und sie betreffen auch Zarahs Leistung. »Vulgär«, »ordinär«, »derb« lautet das Urteil. Dennoch: Zarah hat längst ihre treu ergebene Fangemeinde, und die sorgt dafür, dass die verehrte Diva auf ihren gewohnten Beifall nicht verzichten muss. Wenn sie singt »Mich hat die Welt kaltgestellt«, dann fließen Ströme von Tränen, und alle wollen ihr zeigen, dass das ganz und gar nicht stimmt.

Und noch ein Musical wird extra für sie geschrieben, für sie und ihre jugendlichen Fans. Diesmal ist Hamburg der Ort der Uraufführung. Es ist das Jahr 1968, und ein bisschen gesellschaftskritisch darf man schon sein, selbst im Operettenhaus. Dort hat »Wodka für die Königin« am 15. November Premiere. »Das Ganze ist eine schillernde Persiflage auf alle ›Hochgeborenen‹ und auf alle, die sich vielleicht ge- und betroffen fühlen«, schreibt die *Hamburger Morgenpost*. Zarah Leander spielt die amtsmüde Königin Aureliana, die erst sich und dann ihr Land mit Hilfe des Wodkas aus lästigen Zwängen befreit. Beinahe wäre es zur Beute machtgieriger Manager und Diktatoren geworden ... Natürlich geht es auch um Liebe, die Königin hat drei Töchter, und um – oops, nun darf man es sagen, denn dies ist keine altmodische Operette – es geht also um Sex. Den Prinzessinnen muss die Mama, wie gehabt, zum Ehemann verhelfen, aber vorher studieren sie in »Sexiko-City«. Triumph »für ihre Majestät Zarah«. Sie ist jetzt einundsechzig und wird gelegentlich gefragt, ob sie an Rückzug denke. Gerade hat sie eine USA-Tournee hinter sich. »Nein«, sagt sie energisch, sie sei »nichts für den Schaukelstuhl«.

Mit ihrer letzten Musicalrolle kehrt Zarah Leander sieben Jahre später an das Theater an der Wien zurück, wo alles – nein, nicht alles, aber ihre internationale Karriere – begann. »Das Lächeln einer Sommernacht« nach dem Film des schwedischen Regisseurs Ingmar Bergman ist über den Broadway nach Wien gelangt. Aber das anspruchsvolle Stück Musiktheater, das in der Bearbeitung von Harold Prince und Stephen Sondheim dabei herausgekommen ist, trifft den Geschmack der Wiener nicht. Zarah Leanders Leistung als Madame Armfeldt wird zwar gewürdigt – Hilde Spiel bescheinigt ihr in der *Frankfurter Allgemeinen Zeitung* »hinter einem einigermaßen zerrütteten, nachgerade menschenfresserischen Charme« spürbare »Kompe-

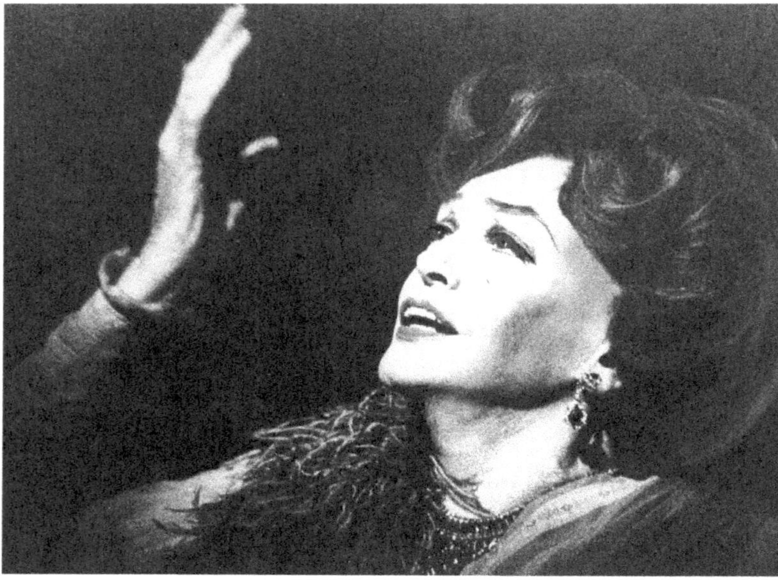

Die alten Divengesten sitzen: Zarah Leander in ihrer letzten Bühnenrolle.

tenz und Präsenz« –, aber die Vorstellungen sind trotzdem nicht immer ausverkauft. Zwei Wochen nach der Premiere, am 11. März 1975, kollabiert Zarah während der Vorstellung und wird mit Blaulicht ins Krankenhaus gefahren. Ein Schwächeanfall, sagen die Ärzte. Sie hatte einfach weitergearbeitet, mit einer Grippe, wie sie es gewohnt war, und braucht jetzt Ruhe. »Das mir, die ich in meinem ganzen Leben keine einzige Vorstellung versäumt habe!«, jammert Zarah. Nach ein paar Tagen steht sie wieder auf der Bühne, ausgeruht und fest entschlossen, die Saison bis zum 4. Mai durchzuhalten.

Es ist eine kleine, aber überaus reizvolle Rolle, die der »Grande Cocotte«, der alt gewordenen Liebhaberin von Fürsten und Königen aus dem »Lächeln einer Sommernacht«. In Bergmans Film hatte die wunderbare Naima Wifstrand sie verkörpert, der Bertolt Brecht im schwedischen Exil die »Mutter Courage« geschrieben hatte. Zart und zerbrechlich wie ein Vögelchen ist diese Madame Armfeldt und muss von einem Diener herumgetragen werden. Sie sagt Sätze wie: »Hüte dich vor guten Taten, meine Tochter. Sie kosten zu viel. Außerdem riechen sie schlecht.« – »Désirée, du hast einfach zu viel Charakter. Das hast du von deinem Vater.« – »Ich bin die Menschen leid. Aber das hindert mich nicht daran, sie zu lieben.« Mit Naima Wifstrand ist die junge Zarah Leander zu Beginn ihrer schwedischen Karriere gelegentlich verglichen worden. Für Naima im Jahr 1955 war die Rolle der Madame Armfeldt keineswegs die letzte, aber für Zarah.

Im Herbst 1978 ist *Sommarnattens Leende*, wie der Originaltitel lautet, nach Schweden zurückgekehrt. Am 14. September hat das Musical, nun in schwedischer Sprache, am Stockholmer Folkan Premiere. Zurückgekehrt ist auch Zarah nach 48 Jahren an das Theater, dessen schlechte Akustik sie einmal zur Verzweiflung getrieben hatte. Als wäre für sie mit dieser Rolle die Konfrontation mit der Vergangenheit verknüpft. Hier hatte die Angst vor dem großen Sprung, der zu tun war, sie umgetrieben. Hier hatte sie Karl Gerhard die Frackschleife geknüpft. Auch er war nun seit vielen Jahren tot. Sie singt, diesmal ganz leise und elegisch: »Wo sind die Clowns?«

Was für ein Spaß.
Man glaubt es kaum.
Ich such an dir einen Halt.
Du schwebst im Raum.
(…)
Ich glaub', mein Auftritt war gut
Ich erwarte Applaus
Nun steh' ich da
Vor leerem Haus.

Noch ein paar Wochen lang ist Zarah Madame Armfeldt, in deren Schloss sich in einer Sommernacht der erotische Reigen der Jüngeren entfaltet. »Noch einmal zeigte sich, welche unerhörte Bühnenpräsenz sie besaß«, erinnert sich Harald Hultman. »Selbst da, wo sie nichts sagen musste, zog sie alle Aufmerksamkeit auf sich.« Dann verlässt sie die Kraft. Mit den Worten ihrer letzten Bühnenfigur verabschiedet sie sich auf ihrer allerletzten Pressekonferenz: »Die Sommernacht hat nur noch ein Lächeln übrig, ein Lächeln für die Alten, Schwermütigen und Einsamen.«

ZARAH BEREITET IHREN ABSCHIED VOR

Zwei Schwedinnen in Wien, Zarah Leander und Birgit Nilsson. Auf der Bühne geben sie die großen Diven, aber privat sind beide handfest, humorvoll, nüchtern. Wenn sie zur gleichen Zeit in der österreichischen Hauptstadt engagiert sind, pflegen sie sich zu treffen. In den »Drei Husaren«, den »Drei Hacken« oder sonst einem gemütlichen Restaurant mit dem Dreier im Namen sitzen sie abends nach der Vorstellung, gründlich ausgehungert, haben Backhendl mit Kartoffelsalat oder Tafelspitz mit Apfelkren bestellt, danach vielleicht Powidltascherln und Marillenknödel, und was reden sie? Vielleicht über ihre Fans. Es ist ja gewiss herrlich, der Gegenstand enthusiastischer Bewunderung zu sein. Aber es hat auch seine Kehrseiten. Eine extreme Geschichte hat Birgit erlebt, mit einer besonders hartnäckigen Verehrerin, die ihr von Auftritt zu Auftritt hinterherreiste und sie mit Blumen überhäufte. Eine persönliche Begegnung mit ihr würde sie wieder auf den Teppich holen, glaubte die Nilsson, und lud die Frau zum Mittagessen ein. Das Mittagessen fand statt, die Stimmung war bestens. Birgit war davon überzeugt, dass das Problem nun gelöst sei. Ein paar Tage später bekam sie einen Abschiedsbrief. Die Verehrerin hatte sich umgebracht, überzeugt, dass das Leben nun nichts Köstlicheres mehr bieten könne.

Zarah hatte bessere Erfahrungen gemacht. Birgit kannte doch »Brigittchen«? Auch die war ihr einmal hinterhergereist. Zarah fand ihre Garderobe geschmückt mit Blumen und Spitzendeckchen vor und wusste: Das war wieder Brigittchen, »die Verrückte«. Das Mädchen wuchs ihr ans Herz. Eines Tages machte sie sie zu ihrer Sekretärin und Tourneebegleiterin. Sie nahm sie sogar mit nach Lönö. Da bekam sie ihr eigenes Zimmer und wurde für sie Gesellschafterin, Ersatztochter, Sekretärin, Zofe – alles.

Andererseits: diese dumme Geschichte mit Eckard und Marlies*. Sie hatten sich im Berliner Zarah-Leander-Fanclub getroffen und sich ineinander verliebt. Nun war Eckard allerdings verheiratet. Seine verzweifelte Ehefrau machte Zarah eine Szene und beschwor sie, ihr den Mann zurückzugeben. So etwas kann selbst eine Diva nicht. Zarah war kurz vor ihrem Auftritt und wie gewohnt nervös. Sie schubste die Frau zur Seite und verlangte, dass alle Fanclubs aufgelöst werden sollten. Aber sie fühlte sich jetzt bedroht. Bei jedem Blumenstrauß, der auf die Bühne geschleudert wurde, hatte sie Angst, es könnte darin eine Bombe versteckt sein.

Die Diva und ihre Fans. Wenn etwas zusammengehört, dann das. Zarah weiß, was sie ihnen zu verdanken hat, und zeigt es auch. »Die Leander versank nach der Premiere von ›Lady aus Paris‹ in einem Blumenmeer. Und wer sie genau beobachtete, merkte, dass sie's nicht erwartet hatte, dass sie überwältigt war und vor Rührung feuchte Augen bekam«, steht etwa in der *Illustrierten Kronen-Zeitung* zu lesen.

In den fünfziger und sechziger Jahren gab es Zarah-Leander-Fanclubs, die sich gegenseitig in der Verehrung ihres Stars zu übertrumpfen suchten. Hieß es, bei einer Vorstellung in Wien habe es 130 Vorhänge gegeben, erzwangen ihre Berliner Anhänger 143 Vorhänge. Zwischen spontaner Begeisterung und dem Fanatismus organisierter Clacqueure war oft nicht mehr zu trennen. Nach Stückschluss ging der Applaus in rhythmische Sprechchöre über: »Zarah,

* Namen geändert.

wir lieben dich!« Zuschauer überreichten Blumengebinde, auf die Bühne regneten Rosen, und Zarah musste eine Zugabe nach der anderen geben. Das Publikum wollte sein Idol nicht gehen lassen.

Paul Seiler hat eines seiner Bücher über Zarah Leander ein »Kultbuch« genannt. Darin steht eine Menge über die Gefühle, die einen Fan bewegen. »Wir waren süchtig nach Zarah, nach ihrem pathetischen Stil, ihren überlebensgroßen Gefühlsausbrüchen, Walkürenauftritten, ihrer dunklen, fast männlichen Stimme. Für viele war sie Vater und Mutter zugleich, sie war auch eine Ersatzdroge für nicht ausgelebte Gefühle.«

Viele Zarah-Fans waren homosexuell. Zarah hatte nichts dagegen. Die sexuellen Gepflogenheiten anderer Leute betrachtete sie als deren Privatangelegenheit. Das hatte sie schon Goebbels wissen lassen, als der sie in Bezug auf ihren Umgang »auf Kurs« bringen wollte. Mit Bruno Balz verband sie seit der Ufa-Zeit eine herzliche Freundschaft. Zarah, die Prächtige, Zarah, die grell Geschminkte, Zarah, die Schlagfertige, Zarah, die Kunstsinnige, Zarah, die Geschichtenerzählerin, Zarah, die gerne auch mal Ordinäre – sie sammelte Scharen von jungen Männern um sich und hielt Hof. Dass deren Begeisterung für sie nur platonisch war, soll ihr allerdings manchmal missfallen haben. Peter Kreuder hat boshafte Bemerkungen über Zarah gemacht und über ihre Wohnung, »in der es nach Moschus duftete und die stets angefüllt war von vielen Leuten, die alle auf irgendeine Weise mit Hormonschwierigkeiten zu kämpfen schienen. Hier hätte ein geschäftstüchtiger Chirurg eine Sammelbestellung für Geschlechtsumwandlungen aufnehmen können, vielleicht hätte das die Atmosphäre etwas normalisiert. (...) Auf die Gefahr hin, dass man mich im Kreis ihrer Anhänger totschlägt – die Gefahr ist nicht sehr groß, da ich freiwillig kein Transvestitenlokal betrete –, muss ich zugeben, dass ich bis auf ein oder zwei Ausnahmen noch keine Frau erlebt habe, die so böse sein kann wie Zarah Leander.«

Zarah mit ihrer Perücke, ihrer Schminke, ihren Roben trat auch auf Tuntenbällen auf. Dass ihre Stimme nach der Menopause noch tiefer geworden war – umso besser.

Dann kamen, im Herbst 1973, die Plakate, die Zarah Leanders Abschied von der Bühne ankündigten. Den Fans wird bang ums Herz. Ein letztes Mal – und dann nie wieder! Am 14. September wird sie in Aachen beginnen. Ihr Manager Otto Hofner hat ein dichtes Programm für sie gemacht. Eine Woche, sechs Konzerte:

Mittwoch,	*19. September*	*Timmendorfer Strand*	*Kurhaus Saal*
Donnerstag,	*20. September*	*Bremen*	*Die Glocke*
Freitag,	*21. September*	*Bargteheide*	*Aula der Realschule*
Samstag,	*22. September*	*Hamburg*	*Musikhalle*
Sonntag,	*23. September*	*Bielefeld*	*Oetkerhalle*
Dienstag,	*25. September*	*Baden-Baden*	*Kurhaus Bühnensaal*

In dem Rhythmus geht es weiter – durch viele große und kleinere Städte, durch Deutschland, Österreich, die Schweiz, Holland – den ganzen Winter über. Pünktlich dazu erscheint die deutsche Übersetzung ihrer Autobiografie, die 1972, diesmal mit dem schwedischen Journalisten Jan Gabrielson als Ghostwriter, in Schweden herausgekommen ist. Zarah eilt von einem Erfolg zum nächsten, lässt sich feiern – und überlegt es sich anders. Mit den Tourneen, ja, damit soll es nun vorbei sein, aber das ein oder andere Konzert wäre doch vielleicht drin. Manche Fans freuen sich darüber, andere, wie Paul Seiler, fühlen sich verschaukelt. »Manchmal wurde ich auch böse, mein Idol wollte und wollte nicht Abschied nehmen, kam immer wieder und ließ uns, die wir sie liebten, teilhaben an einem Altersprozess, der, ansonsten ganz normal, im grellen Scheinwerferlicht aber eine besondere Dimension gewinnt.«

Ein Trauma für die Fans wurde Zarahs Gastspiel 1976 bei den »Wühlmäusen« in Berlin. Zarah hatte einen Kontrakt, sie sollte wo-

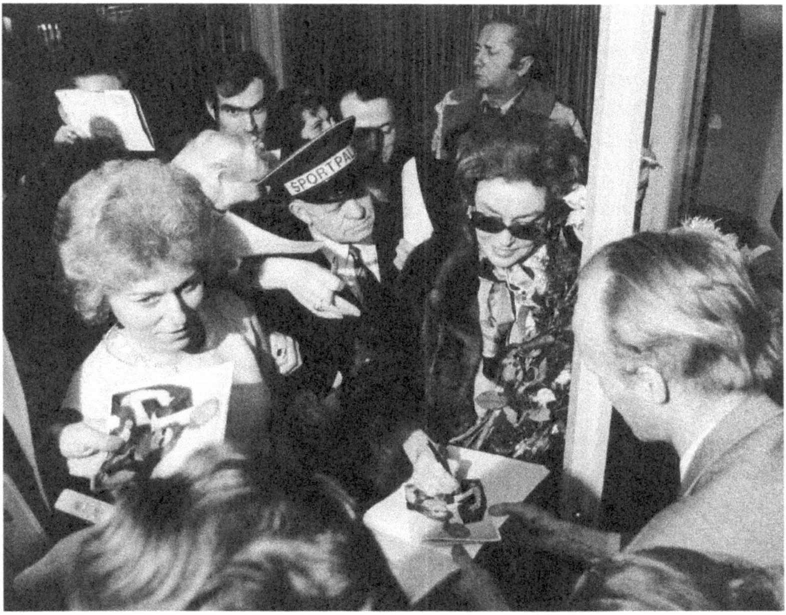

Zarah Leander und ihre deutschen Fans.

chenlang dort auftreten. Die ersten beiden Abende waren gut besucht, dann kamen nur noch eine Handvoll Leute, und sie wurde aus ihrer Verpflichtung entlassen. Offiziell hieß es, sie sei krank geworden. Was für eine Diva ist das, die auf die Bühne geführt werden muss? Als Objekt der Adoration ist sie nun nicht mehr geeignet. Die Fetzen der Illusion umschlottern ihren gebrechlich gewordenen Leib. Sie ist längst keine Diva mehr, nur noch ein Mensch mit seiner unstillbaren Sehnsucht nach Liebe.

Jetzt kommt die Zeit der Kaffeefahrten. Zur Rheumadecke gibt es die Leander. Die Fans sind düpiert. »Entsetzlich, würdelos, selbstzerstörerisch«, urteilt die Filmhistorikerin Cornelia Zumkeller mit starken Vokabeln über Zarah Leanders letzte Jahre. Wer maßt sich an, Würde und Maß im Alter ausgerechnet von einer Künstlerin zu verlangen, deren Qualität gerade in der Maßlosigkeit lag, deren Größe in der Schamlosigkeit? Und ohne ein großes Maß an selbstzerstörerischer Energie ist diese Bühnenkarriere mit ihren Zumutungen gar nicht denkbar. Den eigenen Verfall zur Besichtigung freizugeben ist auch eine Methode, sich vom Leben zu verabschieden. Etwas anderes ist ihr letzter Auftritt im »Lächeln einer Sommernacht«. Dort, in der resignativen Rolle der Madame Armfeldt, umgeben von den Gespenstern der Vergangenheit, gewann sie die alte Größe zurück. Danach konnte sie ausruhen.

Zarah Leander starb am 23. Juni 1981 an einer Gehirnblutung, zwei Jahre, nachdem sie sich auf einer Pressekonferenz endgültig von ihrem Publikum verabschiedet hatte. Nach dem ersten Schlaganfall saß sie im Rollstuhl, war sprachlich behindert und duldete keinen Rummel mehr um sich. Nur noch die Familie und enge Freunde durften um sie sein. Zwischen den Krankenhausaufenthalten in Saltsjöbaden konnte sie manchmal nach Hause zurückkehren. Sie war die greise Schlossherrin auf Lönö, nichts anderes mehr.

Die Oscarskirche in Stockholm war voll, als die große Sopranistin Birgit Nilsson zu Zarah Leanders Beerdigung sang. Sie sang Beethovens »Die Himmel rühmen des Ewigen Ehre« und Schuberts »An die Musik«. Und sie sang falsch. Wer die Ohren dazu hatte, konnte es hören. Was wäre eine Veranstaltung zu Zarahs Ehren ohne einen kleinen schrägen Ton? Die Kränze aus Deutschland waren etwas zu groß. Der Pastor redete gut, aber ein wenig distanziert. Er hatte die Verstorbene nicht persönlich gekannt. Aber beim Defilee um den weißen Sarg nahmen Hunderte von Menschen mit einer Blume in der Hand von ihrer Zarah Abschied. Das hätte ihr gefallen.

BRIGITTE PETTERSSON

An einem diesigen Novembermorgen fahre ich nach Lönö. Brigitte hat mir den Schleichweg von Stockholm beschrieben, eine winzige Fähre hat mich ins Vikbolandet gebracht. Das letzte Stück ist eine Privatstraße, Zarah hat sie anlegen lassen.

Brigitte, im schwarzroten Blazer, die weißen Haare adrett frisiert, steht auf der Treppe und lächelt mir entgegen. Sie führt mich in ein Zimmer im Gästeflügel, da, wo im Sommer die Kinder wohnen, die auf Lönö Reiterferien machen. Da wohnt sie, solange ihr Häuschen renoviert wird. Sie ist zurückgekehrt, nach vielen Jahren. Mit ihrem Mann Tore hatte sie in Norrköping gelebt, eine halbe Autostunde von hier entfernt. Vor kurzem ist Tore gestorben und dann auch noch Molly, die Hündin. Was sollte sie noch in Norrköping? Jetzt ist sie froh, hier zu sein. Hier auf Lönö fühlt sie sich Zarah nah. »Ihr Geist ist mit uns«, sagt sie zuversichtlich.

Brigitte kennen alle. Sie pflegt den Kontakt zu Zarahs alten Freunden und Kollegen, zu ihren Kindern und Enkelkindern. »Es geht immer weiter«, sagt sie. Urenkel? »Zarah hat ... lassen Sie mich rechnen – Boel hat vier Kinder und sieben Enkel, Göran zwei und vier Enkel. Also elf.« In Brigittes großem liebendem Herzen haben alle Platz.

Es gibt Kaffee und Gebäck. Sie ist aufgeschlossen gegenüber allen, die etwas über Zarah wissen wollen, obwohl sie sich manchmal ärgern muss. Eine Journalistin hatte mit ihr ein Interview gemacht, für eine Fernsehdokumentation. Es wurde ein schönes Interview, durfte dann aber nicht gesendet werden. Brigitte hatte erfahren, wie die Sendung heißen sollte: »Hitlers Frauen«. Da war es aus. Sie sieht mich forschend aus ihren blauen Augen an: »Wissen Sie, an wen Sie mich erinnern? An Margit aus dem Münchner Fanclub. Also, so eine Ähnlichkeit!«

Mit dem Film »Heimat« hatte alles angefangen. Es war zu Beginn der fünfziger Jahre, Brigitte war vierzehn. Ihre Familie war von Erfurt nach Duisburg geflüchtet. Auch ihre Mutter schwärmte für Zarah Leander, sie hatte Verständnis dafür, als ihre Tochter anfing, für jeden Auftritt der verehrten Diva quer durch die Bundesrepublik zu reisen. Das taten viele, aber wer hatte schon das Glück, tatsächlich in die Nähe seines Idols zu gelangen? Die Blumen, die Spitzendeckchen in der Garderobe – etwas hatte Zarah gerührt an dem Eifer des Mädchens. Außerdem war sie tüchtig, konnte Schreibmaschine schreiben und Stenografie. So geschah das Wunder, und Brigitte kam nach Lönö. Sie bekam ein Schlafzimmer mit Himmelbett und gustavianischen Möbeln und durfte »Tante Zarah« und »Onkel Arne« sagen. Es gibt Momente, da kann sie es noch immer kaum fassen.

»Tante Zarah« war eine andere als die Primadonna auf der Bühne. »War sie zu Hause auf Lönö, da war sie Gutsfrau. Sie wollte nichts von Bühne wissen. Ich durfte nicht mal ihre Schallplatten spielen. Jeden Tag hat sie ihre Zettel geschrieben, was wir kochen sollen, wie wir decken sollen. Und sie ging ganz einfach und ungeschminkt«, erzählt mir Brigitte, während sie mich herumführt. Wir gehen über den knirschenden Kies durch das Torgewölbe und stehen nun vor dem Herrenhaus. Löwengelb ist es immer noch. Hinein darf ich aber nicht, nach Zarahs Tod ist Lönö verkauft worden. 22 Zimmer hat das Haus zusammen mit dem Flügel, nicht 32, wie gelegentlich behauptet wird. Brigitte ist zufrieden mit den neuen Besitzern, weil die dafür sorgen, dass alles hier so schön bleibt, wie es mal war. Aber ein Museum wollen sie nicht bewohnen. Sie zeigt auf ein Fenster im ersten Stock. »Da war Zarahs Schlafzimmer und gleich daneben meines.«

Der Kreis hat sich für sie geschlossen. Über Zarah hat Brigitte auch ihren Mann kennen gelernt, Tore, der als Verwalter auf dem Gut arbeitete. »Lad ihn doch auf eine Bootsfahrt ein«, hatte Zarah sie ermuntert, als sie die ersten schüchternen Gefühle der jungen Frau bemerkt hatte; oh Gott, wie kann sie das ... die Initiative ergreifen ... Wir gehen hinunter zum Ufer des Braviken. Brigitte zeigt mir den Steg und das gelbe Saunahaus. Hier sind Zarah und Arne ins Wasser gesprungen, um sich abzukühlen. Es ist schön hier, sehr schön. Selbst an einem Novembertag. Aber während ich über das ruhige Wasser sehe – kein U-Boot, nirgends –, da flüstert mir mein Gedächtnis einen Satz zu, den Zarah als alte Frau in einem Interview fallen ließ: »Was soll ich auf Lönö? Dort ist es so scheißvornehm, dass ich umfalle ... Arne und ich sind Künstler. Wir wollen wieder raus in die Welt.«

Es ist flach hier, das Wasser? Nein, in der Mitte ist es dreißig Meter tief, sagt Brigitte. Ich erwähne die aktuellen Spionagegerüchte und stelle fest, dass ich in ein Wespennest gestochen habe. »Also – wo das alles herkommt!«, ereifert sie sich. »Zarah hat damals gesagt, es stimmt nicht, aber keiner will die Wahrheit glauben. Es hängt mir so zum Hals raus. Jetzt ist sie schon über zwanzig Jahre tot, und immer noch ...« Sie ist wütend, aber nun wird ihr auch der komische Aspekt des Ganzen bewusst. »Ich glaube, man hat nie über eine Schauspielerin so viel gesprochen wie über Zarah. Also, die hat U-Boote hier gehabt und heimliche Sender, und dabei war nicht einmal ein Politiker hier – niemals. Also, diese Gerüchte – also, das ist ganz schlimm. Also, man kann gar nicht anders, als darüber lachen. Das ist purer Wahnsinn.« Ich frage sie, warum sie es für so ausgeschlossen hält. »Sie war ein so lieber und guter Mensch. Sie hätte das nie, nie fertiggebracht. Sie war gar nicht der Typ dafür.«

Es gibt so vieles, was die Leute nicht wissen. Darum reist Brigitte umher und hält landauf, landab kleine Vorträge über Zarah Leander. »Sie hat ja ihre Arbeit gemacht in Deutschland, das war in der Nazizeit. Das hat man ihr hier irgendwie übel genommen.« Aus Neid, davon ist sie überzeugt. »Aber wer hätte das nicht gemacht! Wer so einen Kontrakt bekommen hätte wie sie.« Das neueste Projekt der Unermüdlichen, zusammen mit der Gemeinde Härradshammar, ist ein Zarah-Museum.

Dafür will sie alles hergeben, was sie an Erinnerungsstücken besitzt. Zum hundertsten Geburtstag im März 2007 soll es fertig sein.

Ich möchte das Grab sehen. Brigitte lässt sich nicht lange bitten, sitzt schon im Auto und fährt im Tempo der Ortskundigen voraus. Es sind nur wenige Kilometer. Die Wege auf dem Friedhof von Härradshammar sind sorgfältig geharkt. »Zarah Leander, 1907–1981«, da liegt sie neben Arne Hülphers, der runde, rötliche Stein ist nicht größer als der auf den umliegenden Gräbern. *Lagom*, eben, nicht zu groß und nicht zu klein, aber vor allem: nicht zu groß. So will es das Gesetz von Jante – das in ganz Skandinavien sprichwörtlich gewordene Gesetz der sozialen Kontrolle, dessen erstes Gebot lautet: Du sollst nicht glauben, dass du jemand bist.«

So hat man sie posthum doch noch passend gemacht. Es ist November. Raureif umhüllt die Zweige der Birken. Nachmittags um halb drei beginnt es dunkel zu werden.

DANK

Die Biografie einer Bühnenkünstlerin wie Zarah Leander lebt nicht nur von musikalischen und schriftlichen Zeugnissen, sondern auch von den Erinnerungen der Menschen, die sie erlebt haben – als Verwandte und Freunde, als Kollegen, als Fans und Zuhörer. Deshalb bin ich froh und dankbar, dass ich in Schweden wie auch in Deutschland Menschen gefunden habe, die Zarah Leander kannten.

Besonderen Dank schulde ich dem Stockholmer Schriftsteller und Journalisten Harald Hultman, der mich in vielen Stunden geduldig und uneigennützig als Gesprächspartner unterstützt und mich mit in Jahrzehnten gesammeltem Material großzügig versorgt hat. Ohne seine ebenso tatkräftige wie diskrete Förderung wäre das Projekt nicht, oder jedenfalls nicht so schnell, zum Abschluss gelangt.

Hervorheben möchte ich Elisabeth Ralf, Stockholm, die mit mir in diversen anregenden Gesprächen das deutsch-schwedische Verhältnis und dabei die Rolle Zarah Leanders hin und her gewendet hat.

In Stockholm habe ich in »Statens ljud- och bildarkiv« freundliche Aufnahme gefunden.

In Karlstad war es Eddi Korjenic, der eine Schlüsselrolle gespielt hat. Durch ihn habe ich Jonas Hedberg kennen gelernt, der mich – im hohen Alter – durch seine Persönlichkeit und seinen Charme beeindruckt hat. Zu danken habe ich auch dem Värmlands Museum und dem Värmlands arkiv in Karlstad.

Paul Seilers besondere Verdienste um die Zarah-Leander-Forschung kennt jeder, der sich in Deutschland mit Zarah Leander befasst hat. Auch mir hat er bereitwillig seine Tür geöffnet. Seine umfangreiche Sammlung hat er dem Potsdamer Filmmuseum überlassen. Dort war es Birgit Scholz, die sich hilfsbereit meiner angenommen hat und mir eine Studienatmosphäre geschaffen hat, wie man sie sich nicht besser wünschen kann.

In Wien habe ich im Theatermuseum ebenso wie im Filmmuseum freundliche Aufnahme gefunden. Für Anregungen, Hinweise und teilnehmende Gespräche danke ich Susanne Concha-Emmrich, Aimée Delblanc, Mattias Enn, Andrea von Hegel, Thomas Hinkers, Professor Helmut Müssener, Nikolaus Palézieux, Hans-Dieter und Karin Schulte und Julia Solovieva.

Meiner Familie danke ich für die Geduld, mit der sie akzeptiert hat, dass Zarah Leander eineinhalb Jahre lang die Tischgespräche dominierte, allen voran meinem Mann Tilmann Bünz, der seine Rolle als erster Leser und Kritiker gewohnt souverän gespielt hat.

LITERATUR

Ascheid, Antje: »Diva, Mother, Martyr: The Many Faces of Zarah Leander«. In: Hitler's Heroines, Philadelphia 2003, S. 155–212

Bäck, Folke: Barndomsminnen, Karlstad 1987

Bardram, Lars (Hg.): Rolf Hansen/Alexander Lernet-Holenia. Die grosse Liebe. Laes en film, Kopenhagen 1986

Beevor, Antony: Die Akte Olga Tschechowa. Das Geheimnis von Hitlers Lieblingsschauspielerin, München 2004

Benatzky, Ralph: Triumph und Tristesse. Aus den Tagebüchern von 1919 bis 1946, hrsg. von Inge Jens und Christiane Niklew, Berlin 2002

Bengtsson, Staffan & Willis, Göran: Hela Svenska Folkets Park, Stockholm 2005

Berman, Nils: Leva och Läsa. I vimlet bland Thalias barn och diktens koryféer, Stockholm 1970

Billquist-Roussel, Åsa: Köp rosor … boken om Ulla Billquist, Stockholm 1990

Boethius, Maria-Pia: Heder och Samvete. Sverige och andra världskriget, Stockholm 2001

Borgelt, Hans: Die Ufa – ein Traum. 100 Jahre deutscher Film, Berlin 1993

Breslmayer, Elisabeth: Die Geschichte des Wiener Raimundtheaters von 1893 bis 1973, Wien 1975 (Phil. Diss. Universität Wien)

Brodskij, Jossif: Trofejnoje. In: Inostrannaja Literatura 1996, Nr. 1

Eder, Angela: Ich kehre lieber um und geh' zurück ins Morgen. Wien 1936-1938. Theater Kino Kulturpolitik. Das Theater an der Wien in der Direktionszeit Arthur Hellmers und die Emigrationssituation seiner Künstler, Wien 1993

Ericson, Uno Myggan: Ernst Rolf, Stockholm 1968

Földényi, László F.: Melancholie, Berlin 2004

Gerhard, Karl: Om jag inte minns fel, Stockholm 1952

Gerhard, Karl: Med mitt goda minne, Stockholm 1964

Goebbels, Joseph: Tagebücher in fünf Bänden, hrsg. von Ralf Georg Reuth, München 2003

Hahn, Ove: Gröna Lund, Stora Scenen, kl. 20.00, Borås 1994

Hedberg, Jonas: Hedberg från Värmland, unveröffentlichtes Typoskript

Jary, Micaela: Ich weiß, es wird einmal ein Wunder gescheh'n. Das Leben der Zarah Leander, Berlin 2001

Knopp, Guido u. a.: Zarah Leander – Die Sängerin. In: Hitlers Frauen und Marlene, München 2001

Lang, Attila: 200 Jahre Theater an der Wien, Wien 2001

Leander, Zarah: Vill ni se en Diva?, Stockholm 1958

Leander, Zarah: Zarah Leanders minnen, Stockholm 1972

Lenssen, Claudia: Blaue Augen, blauer Fleck. Kino im Wandel von der Diva zum Girlie, Berlin 1997

Lindberg, Per: Gösta Ekman. Skådespelaren och människan, Stockholm 1942

Löfgren, Lars: Svensk Teater, Stockholm 2003

Luterkort, Ingrid: Om igen, Herr Molander! Kungliga Dramatiska Teaterns Elevskola 1787–1964, Stockholm 1998

Mahrt, Paul und Wuss-Mundeciema, Leonija: Lettland, Würzburg 1992

Nygren, C. E.: Karlstads Brand 1865 och Stadens senare Historia, Göteborg 1915

Pihl, Gunnar: Tyskland går sista ronden, Stockholm 1943

Sandberg, Sven-Olof: Säg det i toner. Sven-Olof Sandberg berättar om Jules Sylvain, Stockholm 1969

Schloemann, Johan: Zwischen Schuld und Sabotage. »Weserübung«: Wie es den nordischen Ländern nicht gelang, im Weltkrieg ihre Neutralität zu bewahren. In: Süddeutsche Zeitung, Nr. 93 (23./24.4.2005)

Seiler, Paul: Wollt Ihr einen Star sehen? Zarah Leander. Ein Kultbuch, Berlin 1982

Seiler, Paul: Zarah Leander. Ein Mythos lebt, Berlin 1994

Seiler, Paul: Zarah Leander. Ich bin eine Stimme, Berlin 1997

Semprún, Jorge: Was für ein schöner Sonntag, München 2004

Strömstedt, Margareta: Astrid Lindgren. En levnadsteckning, Borås 1988

BILDNACHWEIS

Vicky Baur 40
Bildarchiv der Österreichischen Nationalbibliothek 86, 128
Conard, Stockholm 253
Holger Damgaard 72
Thure Erikson, Stockholm Nachsatz
Filmmuseum Potsdam 32, 160, 166, 170, 175, 208
Foto Ufa-Mauritius 119
Louis Huch 97
Latanza 247
Lennart Nilsson 243, 258
Östgöta-Bild /Arne Gustafsson 222
Ullstein Bilderdienst, Berlin 29
Värmlands Museum /Anna Ollson 22
VF foto Västerås / Henrik Mossberg 250

Leider ist es in einigen Fällen nicht gelungen, den Rechteinhaber auszumachen. Der Verlag bittet, etwaige Ansprüche anzumelden.